세상을 바꿀 미래기술 12가지

인공지능부터 양자컴퓨터까지
누구나 알아야 할 미래기술의 모든 것

세상을 바꿀 미래기술 12가지

지은이 한국현

펴낸이 박찬규   엮은이 전이주   디자인 북누리   표지디자인 Arowa & Arowana

펴낸곳 위키북스   전화 031-955-3658, 3659   팩스 031-955-3660

주소 경기도 파주시 문발로 115, 311호(파주출판도시, 세종출판벤처타운)

가격 20,000   페이지 360   책규격 152 x 220mm

초판 발행 2023년 01월 03일
ISBN 979-11-5839-378-6 (13000)

등록번호 제406-2006-000036호   등록일자 2006년 05월 19일
홈페이지 wikibook.co.kr   전자우편 wikibook@wikibook.co.kr

세상을 바꿀 미래기술 12가지

인공지능부터 양자컴퓨터까지,
누구나 알아야 할 미래기술의 모든 것

한국현 지음

위키북스

들어가며

2016년 3월, 1대 4로 이세돌 9단이 알파고에 패했던 세기의 대결을 기억할 것이다. 바둑에 관심도 없고 까막눈인 사람까지도 이세돌과 인공지능 간의 대국 생방송을 시청했다. 나도 바둑은 전혀 모르지만 손에 땀을 쥐며 시청했던 기억이 난다. 이 사건은 인공지능이 바둑에서 세계적인 프로 기사를 이긴 역사적인 날이기도 하지만, 한편으로는 사람이 인공지능을 상대로 1승을 거둔 마지막 순간이기도 하다. 덕분에 인공지능이라는 전문 기술 분야에 대해 관심도 없던 많은 사람이 인공지능이 무엇인지, 인공지능이 나오면 미래에 내 직업이 정말로 위협받는 것은 아닌지, 인공지능 기업이 모든 산업을 다 독식하는 것은 아닌지, 우리나라는 인공지능을 잘 준비하고 있는지 등 궁금증을 갖기 시작했다. 이 대결은 기술이 일반인에게 더 가까워지는 계기가 됐다.

최근 기술의 발전 속도가 급격히 빨라지고 있다. 기술이 빠르게 발전하는 것이 우리의 삶에 어떤 영향을 미칠지 한 번쯤은 생각해볼 필요가 있다. 기술 개발을 하는 이유는 더욱 더 행복한 세상을 만들기 위함이다. 새로운 기술이 개발되면 그 기술로 인해 새로운 문화도 생기고 기존 문화도 발전하게 된다. 결국 기술은 사람을 위해 개발하는 것이고 사람에 의해 사용되는 것이다. 가끔 사람을 위험에 빠뜨리기 위한 목적으로 기술을 사용하는 경우도 있지만, 그것은 기술의 문제라기보다는 그 기술을 나쁜 의도로 사용하는 사람의 문제다. 부엌에서 음식을 만드는 도구도 나쁜 의도로 사용하면 흉기가 되는 것과 같다. 기술은 단지 도구다. 도구 중에서도 아주 훌륭한 도구다. 석기시대, 청동기시대, 철기시대 등의 시대 구분을 생각해 보면, 돌로 도구를 만들어 사용하다가 청동을 거쳐 철을 사용하면서 문화가 너무 크게 변해서 서로 다른 시대로 구분한 것이다. 이것은 기술 발전에 의한 문화의 진보로 생각할 수 있다.

그렇다면 우리가 사는 세상의 미래는 어떻게 변해 갈까? 세상의 변화를 상상하려면 어떤 혁신 기술이 새롭게 등장하고 어떻게 발전해 나갈지를 봐야 한다. 수많은 기술 중에서 미래 산업과 문화를 바꿀 정도의 영향력이 큰 기술은 무엇이고, 해당 기술이 어떻게 활용될 것이며, 현재의 기술 수준은 어디까지 와 있는지 등을 이해해야 한다. 하지만 다양한 기술을 이해하기 쉽게 설명하고 기술의 변화와 세상의 변화가 어떤 관계가 있는지 통찰할 수 있는 자료가 거의 없다. 그에 따라 안타까운 마음에 이 글을 쓰기 시작했다.

이 책에서는 크게 네 가지 관점으로 세상의 변화와 미래기술을 정리했다. 첫 번째는 디지털 전환이 우리의 일상을 어떻게 바꾸는지를 살펴보고, 특히 일상의 변화를 가속하는 주요 기술인 인공지능, 서비스 로봇, 웨어러블, 메타버스에 대해 자세히 들여다본다. 두 번째는 4차 산업혁명이 산업을 어떻게 바꾸는지를 살펴보고, 산업의 변화를 이끄는 핵심 개념과 기술인 스마트 제조, 3D 프린팅, 디지털 트윈에 대해서 상세히 살펴본다. 세 번째는 현재 기후 위기 심화로 지속가능성이 사라지고 있는 지구를 살리기 위한 탄소중립에 대해 알아보고, 이를 가능케 하기 위한 주요 기술인 신재생에너지, 탄소 수집·활용·저장(CCUS), 전기차, 도심 항공 모빌리티(UAM)에 대해 알아본다. 마지막 네 번째는 다음 세대가 사용할 차세대 컴퓨팅 기술인 양자 컴퓨터에 대해 이야기한다. 앞서 언급한 12가지 미래기술 이외에도 각 주제에 따라 관련된 다양한 기술과 응용 분야도 함께 살펴본다.

이 책을 쓰면서 세상의 변화 관점에서 기술을 바라볼 수 있게 이야기하려고 노력했고, 특히 누구나 쉽게 읽고 쉽게 이해하도록 기술에 대해 최대한 풀어서 설명하려고 노력했다. 이제 기술 용어는 더 이상 전문가만 아는 용어가 아니라 비전문가에게도 보편적인 용어가 됐다. 하지만 여전히 기술에 대해서는 사람마다 이해하는 수준이 다르고, 심지어 실제 기술과는 다른 개념으로 오해하는 경우도 많아서 비전문가인 일반인을 위한 미래기술 이야기를 쓰고자 노력했다.

감사하게도 브런치(https://brunch.co.kr/@breakthrough)에 조금씩 연재하던 글을 보고 직접 출간을 제안해주신 위키북스의 박찬규 대표님 덕분에 책으로 집필까지 하게 돼 기쁘다. 지난 일 년 동안 짬 나는 주말마다 글 쓰느라 정말 고생했지만, 많은 사람이 세상을 바꿀 미래기술을 쉽게 이해하는 데 조금이나마 도움을 줄 수 있다는 생각에 설레고 기대된다. 이 책이 비전공자도 더 쉽고 친숙하게 기술을 받아들이는 계기가 됐으면 좋겠다. 특히, 디지털 전환 시대에 미래기술의 이해가 필요한 직장인이나 사회초년생, 취준생 및 청소년, 그리고 와해성 기술이나 활성화 기술의 이해가 필요한 기획자, 미래기술을 소재로 활용하고 싶은 작가에게도 많은 도움이 됐으면 하는 바람이다.

2022년 12월
한국현

추천사

저자는 학부시절인 1997년에 로봇축구대회에 참가했을 정도로 기술 개발 및 새로운 분야에 대해 열정이 많았고, 대학원 시절에는 현재도 세계적으로 많은 연구원들이 널리 이용하고 있는 양자 컴퓨팅과 진화론을 결합한 새로운 최적화 알고리즘인 QEA를 개발하여 그 전문성을 익히 알고 있었는데, 이번에 4차 산업혁명을 이끌 핵심 기술들에 대해 쉽게 읽고 쉽게 이해할 수 있도록 풀어서 쓴 책을 출판하게 되어 일반인들에게도 신기술을 이해하는 데 크게 도움이 될 것입니다.

김종환 _ KAIST 명예교수

오늘과 내일의 세상을 움직일 디지털 기술들을 총망라하고 향후 어떻게 진화해 나갈지, 그리고 그로 인해 세상이 어디로 발전해 나갈지를 시장과 사업의 관점에서 생생하게 설명해주고 있다. 사업가로서 바쁘게 사는 한 박사가 이런 책을 썼다니 놀라울 따름이다.

어길수 _ 전) 삼성전자 부사장

코엑스에서는 인공지능부터 로봇, 메타버스, 전기차, 탄소중립 기술과 제품까지 매주 새로운 기술, 제품, 비즈니스 모델을 소개하는 전시회들이 열리고 있습니다. 하지만 기술의 발전 속도가 갈수록 빨라지고 융복합화가 심화되면서 관련 분야 전문가가 아니면 전시된 기술이나 제품을 정확하게 이해하기 어렵습니다. 이 책은 비전문가라도 최첨단 기술과 미래 트렌드, 그리고 우리 삶에 미칠 영향을 쉽게 이해할 수 있도록 이끌어 줍니다. 그 이유는 저자가 과학고, KAIST, MIT Media Lab 등에서 쌓은 이론적 기반과 대기업과 중소기업 현장의 풍부한 경험을 바탕으로 미래 기술에 대한 전문성과 통찰력을 가지고 있기 때문입니다.

이동기 _ 코엑스 대표이사 사장

글을 모르면 '문맹'이라고 불리던 시절이 있었다. 기술이 일상을 지배하는 오늘날, 기술에 대한 이해는 현대인에게 필수적인 소양이 되고 있다. 이 책은 현대를 살아가는 우리가 꼭 알아야 할 12가지 기술에 대해 이야기한다. 우리의 생활과 삶을 바꾸고, 사회와 문화를 변화시킬 기술을 이해하는 것은 미래를 대비하기 위한 첫걸음이다. 어렵고 지루할 수도 있는 기술 이야기를 친절하고 재미있게 펼쳐 놓은 이 책을 읽으면 다가올 미래를 미리 준비할 수 있을 것이다.

한선화 _ 전) 한국과학기술정보연구원(KISTI) 원장

전 세계의 사회, 경제 지각이 요동치고 있습니다. 미·중 패권 다툼으로 세계 경제 번영을 이끌어 온 글로벌가치사슬(GVC)마저 재편되고 있습니다. 중국과 미국을 1, 2위 경제 교역국으로 둔 한국이 지금껏 경험하지 못했던 위기입니다. 본격화하고 있는 4차 산업혁명은 제조업 강국 대한민국에 기회와 위협이 되고 있습니다. 더구나 기후변화는 30년 넘은 경고와 노력이 무색하게 오히려 가속 페달을 밟으며 전 지구를 위태롭게 하고 있습니다. 미래를 생각할 수 없게 하는 복합적 위기 속에서 취할 수 있는 전략이 바로 과학기술 중심 사회입니다. 구성원의 과학기술에 대한 이해를 토대로 당면한 이슈를 과학기술적 해결책과 합의로 해결해 나가는 것입니다. 저자인 한국현 박사는 12대 국가전략 기술에 포함된 인공지능, 로봇, 양자 등의 기술을 일반인도 이해할 수 있도록 설명하고 미래 방향을 제시하고 있습니다. 이 책이 과학기술 중심 사회의 일원으로 나아가는 데 큰 도움이 될 것으로 기대합니다.

윤석진 _ 한국과학기술연구원(KIST) 원장

세상이 변한다는 건 수동형이지만 세상을 바꾼다는 건 능동형이다. 우리가 꿈꾸는 미래는 기다리는 것이 아니라 만들어가는 것이고, 그 과정에서 과학기술이 가장 강력한 수단이 될 것이다. 따라서 최신 과학기술 트렌드를 파악하면 우리의 미래를 가늠할 수 있다. 이 책은 한국현 박사의 기술에 대한 이해, 산업현장의 경험, 미래에 대한 고민을 바탕으로, 다양한 독자의 눈높이에서 앞으로 벌어질 경제, 산업, 사회와 기술의 상호 작용과 향후 전개를 경쾌하게 담고 있다. 이 책에서 미래의 문을 여는 열쇠를 찾는 재미를 느껴 보길 기대한다.

박상진 _ 한국기계연구원 원장

다가오는 세대의 화두가 될 수 있는 디지털전환, 4차 산업혁명, 탄소중립, 양자 컴퓨팅 등 4개의 관점에서 해당 분야의 전문가는 물론이고 관심이 있는 비전문가까지 한 번에 읽어낼 정도로 적정하게 방대한 분량의 재미있는 서적이다. 저자의 다양하고 해박한 배경지식과 풀어 쓰는 설명력에 기대어 와해성 기술과 활성화 기술의 본질까지 깨닫고 각자의 다양한 삶에 적용될 수 있는 지혜를 얻는 것은 양념에 불과하다.

이상목 _ 한국생산기술연구원 연구위원

이 책의 내용을 검토하고 나서 든 생각은 '참으로 적절한 시기에 발간되는구나'였습니다. 빠른 변화 속에 우리의 삶에 스며든 '인공지능' '메타버스' '양자컴퓨터' 등의 기술용어들에 대한 이해를 개념에서부터 원리뿐만 아니라 어떤 주요한 전환점들을 통해 현재에 와 있는지 이야기해 주고 있습니다. 그리고 이러한 역사의 점들이 어떤 방향으로 가고 있는지에 대한 통찰을 통해 더 나은 우리의 미래를 상상해보게 합니다. 필요한 곳은 깊게, 그리고 관심이 있는 곳은 넓게, 현재를 살아가는 우리가 알아야 할 내용을 쉽게 풀어준 도서로서 청소년에서부터 장년층까지 모두에게 권하고 싶습니다.

박진아 _ KAIST 전산학부 교수

저자는 탄탄한 전공 지식을 바탕으로 과거 직장에서도 첨단 기술의 첨병으로 신사업을 기획하고 추진한 이력이 있다. 또한 저자는 회사를 경영하면서 미래 사회에 필요한 다양한 기술에 대해 고민하고, 그 기술을 우리 사회에 어떻게 적용할 수 있을지에 대한 통찰을 이 책을 통해 보여준다. 여러 매체를 통해 다양한 미래기술이 소개되고 있지만, 저자는 본인의 경험을 바탕으로 일반인도 쉽게 이해할 수 있도록 다양한 기초 개념을 설명하고, 미래 사회의 변화 가능한 모습도 제시하고 있다. 특히 일반인에게는 생소한 양자컴퓨터 기술에 대한 개론으로 이 책이 좋은 선택이 될 수 있을 것이다. 신기술을 이용한 신규 사업을 구상하는 분들이 이 책을 통해 유익한 정보를 얻을 수 있을 것이라 생각한다.

이희승 _ UNIST 정보바이오융합대학 교수

20년 전 양자기반 진화 알고리즘 논문을 발표하여 현재 약 2,000회에 가까운 인용 횟수를 기록 중인 저자답게 미래 산업에 영향을 크게 미칠 기술을 담백하면서도 이해하기 쉽게 풀어 설명한 책이다. 인공지능과 스마트 제조에서 탄소중립과 양자컴퓨팅까지 미래기술의 모든 것에 대해 다양한 예시를 들어 편안하게 설명하는 저자의 통찰력을 엿볼 수 있다. 카페에 앉아 한 손에 커피잔을 들고 여유 있게 음미하며 읽기도 좋고 취업이든 창업이든 미래를 준비하는 사람이라면 단어 하나하나를 자기 것으로 만들어도 좋은 그런 책이다.

조영태 _ 창원대학교 스마트제조융합전공 교수/학과장

인공지능부터 3D 프린팅을 거쳐 양자컴퓨터에 이르기까지 누구나 뉴스를 통해 접해보았을 다양한 미래기술에 대한 심도 있는 조망이 필요할 때 적합한 책입니다. 기술 분야의 전문성이 없는 수학자의 관점으로 보아도 흥미롭게 이야기를 풀어가고 있어 단숨에 읽어나갈 수 있었고, 특히 저자의 전문성이 녹아 있는 스마트 제조와 3D 프린팅 부분은 다른 곳에서 쉽사리 접할 수 없는 내용을 볼 수 있어 즐거운 경험이었습니다.

이훈희 _ 서울대학교 수리과학부 교수

미래 기술은 지금 이 시각에도 급속도로 발전하고 있습니다. 인공지능, 웨어러블, 메타버스 등등 어디선가 많이 들어봤고, 쓰고 있는 기술 용어지만 이 기술들이 정확히 '무엇'인지 설명해달라고 하면 쉽게 입을 떼기 어렵습니다. 미래와 산업을 바꿀 기술이라는 데 우리는 이것에 대해 얼마나 알고 있을까요? 이 책을 다 읽고 나면 저자가 설명한 12가지 기술은 더 이상 수박 겉핥기로 아는 것이 아닌 누군가에게 쉽게 설명해 줄 수 있을 정도로 개념이 잡혀 있을 것입니다. 그만큼 전문가는 물론이고 비전공자인 일반인들도 쉽게 읽고, 이해할 수 있도록 쓰여 있습니다. 전공자는 이 기술들을 범용화하기 위해, 비전공자는 범용화된 기술을 잘 이해하기 위해 일독을 추천합니다.

노정석 _ 비팩토리 대표이사

올해 과학기술정보통신부에서 발표한 12개 국가전략기술과 한국공학한림원에서 제시한 9개 국가 R&D 프로젝트에는 AI, 모빌리티, 에너지, 스마트제조, 양자, 첨단로봇, 차세대 통신, 반도체, 바이오헬스, 우주항공 등이 포함되어 있습니다. 이 책은 그 대부분의 기술에 더해서 메타버스, 디지털 트윈까지 다루고 있습니다. 이토록 중요하지만 광범위한 기술을 대중이 알 수 있도록 입문서를 출판하는 것은 과학기술인의 또 다른 책임이라고 생각합니다. 기술을 선정하고 설명하신 한국현 박사님의 전문성에 경의를 표합니다. 진로를 고민하고 있는 청소년들, 학생들을 지도하고 계시는 교사분들, 산업을 이끌고 계신 많은 리더분들께 도움이 되는 입문서로 추천합니다.

배순민 _ KT AI2XL 연구소장

목차

1.4 우리의 일상에 등장한 서비스 로봇

1.5 스마트폰의 뒤를 잇는 웨어러블

1.6 내가 사는 또 다른 세상 메타버스

PART

2

나만의 맞춤 스마트 생산 시대

2.1 4차 산업혁명과 스마트 공장은 어떤 관계일까?

2.2 현장의 디지털 전환은 자동화 그 이상이다

2.3 스마트 제조를 위한 활성화 기술

2.4 3D 프린팅이 중요한 이유

PART

3

지속가능한 지구를 위한 탄소중립

3.2 지구 살리기에 꼭 필요한 신재생에너지

3.3 탄소를 직접 포집·저장·활용하는 CCUS 기술

3.4 이제는 친환경 전기차 시대

PART

4

다음 세대가 사용할 양자 컴퓨터

**세상을 바꿀
미래기술
12가지**

우리의 일상을 바꾸는
디지털 세상

1.1

우리의 일상은
얼마나 빠르게 변하고 있을까?

우리는 이미 수많은 디지털 기술이 스며들어 있는 세상에 살고 있다. 스마트폰 알람으로 하루를 시작하고, 인터넷 뉴스, 온라인 동영상, 소셜 네트워크 서비스(SNS), 온라인 대화, 메신저, 이메일, 온라인 음악 스트리밍 서비스 등을 이용하여 일상 생활을 한다. 주말에는 극장 대신 집에서 넷플릭스(Netflix)와 같은 VOD 서비스[1]로 영화나 드라마를 본다. 이제 더 이상 디지털 기술을 배제한 일상 생활은 상상도 할 수 없는 시대가 됐다.

IT 기업[2]과 인터넷 서비스

요즘 10대에게는 지금의 디지털 세상이 너무나 익숙하고 당연하겠지만, 사실 역사적으로 디지털 기술이 일상으로 스며든 기간은 길지 않다. 넷플릭스는 1997년에 설립됐고, 유튜브는 2005년에 설립되어 2006년 구글에 인수됐다. 페이스북은 2004년에 설립됐고, 인스타그램은 2010년에 설립되어 2012년 페이스북에 인수됐다. 비즈니스 소셜 네트워크 서비스인 링크드인은 2002

---

1 VOD 서비스는 Video On Demand 서비스의 준말로, 원하는 영상 콘텐츠를 원하는 시간에 선택하여 볼 수 있는 서비스를 말한다.

2 IT 기업은 Information Technology 기업의 준말로, 모든 종류의 전자 데이터 및 정보를 생성, 처리, 저장, 검색, 교환하는 데 컴퓨터와 컴퓨터 네트워크 기술을 사용하여 사업을 영위하는 기업을 의미한다. 넓게는 컴퓨터 하드웨어, 소프트웨어, 디지털 TV, 스마트폰, 전자장치, 반도체, 인터넷, 통신 장비, 전자상거래 등의 IT 기술과 관련된 기업을 모두 포함한다.

년에 설립되어 2016년 마이크로소프트에 인수됐다. 현재 가장 많은 사람이 사용하는 스마트폰 OS인 안드로이드는 2003년에 설립되어 2005년 구글에 인수됐다. 아주 오래된 회사로 느껴지는 IT 분야의 공룡 기업인 구글은 1998년에 설립됐고, 아마존은 1994년에 설립됐다. 트위터는 2006년에 처음 서비스를 시작했고, 페이스북도 이메일을 가진 사람은 누구나 가입할 수 있는 서비스를 2006년에 시작했으며, 넷플릭스는 스트리밍 서비스를 2007년에 시작했다.

우리가 매일 사용하는 스마트폰의 대중화를 이끈 아이폰은 2007년에 처음 출시됐고, 삼성전자는 안드로이드 OS를 사용한 스마트폰 갤럭시S를 2010년에 처음 출시했다. 물론 스마트폰 이전에도 퍼스널 컴퓨터를 휴대폰 모양으로 만든 PDA[3] 폰이 있었지만, 주로 업무용으로 사용됐고 일반인들과는 거리가 있었다.

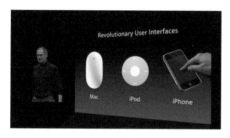

2007년 애플의 아이폰1과 2010년 삼성전자의 갤럭시S

디지털 방송과 VOD 서비스

요즘은 공중파 TV도 디지털 방송으로 보지만, 아날로그 방송이 완전히 종료된 시점은 2012년 말로 불과 10여 년 전이다. 아날로그 방송 시절에는 대부분 공중파를 시청했지만, 이제는 수많은 디지털 케이블 방송 채널을 넘어

---

3 PDA는 Personal Digital Assistant의 약자다.

원하는 콘텐츠를 원하는 시간에 골라서 시청할 수 있는 VOD 서비스를 IPTV[4]나 OTT 서비스[5]를 통해 시청하는 시대로 빠르게 변해가고 있다. 국내의 경우, KT, SK브로드밴드, LG유플러스 등의 대기업이 이미 2021년 상반기 기준 IPTV 서비스 가입자를 1,900만 명 확보했으며, 왓챠, 웨이브 등의 OTT VOD도 2016년과 2019년에 각각 서비스를 시작했다. 글로벌 시장의 절대 강자인 넷플릭스는 2016년에 우리나라에 상륙했으며, 디즈니플러스와 애플TV플러스도 2021년에 국내에서 서비스를 시작했다.

미국의 경우, VOD 스트리밍 서비스 시장에 넷플릭스, 아마존, 디즈니, HBO, 애플, 파라마운트 등 이미 많은 업체가 진출하여 치열한 경쟁을 벌이고 있다. 넷플릭스는 전 세계적으로 가장 많은 이용자 수를 보유하고 있으며, 2021년 3분기 기준 2.14억 명으로 2011년 대비 10배가량 증가했다. 이처럼 우리는 현재 IT 기반의 디지털 미디어 세상에서 살고 있다.

2021년 4분기 미국 VOD 스트리밍 시장 점유율 (데이터 출처: JustWatch)

---

4 IPTV 서비스는 Internet Protocol Television 서비스의 준말로, 네트워크 사업자의 인터넷 망을 이용하여 영상 콘텐츠를 제공하는 서비스를 말한다.

5 OTT 서비스는 Over The Top 서비스의 준말로, 다른 사업자의 네트워크망을 이용하여 콘텐츠를 제공하는 서비스를 말한다.

기업 브랜드 가치의 변화

우리가 매일 사용하는 디지털 IT 서비스나 제품이 우리의 일상을 얼마나 크게 바꿔 놓았는지는 관련 기업의 브랜드 가치가 최근 20년간 얼마나 크게 바뀌었는지를 보면 쉽게 이해할 수 있다. 브랜드 가치 상위 20위까지의 기업 리스트를 보면, 2001년에는 디지털 미디어 및 IT 서비스나 제품 관련 기업이 4~5개 수준이었지만, 2021년에는 12개로 크게 늘었다. 특히 오랜 기간 부동의 브랜드 가치 1위를 유지했던 코카콜라는 2013년에 처음으로 1위 자리를 애플에 넘겨줬다. 이때 2위는 구글이었다. 2021년의 브랜드 가치 순위를 보면 1위부터 5위까지가 모두 디지털 IT 서비스 및 제품 관련 기업인 애플, 아마존, 마이크로소프트, 구글, 삼성이고, 해당 5대 기업의 브랜드 가치는 상위 100대 기업의 브랜드 가치를 모두 더한 금액의 43%를 차지한다.

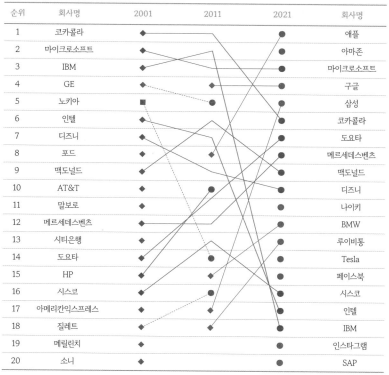

순위	회사명	2001	2011	2021	회사명
1	코카콜라				애플
2	마이크로소프트				아마존
3	IBM				마이크로소프트
4	GE				구글
5	노키아				삼성
6	인텔				코카콜라
7	디즈니				도요타
8	포드				메르세데스벤츠
9	맥도널드				맥도널드
10	AT&T				디즈니
11	말보로				나이키
12	메르세데스벤츠				BMW
13	시티은행				루이비통
14	도요타				Tesla
15	HP				페이스북
16	시스코				시스코
17	아메리칸익스프레스				인텔
18	질레트				IBM
19	메릴린치				인스타그램
20	소니				SAP

Best Global Brands 2001-2021 변화 추이 (데이터 출처: Interbrand)

디지털 IT 서비스 및 제품 관련 주요 기업의 브랜드 가치 변화 추이를 보면 그러한 기업의 급격한 성장과 변화 양상을 보다 명확히 이해할 수 있다. 아날로그 시대의 대표적인 기업인 코카콜라의 브랜드 가치는 2001년 82조 원에서 2021년 69조 원으로 지난 20년간 16% 감소했고, 면도기 회사 질레트는 30% 감소한 반면, 디지털 IT 서비스 및 제품 관련 주요 기업인 애플, 아마존, 마이크로소프트, 삼성은 브랜드 가치가 각각 7,424%, 8,039%, 323%, 1,166% 상승했다. 구글은 2005년에 처음으로 브랜드 가치 100대 기업에 포함됐으며, 16년간 2,315% 상승했다.

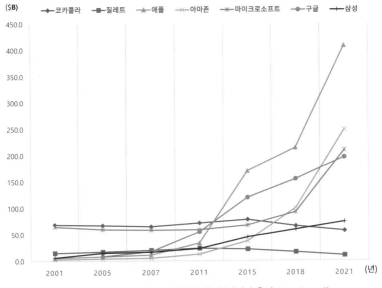

주요 기업의 연도별 브랜드 가치 변화 추이 (데이터 출처: Interbrand)

기업의 실제 가치를 나타내는 주식 시장의 시가 총액 변화에서도 디지털 기업의 강세는 쉽게 확인할 수 있다. 2022년 1월 말 기준 단연 1위인 애플은 시가 총액이 3,300조 원이 넘는다. 이는 우리나라 2021년 국내총생산(GDP) 규모인 2,070조 원의 1.5배를 훌쩍 넘는 수치다. 시가 총액 기준으로 5위까지의 기업을 보면, 애플, 마이크로소프트, 사우디 아람코, 구글, 아마존으로 한 회사를 제외한 4개 기업이 모두 디지털과 직접 연관된 사업을 영위하고 있다.

물론 20대 기업 중에서 직접적인 디지털 관련 사업을 하지 않는 기업도 대부분 디지털 사업 영역에 대규모 투자를 하거나 현재 영위하는 사업에 대한 디지털 전환을 빠르게 추진 중이다.

순위	회사명	시가총액($T)	사업 분야	디지털	국가
1	애플	2.782	스마트폰/PC HW, SW, IT 서비스	O	미국
2	마이크로소프트	2.310	OS, 검색, 클라우드 서비스	O	미국
3	사우디 아람코	1.965	석유, 천연가스	X	사우디아라비아
4	구글	1.769	검색, 이메일, 클라우드 서비스	O	미국
5	아마존	1.460	온라인 판매, 물류	O	미국
6	테슬라	0.850	전기자동차, 전력 저장장치, 태양광	O	미국
7	페이스북	0.839	소셜 네트워크 서비스	O	미국
8	버크셔 해서웨이	0.699	투자	X	미국
9	TSMC	0.610	반도체 제조	O	타이완
10	엔비디아	0.569	그래픽 칩셋	O	미국
11	텐센트	0.568	온라인 게임, 소셜 네트워크 서비스	O	중국
12	비자	0.494	지불 카드	X	미국
13	존슨&존슨	0.452	제약, 소비재	X	미국
14	유나이티드헬스	0.439	건강, 보험	X	미국
15	JP모건 체이스	0.432	은행	X	미국
16	삼성	0.407	반도체, 스마트폰, 가전	O	한국
17	루이비통	0.405	명품	X	프랑스
18	P&G	0.385	소비재	X	미국
19	홈디포	0.383	홈 DIY 스토어 체인	X	미국
20	월마트	0.381	소매 할인점 체인	X	미국

주식 시가 총액 TOP 20 기업과 디지털 연관성 (2022년 1월 말 현재)

시가 총액 기준으로 애플은 2001년부터 2021년까지 20년간 373배 증가했고, 90년대부터 이미 디지털 시장을 견인해온 마이크로소프트도 7배나 더 증가했다. 신생 기업이었던 아마존은 20년간 434배 증가했고, 2004년에 상장한 구글은 37배 증가했다. 2010년에 상장한 테슬라는 3조 원에서 1,285조 원으로 428배 증가했고, 2012년에 상장한 페이스북은 15배 증가했다. 반면,

아날로그 소비재를 대표하는 코카콜라는 지난 20년간 2.1배 증가했고, 미국을 대표하는 소매 할인점 체인인 월마트는 1.5배 증가하는 데 그쳤다.

지난 20년간 주요 기업의 시가 총액 추이에서도 우리 일상의 디지털화와 연관된 사업을 영위하는 기업은 가파르게 성장한 반면, 그렇지 않은 기업은 성장이 매우 더디다는 점을 확인할 수 있다.

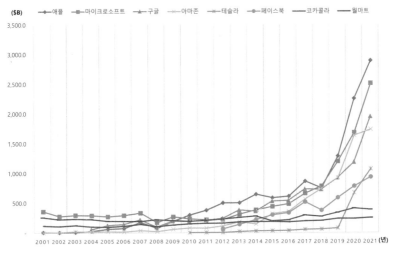

2001~2021년 주요 기업의 주식 시가 총액 변화 추이

COVID-19[6] 팬데믹의 영향

2019년 12월에 시작되어 전 세계를 팬데믹(pandemic)으로 몰고간 COVID-19는 우리의 일상을 완전히 바꿔 놓았다. 원격 수업, 화상 회의, 재택 근무, 원격 진료 등 비대면 디지털 문화가 크게 활성화됐고, 집안에서 생활하는 시간이 늘어나면서 온라인 쇼핑, 온라인 교육, 온라인 주문 배달, 온라인 게임, 온라인 VOD, 소셜 미디어 서비스 이용 등이 급격히 증가했다. 팬데믹에 따른 이러한 모든 변화는 결과적으로 우리 일상의 디지털화를 더욱 가속

6   COVID-19는 Coronavirus Disease 2019의 약자로, 2019년 발생한 코로나바이러스 감염증을 의미한다.

화하는 효과를 가져왔다. 집뿐만 아니라 학교 및 직장 내 일상도 IT 기반의 디지털 전환이 확대되고 있다. 팬데믹 상황이 아니더라도 IT 기반의 디지털화가 세계적인 추세였는데, COVID-19는 이러한 추세에 기름을 붓는 격이었다. 이를 계기로 우리의 일상뿐만 아니라 모든 산업이나 학계, 기관 등에서 디지털 전환이 **빠르게** 확산됐다.

팬데믹 상황이 디지털 전환에 미치는 영향은 화상 회의 솔루션 줌의 사례에서 확인할 수 있다. 처음 서비스를 시작한 2013년 줌의 연간 화상 회의 누적 시간은 2억 시간이었다. 2020년 1월까지는 완만한 증가세를 보이다가 COVID-19 팬데믹 발생 직후인 2020년 4월에는 2.6조 시간으로 불과 3개월 만에 그 수치가 수직 상승했다. 팬데믹 이후 1~2년 사이에 다양한 온라인 화상 회의 솔루션이 활성화됐고, 이는 점차 교육이나 세미나, 모임, 업무 용도의 보편적인 소통 수단으로 자리 잡아 가고 있다.

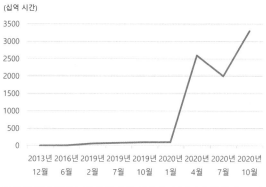

줌 화상 회의 연간 누적 환산 사용 시간 추이 (데이터 출처: Zoom)

1.2

/

아날로그 세상과
디지털 세상의 차이

우리는 매일 반복된 생활을 하기에 세상의 변화가 얼마나 빠른지 인지하기 어렵다. 하지만 지나온 시간을 되돌아보면 그 변화가 얼마나 빠른지 이해할 수 있다. 오늘날 우리 일상의 변화는 아날로그 세상에서 디지털 세상으로 무게 중심이 이동하는 과정이 이끌고 있다.

스마트폰의 등장

우리는 지금 디지털 세상에서 산다고 해도 과언이 아니다. 우리의 일상은 스마트폰의 등장 전후로 완전히 달라졌다. 세계 인구가 매일 스마트폰을 사용하는 평균 시간은, 2019년 3.7시간에서 2021년 4.8시간으로 30% 급증했다. 우리나라는 2021년 기준 5시간으로, 브라질, 인도네시아에 이어 세 번째로 많은 나라다. 일본 4.7시간, 싱가폴 4.5시간, 미국 4.2시간, 프랑스 3.6시간, 독일 3.4시간, 중국 3.2시간 등 전 인류가 수면 시간을 제외한 일과시간의 3분의 1을 스마트폰으로 보낸다. 모든 사람이 대부분 시간을 5인치 남짓한 스마트폰 속 디지털 세상과 소통하다 보니 이제는 콘텐츠나 서비스가 디지털화되지 않으면 사람들에게 도달하지 못하는 상황이 됐다.

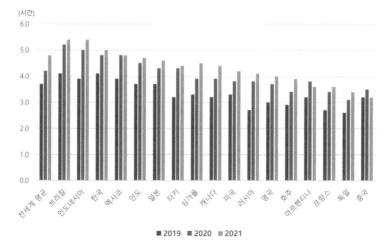

국가별 스마트폰 일일 평균 사용 시간 (데이터 출처: appannie.com)

스마트폰이 등장하고 대중화되기까지 많은 발전을 거쳤다. 개인의 이동 전화 보유를 가능케 한 이동통신 기술과 퍼스널 컴퓨터를 이용한 업무, 게임, 공부, 영화감상, SNS, 정보 검색 등을 가능케 한 하드웨어 및 반도체 기술, 그리고 사용자가 쉽고 편하게 이용할 수 있는 사용자 인터페이스 기술이 융합되어 스마트폰이 탄생했다.

이동통신 기술은 5G보다 10배 이상 속도가 빠른 6G 기술로 발전해가고 있고, 반도체의 집적도는 무어의 법칙에 따라 2년에 2배씩 높아지고 있으며, 사용자 인터페이스 기술 또한 직관성과 편의성이 빠르게 증대되어 스마트폰을 포함한 태블릿 PC, 노트북의 발전은 앞으로도 지속될 것이다. 또한 스마트워치를 포함한 웨어러블 기기의 발전 또한 가속될 것이다. 이러한 추세를 볼 때 앞으로 디지털 세상으로의 변화는 더욱 심화할 것이다.

아날로그 vs. 디지털

이러한 디지털 세상으로의 변화는 받아들이지 않는다고 해서 막을 수 있는 것이 아니다. 소니 TV의 몰락은 디지털 시대로의 변화에 제대로 대응하지 못한 대표적인 사례로 꼽힌다. 아날로그 방송과 브라운관 TV 시절에는 소니의 기술력이 독보적이었다. 초기 LCD나 PDP 디스플레이보다도 화질이 우수했다. 소니의 기술력을 따라갈 수 있는 경쟁자는 없었다. 하지만 2000년대에 들어서면서 아날로그에서 디지털로의 전환이 진행되기 시작했고, 특히 방송, TV, 음향 등 AV 콘텐츠 분야에서 빠른 전환이 진행됐다. 경쟁사인 삼성은 이러한 변화의 흐름에 맞춰 디지털 기술에 집중 투자했지만, 소니는 자신이 가장 앞서 있는 아날로그 기술에 더 많은 투자를 단행했다. 그 결과, 소니 TV는 몰락의 길을 걷게 된다. 2005년부터 평판 TV 시장의 1위는 삼성이 차지했다. 이후 소니는 다시 디지털 시대에 맞는 기술에 집중하여 프리미엄 TV 시장을 공략하고 있지만, 여전히 고전을 면치 못하고 있다.

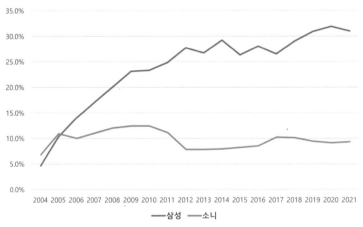

평판 TV 세계 시장 점유율 (데이터 출처: 디스플레이서치, IHS마켓)

비트(Bit)와 아톰(Atom)의 차이

MIT 미디어 랩을 설립한 네그로폰테 교수는 1995년 ≪Being Digital≫[7]이라는 제목의 책에서 디지털화의 명확한 의미를 제시하고, 미래의 디지털 세

---

7 ≪디지털이다≫(커뮤니케이션북스, 1999)

상을 예측했다. 디지털의 최소 단위인 비트가 물질의 최소 단위인 아톰과 어떤 차이가 있는지를 시작으로, 디지털 세상에 대한 깊은 통찰을 제시했다. 비트는 아톰과는 다르게 색깔도 무게도 없지만, 빛의 속도로 여행하며 정보의 DNA를 구성하는 가장 작은 원자적 요소라고 정의했다. 인터넷을 정보고속도로로 비유하면서, 정보고속도로는 무게가 없는 비트를 빛의 속도로 세계에 전달한다고 했다.

네그로폰테 교수는 비트와 정보고속도로 개념을 기반으로 디지털 세상이 빠르게 도래할 것이고, 디지털 세상에서 우리의 일상은 크게 달라질 것이며, 사람과 디지털 비트의 접점에 있는 인터페이스가 중요해질 것이라고 말했다. 또한, 각 산업마다 디지털 전환이 요구되고, 제품이나 서비스를 디지털 형태로 바꿀 수 있는 능력이 각 회사의 미래를 좌우할 것이라고 제시했다.

그의 견해는 오히려 해당 개념을 기반으로 디지털 세상이 만들어지고 있다고 말할 수 있을 정도로 오랜 시간이 흐른 지금 다시 봐도 놀라운 통찰력을 지니고 있다. 30년 가까이 지난 지금, 우리는 이미 디지털 세상에 살고 있고 모든 산업 분야에서 디지털 전환이 빠르게 진행되고 있다. 비트와 아톰의 차이와 정보고속도로의 개념, 인터페이스의 중요성 등을 기반으로 모든 디지털 전환의 방향성을 이해할 수 있다.

디지털화와 디지털 전환

영어의 'digitization'이라는 의미로 출발한 **디지털화**는 'digitalization'이라는 의미로 바뀌었다가 결국 **디지털 전환**(디지털 트랜스포메이션, digital transformation)이라는 개념으로 발전했다.

디지털화의 첫 단계인 **'digitization'**은 아날로그 정보를 디지털 정보로 바꾸는 것을 의미한다. 디지털 카메라로 사진을 찍어 디지털 이미지를 생성하거나, 음악이나 소리를 디지털 오디오 파일로 만들거나, 온습도 등을 센서를 이용해 디지털 값으로 변환하는 등의 과정을 말한다. 세상의 모든 현상은 아날로그 정보이기 때문에 이를 디지털 정보로 바꾸는 디지털화 과정이 필요하다.

디지털화의 두 번째 단계인 **'digitalization'**은 아날로그 프로세스를 디지털 프로세스로 바꾸는 것을 의미한다. 이때 정보는 'digitization'을 통해 변환된 디지털 정보를 활용한다. 직접 비밀번호를 입력해서 잠금을 해제하던 것을 지문이나 얼굴 인식을 통해 자동으로 잠금 해제하거나, 직접 운전하던 방식을 다양한 센서와 인공지능을 통해 자율 주행하게 하거나, 직접 커피를 내리던 방식을 로봇을 통해 자동화하거나, 직접 화면의 밝기를 조절하던 방식을 TV가 스스로 주변의 밝기를 감지하여 실시간으로 화면의 밝기를 조절해주는 기능 등이 모두 'digitalization'의 디지털화에 해당한다.

세 번째 단계인 **디지털 전환(디지털 트랜스포메이션)**은 디지털 정보와 디지털 프로세스를 기반으로 가치나 개념, 구조, 방식, 관계, 문화 등이 바뀌는 단계를 의미한다. 과거에는 방송국에서만 방송이 가능했지만, 이제는 개개인 누구나 스마트폰으로 영상을 찍어 인터넷으로 생중계할 수 있게 됐다. 자신의 콘텐츠에 광고를 연동하면 광고 수익도 배분 받을 수 있다. 과거에는 TV로 공중파 방송을 시청하는 문화였지만, 이제는 온라인에서 원하는 콘텐츠를 골라 스마트폰으로 소비하는 문화로 바뀌었다. 과거에는 정해진 소통 채널을 통해 지인들과의 관계를 유지했지만, 이제는 SNS를 포함한 다양한 소통 채널을 통해서 지인뿐만 아니라 성향이 비슷한 사람들과 새로운 관계를 형성해 나간다. 이러한 현상이 모두 우리 사회의 디지털 전환 과정이다.

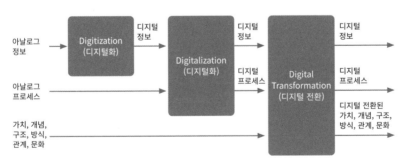

디지털화와 디지털 전환의 개념

'스마트' 트렌드

디지털화 및 디지털 전환은 일상과 관련한 분야에서 가장 빠르게 진행됐고 현재도 진행 중이다. 이제는 우리의 일상 영역뿐만 아니라 각 산업 영역에서도 디지털화 및 디지털 전환이 빠르게 확산 적용되고 있다. 스마트 홈, 스마트 빌딩, 스마트 공장, 스마트 카, 스마트 시티, 스마트 헬스케어, 스마트 팜, 스마트 건축, 스마트 조선 등 각 산업이 디지털화 및 디지털 전환을 거치면서 모든 분야에서 '스마트' 트렌드가 생기고 있다.

똑똑하다는 의미의 '스마트' 트렌드는 'digitalization'의 디지털화를 강조한다. 아날로그 정보를 'digitization' 단계를 거쳐 디지털 정보로 변환하고 나면 다양한 디지털 기술을 적용하여 'digitalization'을 통해 프로세스를 자동화, 지능화, 효율화할 수 있다. 이 과정을 강조하는 의미로 '스마트'라는 표현을 쓴 것이다.

사람들의 일상은 스마트폰을 중심으로 디지털 전환 단계까지 활발히 진행되고 있지만, 다른 영역에서는 이제 막 'digitization' 단계를 지나 'digitalization' 단계로 진입하고 있다. 스마트폰을 중심으로 한 디지털화 및 디지털 전환이 가장 빠르게 진행되는 이유는 사람이 세상과 상호작용하는 접점에 스마트폰이 있기 때문이다. 사람은 눈과 귀로 세상을 인지하고 소리를 내는 입과 조작하는 손으로 반응한다. 스마트폰은 사람이 세상과 소통하는 채널을 대부분 점유하기 때문에 스마트폰을 중심으로 디지털화 및 디지털 전환이 재빠르게 이뤄지고 있는 것이다.

스마트폰 중심의 디지털화 및 디지털 전환에 이어 따라올 '스마트' 트렌드 또한 예측이 가능하다. '나'를 중심으로 범위를 넓혀 장소 개념을 생각해 보자. 집안과 이동 공간, 도시의 디지털화 및 스마트화에 대한 요구가 점차 증가할 것이고, 그를 위한 기술 트렌드인 스마트 홈, 스마트 카, 스마트 시티가 생겨날 것이다. 업무 관련해서는 일반 사무실과 공장을 대신할 스마트 빌딩과 스마트 공장 구축의 요구가 증대될 것이다.

'나'를 중심으로 영역을 좁혀 생각하면, 생체 정보를 'digitization'하고 해당 디지털 정보를 기반으로 스마트 기능을 제시하는 스마트 워치를 포함한 웨어러블 기술에 대한 요구가 점차 증가할 것이다. 또한, 생체 정보는 건강과 밀접한 관련이 있고 사람들의 건강에 대한 관심사가 높기 때문에 자연스럽게 스마트 헬스케어와 연계가 이루어질 것이다.

스마트폰은 개인과 세상을 이어주는 역할을 하지만, 동시에 온라인과 오프라인 세상의 연결성을 제공한다. 개인이 오프라인 실세계와 상호작용하기 위해서는 직접 몸을 움직여 조작해야 하지만, 온라인을 통해 오프라인 세상과 상호작용하기 위해서는 오프라인의 자동화, 지능화가 필요하고, 이러한 요구는 스마트 세상으로의 전환을 재촉하게 된다. 또한 이를 위해서는 온라인에서 오프라인 세상을 정확히 모사할 수 있는 디지털 트윈 기술도 필요하다.

온라인 세계에서는 디지털 트윈으로 오프라인 세상을 똑같이 만들어 놓을 수 있지만, 그보다 훨씬 광범위한 개념의 가상 세계를 구축할 수도 있다. 가상 세계는 오프라인 세상과 비교하여 구조나 개념, 기능 등을 새롭게 구축하고 변경하는 데 상대적으로 적은 시간과 노력이 소요되기 때문에 발전 속도가 훨씬 빠르다. 이러한 온라인 가상 세계의 빠른 발전 속도는 최근 메타버스(Metaverse)라는 새로운 기술 트렌드를 형성하고 있다.

디지털 세상과 인공지능

아날로그 세상이 디지털 세상으로 바뀌면서 모든 영역에서 컴퓨터가 인식할 수 있는 디지털 데이터가 생성되고, 시간이 지나면서 많은 양의 데이터가 빠르게 쌓이고 있다. 급증하는 디지털 데이터는 이제 더 이상 사람이 분석하고 처리할 수 있는 수준을 넘어선 지 오래다. 이렇게 방대한 양의 빅데이터[8]를 효과적으로 분석하고 데이터로부터 새로운 가치를 추출하기 위해 최근 인

---

8 빅데이터(big data)는 디지털 환경에서 생성되는 방대한 규모의 데이터를 의미한다.

공지능 기술의 중요성이 급부상하고 있다. 인공지능 기술이 세상에 나온 지는 오래 됐지만, 디지털 세상의 도래로 이제서야 인공지능 기술이 제대로 활용될 수 있는 환경이 조성된 것이다. 또한, 디지털 세상과 인공지능 기술은 로봇이 우리의 일상으로 들어오는 시기를 더욱 앞당기고 있다.

1.3

인공지능 기술
이해하기

스마트 트렌드에 따른 각종 서비스의 핵심에는 인공지능이 자리하고 있다. 인공지능 기술이 발전해야 앞에서 언급한 여러 서비스를 실제로 우리 삶에서 제대로 활용할 수 있다.

우리는 인공지능을 사람의 지능을 컴퓨터를 통해 모사한 지능 정도로 이해한다. 언뜻 생각하면 쉬운 개념이지만, 한 번 더 생각해보면 이해하기가 매우 어려운 용어다. 인공지능이 사람 수준의 지능을 능가할 수 있는지, 사람의 뇌를 어떻게 모사한다는 것인지, 인공지능을 어느 분야에 적용하는지 등 수많은 의문이 생긴다. 이제는 인공지능이 더 이상 전문용어가 아닌 일반 용어처럼 사용되고 있지만, 사람마다 인공지능을 이해하는 수준은 천차만별이다. 우리의 눈높이를 맞추기 위해 여기서는 인공지능이 무엇이고 어떻게 시작됐으며 어떤 기술이 이용되는지, 그리고 우리 생활에 어떻게 활용될 수 있는지 깊이 있게 살펴보자.

인공지능 vs. 사람

2016년 3월 서울에서 열린 이세돌과 알파고의 바둑 대결은 인공지능에 대한 일반인의 관심을 이끌어낸 역사적인 사건이었다. 알파고가 이세돌을 4대 1로 이기면서, 인공지능이 나오면 우리의 직업이 위협받는 것은 아닌지, 구글과 같은 인공지능 기업이 시장을 독식하는 것은 아닌지, 우리나라는 인공지능 기술을 제대로 준비하고 있는지 등에 대한 관심이 크게 높아졌다.

인공지능이 사람을 상대로 이긴 사건은 과거에도 여러 번 있었다. 1997년에는 IBM이 만든 체스에 특화된 인공지능 딥 블루가 세계 체스 챔피언을 상대로 승리했고, 2011년에는 IBM의 인공지능 왓슨이 미국의 퀴즈 쇼 제퍼디에서 역대 우승자들과 대결하여 당당히 우승을 차지했다. 왓슨은 사회자의 질문을 듣고 이해한 후 답을 음성으로 말했는데, 퀴즈 쇼 진행 중 인터넷 연결은 하지 않았다.

퀴즈 쇼 제퍼디에서 최종 우승한 인공지능 왓슨 (출처: IBM)

IBM 왓슨 히스토리

2006 ~ IBM 연구 프로젝트 시작
2011.2 제퍼디 퀴즈쇼 우승
2011.8 의료 분야 적용
2012.5 금융서비스 분야 적용
2014.6 요리 레시피 분야 적용
2016.1 페퍼 로봇에 적용

IBM 왓슨 사양

90개 IBM P750 서버
2880 프로세싱 코어
16 TB 메모리(RAM)
20 TB 디스크
80 Teraflops 연산
(초당 80조개의 명령 수행)

인공지능 왓슨 (사진 출처: IBM)

왓슨은 퀴즈 쇼 문제뿐만 아니라, 병원에서는 암 진단이나 암 환자를 위한 맞춤형 치료법 추천이나 금융 회사의 자문 역할, 새로운 요리 레시피 개발이나 비서 역할도 수행할 수 있다.

인공지능의 정의

표준국어대사전에서 인공지능은 '인간의 지능이 가지는 학습, 추리, 적응, 논증 따위의 기능을 갖춘 컴퓨터 시스템으로 전문가 시스템, 자연 언어의 이해, 음성 번역, 로봇 공학, 인공 시각, 문제 해결, 학습과 지식 획득, 인지 과학 따위에 응용한다'고 정의되어 있다.

스탠퍼드 대학교의 존 매카시 교수는 2004년에 발표한 「What is Artificial Intelligence?」라는 논문에서 인공지능을 '지능형 기계, 특히 지능형 컴퓨터 프로그램을 만드는 과학과 공학'이라고 정의했다.

인공지능에 대한 정의는 다양하지만, 일반적으로 '지능을 인공적으로 구현한 기술'의 의미로 생각할 수 있고, 크게 약한 인공지능과 강한 인공지능으로 구분한다.

약한 인공지능은 특정 작업을 수행하도록 만들어진 인공지능으로, 현재 대부분 인공지능이 여기에 속한다. 구글의 알파고, IBM의 왓슨, 아마존의 알렉사, 애플의 시리, 삼성의 빅스비, 테슬라의 자율주행 등은 모두 약한 인공지능이다.

강한 인공지능은 인간과 동등한 수준을 갖는 범용 인공지능을 의미한다. 문제를 스스로 정의하고 해결하고 학습하고 미래를 계획하고 실행하는 자의식을 갖는 인공지능이다. 강한 인공지능은 실제로 구현된 사례가 전무하기 때문에 공상과학 소설에나 등장하는 완전히 이론적인 기술이다. 사실 현재의 인공지능 기술이 모두 약한 인공지능임에도 불구하고, 일반인들은 마치 어떤 문제든지 스스로 척척 풀 수 있는 강한 인공지능이 코앞에 다가온 것처럼 받아들이는 경우가 많아 주의가 필요하다. 이로 인해 인공지능 분야에 또 한 번의 겨울이 올 수도 있으므로 인공지능 기술에 너무 큰 기대를 거는 분위기 형성은 피해야 한다.

우리는 이미 일상에서 많은 인공지능 기술을 사용하고 있다. 스마트폰의 지문 인식이나 얼굴 인식, SNS 사진상의 얼굴 인식 기능, 필기체 인식 등 대부분 인식 기능은 모두 인공지능 기술이다. 쇼핑 상품 추천, 선호하는 성향의 콘텐츠 추천, 광고 추천, SNS 피드 추천, 지인 추천 등 대부분 추천 기능도 인공지능 기술이다. 온라인 번역 서비스나 인공지능 스피커 음성 서비스, 자동차의 자율 주행 기능, 인공 인간 개념의 가상 인플루언서, 동영상에서 얼굴만 다른 사람으로 변경하는 딥페이크 등도 모두 대표적인 인공지능 기술이다.

인공 인간(Artificial Human) 네온 (출처: 삼성 네온)

가상 인플루언서 로지 (출처: 신한라이프)

인공지능의 역사

인공지능은 1950년경에 처음 등장하여 무려 70년 이상 연구된 분야다. 그렇게 오랜 기간 동안 수많은 연구자가 연구했음에도 불구하고 이제야 일반인에게 관심을 받기 시작했다면, 그동안 얼마나 많은 수난을 겪은 기술일지 예상할 수 있을 것이다. 실제로 인공지능 분야는 두 번의 겨울을 보냈다.

튜링 테스트(Turing Test)

1950년 앨런 튜링은 「컴퓨팅 기계와 지능」이라는 논문에서 '기계는 생각할 수 있는가?'라는 모호한 질문 대신 모방 게임(Imitation Game)이라는 문제를 제시하며 생각해볼 것을 제안했다.

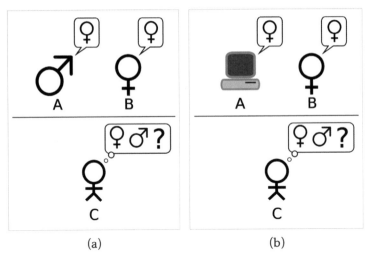

앨런 튜링이 제안한 모방 게임 (a) 여자인 척하는 남자(A)와 여자(B),
그리고 누가 남자이고 여자인지를 맞추려는 질문자(C)가 서로 분리된 방에 있는 상황[9]
(b) '기계는 생각할 수 있는가?'의 질문을 대체하기 위해 모방 게임에서
A를 사람에서 기계로 대체한 상황[10]

---

9 출처: https://en.wikipedia.org/wiki/Turing_test#/media/File:The_Imitation_Game.svg
10 출처: https://en.wikipedia.org/wiki/Turing_test#/media/File:Turing_Test_Version_1.svg

튜링이 처음 제안한 모방 게임은 다음과 같다. 한 남자(A)와 한 여자(B), 그리고 질문자(C)가 있고, C는 A, B와는 분리된 방에 있다. 이때 C가 A와 B에게 질문하여 누가 남자고 누가 여자인지를 맞추는 게임이다. 목소리를 듣거나 글씨체를 보면 남자인지 여자인지를 알아챌 수 있으므로 상호 간 교신은 타이핑을 통해 진행한다. 이때 A는 C가 잘못된 결론을 내도록 답변하고, B는 C가 올바른 결론을 내도록 답변하는 것이 게임의 규칙이다.

튜링은 모방 게임에서 A를 사람 대신 기계로 대체할 경우, C가 잘못된 결론을 내는 빈도가 A가 사람일 때의 빈도와 비슷할 것인가의 질문으로 '기계는 생각할 수 있는가?'의 질문을 대체할 수 있다고 제안했다. 튜링의 해당 논문 발표 이후, 많은 연구자가 생각하는 기계에 대한 연구를 본격적으로 시작했다.

참고로 튜링이 제안한 모방 게임은 이후 조금씩 변형되어 현재는 **튜링 테스트**라는 이름으로 알려져 있다. 일반화된 튜링 테스트는 인공지능 A와 사람 B가 있을 때, 질문자 C가 A, B와 각각 채팅해서 누가 사람이고 누가 인공지능인지를 맞추는 테스트다. 이때 C가 인공지능과 사람을 구분하지 못한다면 튜링 테스트를 통과한 것으로 간주한다.

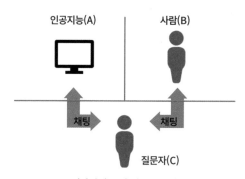

일반화된 튜링 테스트 개념

다트머스 인공지능 워크숍

인공지능(Artificial Intelligence, AI)이라는 단어는 1956년 여름 미국 뉴햄프셔주에 위치한 다트머스 대학교에서 열린 워크숍에서 처음 사용됐다. 다트머스 워크숍은 LISP 프로그래밍 언어의 창시자로 유명한 존 매카시가 기획하고, MIT의 AI 랩을 만든 마빈 민스키와 유전자 알고리즘의 창시자로 유명한 존 홀랜드 등 추후 인공지능 분야를 이끈 대가가 다수 참석하여 6주간 진행한 브레인스토밍 자리였다. 해당 워크숍 이후 인공지능은 하나의 학문 분야로 발전하게 된다.

퍼셉트론과 머신러닝

1957년 코넬 항공 랩의 프랭크 로젠블렛은 'PARA' 프로젝트 보고서를 통해 두뇌의 신경망을 모사한 퍼셉트론 개념을 제시했다. 그는 처음으로 시행착오를 통한 머신러닝(기계학습)이라는 개념을 제시했고, 400개의 광 센서를 통해 등록된 도형이나 문자를 입력하면 해당 이미지를 인식하는 장치인 마크 I 퍼셉트론을 개발했다.

(좌) 프랭크 로젠블렛과 마크 I 퍼셉트론[11], (-우) 마크 I 퍼셉트론[12]

11 출처: https://paslongtemps.net/blog/2020/05/29/frank-rosenblatt-mark-i-perceptron-1960-dnvdk/

12 출처: https://americanhistory.si.edu/collections/search/object/nmah_334414

인공신경망(Artificial Neural Network)

퍼셉트론 개념이 제시된 이후 인공지능에 대한 기대치가 높아지는 듯했지만, 곧바로 퍼셉트론의 한계점이 드러났다. 퍼셉트론은 선형적인 구분만 가능하다는 한계로 인해 입력과 출력의 관계에 비선형성이 존재하면 학습이 안 된다는 치명적인 약점이 있었다.

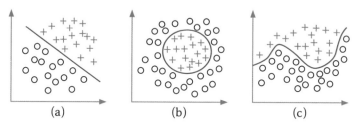

선형 구분의 예시 (a)와 비선형 구분의 예시 (b)와 (c)
(참고로, 퍼셉트론은 (a)와 같은 선형 구분만 가능함)

가장 단적인 예로 두 입력값 X1과 X2를 갖는 간단한 이진 논리 회로를 단층 퍼셉트론으로 학습시킬 경우, AND와 OR, NAND 논리 회로는 학습을 통해 각각 하나의 직선식을 기준으로 출력값을 구분할 수 있지만, XOR 논리 회로에 대해서는 아무리 학습하더라도 0과 1의 출력값을 구분할 수 있는 하나의 직선식은 절대로 찾지 못한다.

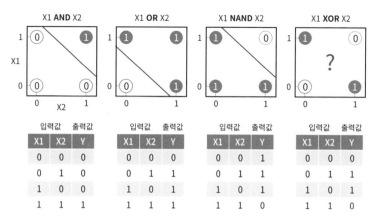

두 입력값에 대한 AND, OR, NAND, XOR 논리 회로의 선형 구분 결과

1970년대에 와서 이와 같은 단층 구조 퍼셉트론의 한계로 인해 인공지능의 겨울이라고 일컫는 시기에 들어선다. 인공지능 기술에 대한 실망과 회의가 커지고 각 나라 정부의 연구 자금 지원까지 중단되는 상황에 이른다.

전문가 시스템

인공신경망 기반의 머신러닝 연구가 침체기에 빠진 이후, 전문가 시스템 연구 분야가 새롭게 활성화되기 시작했다. **전문가 시스템**은 특정 분야에 대해 사람이 오랜 세월 동안 만들어 놓은 전문 지식을 데이터베이스로 만들고, 원하는 전문 지식을 주어진 규칙을 기반으로 탐색하는 추론 엔진을 통해 일반인도 쉽게 활용할 수 있게 하는 시스템이다.

1980년대에는 전문가 시스템이 우수한 성과를 내면서 많은 기업이 실전에 적용하기 시작했고, 전문가 시스템을 도입하는 기업을 대상으로 하는 LISP 언어 기반의 인공지능 전용 워크스테이션까지 개발 보급됐다. 전문 지식을 기반으로 먹고사는 직업은 미래에 인공지능으로 인해 모두 사라질 것이라는 이야기까지 있을 정도였다. 국내 기업도 이러한 트렌드를 따라 1990년경 전문가 시스템 기반의 인공지능 퍼지 세탁기 등을 출시했고 시장에서도 큰 인기를 끌었다.

1981년 일본 정부가 전문가 시스템과 병렬 컴퓨팅을 기반으로 사람처럼 프로그램을 작성하고 대화할 수 있는 수준의 5세대 컴퓨터 개발 프로젝트에 막대한 자금을 투자한 것을 시작으로, 영국 정부는 1984년부터 이에 상응하는 지식 공학 연구 프로그램에 많은 자금을 투입했고, 미국의 DARPA[13]도 1984년부터 인공지능에 대한 투자를 세 배로 늘렸다. 전문가 시스템 덕분에 인공지능 분야에 겨울이 지나고 다시 봄이 찾아온 것이다.

---

13 DARPA(Defense Advanced Research Projects Agency): 미국 국방 고등 연구 기획청

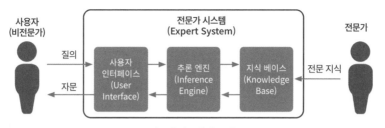

전문가 시스템의 구성

하지만 전문가 시스템 기반 인공지능의 봄은 길지 않았다. 1987년경 애플과 IBM의 퍼스널 컴퓨터 성능이 급격히 높아지면서 더 이상 LISP 언어 기반의 값비싼 인공지능 워크스테이션을 이용할 이유가 없어졌다. 인공지능 하드웨어 시장이 붕괴하면서 지식 공학에 대한 관심도도 함께 낮아졌고, 일본의 5세대 컴퓨터 프로젝트까지 실패하면서 다시 인공지능 분야에 두 번째 겨울이 찾아왔다. 이제 LISP 언어 기반의 인공지능 전용 워크스테이션은 박물관에서나 찾아볼 수 있다.

LISP 워크스테이션: Symbolics 3640 LISP 머신(좌), MIT Knight 머신(우)

다층 신경망과 에러 역전파 학습 알고리즘

인공신경망 기반의 머신러닝에서는 1980년대 중반이 돼서야 다층 신경망 구조와 에러 역전파 학습 알고리즘이 재활성화되면서 비선형 구분이 불가능했던 문제가 해결됐다. 단층 구조는 수학적으로 선형의 직선식만 표현이 가능하지만, 다층 구조는 비선형적 표현이 가능하여 좀 더 정확하게 구분할 수 있는 수학적 모델을 만들어낼 수 있었다.

수학적 접근, 확률, 진화 개념을 강조한 인공지능

2012년경 딥러닝에 대한 우수한 성과가 나오기 전까지 인공신경망 연구는 이미 한물간 분야라는 인식을 깨지 못했다. 대신 수학적 접근을 강조한 연구 분야인 베이지안 네트워크, 은닉 마르코프 모델, 서포트 벡터 머신, 진화 알고리즘 등에 대한 연구가 활성화됐다.

특히, 진화 알고리즘은 풀고자 하는 문제에 대해 반복적인 컴퓨터 계산을 통해 점차 최적해에 가까운 답을 찾아가는 방식이다. 풀고자 하는 문제에 대한 사전 경험이나 지식이 부족한 경우에 강화학습 개념을 기반으로 컴퓨팅 파워를 활용하여 답을 찾는 접근 방식으로 최적화 문제를 푸는 데 주로 사용했다. 특히, 풀고자 하는 문제의 탐색 공간이 매우 넓어서 최적해를 찾는 데 너무 오랜 시간이 걸리는 문제에 적합했다. 진화 알고리즘에는 대표적으로 인간의 유전자 진화 모델을 모사하여 구현한 유전자 알고리즘을 포함하여, 진화 프로그래밍, 진화 전략, 양자 연산 개념을 접목한 양자 진화 알고리즘 등이 있다. 특히, 양자 진화 알고리즘[14]은 진화 알고리즘에 처음으로 양자컴퓨팅 개념을 접목시켜 탐색(exploitation)과 탐험(exploration)의 균형을 잘 잡아줄 수 있는 알고리즘 메커니즘을 구현했다.

---

14 2002년 IEEE Trans. 논문 "Quantum-inspired Evolutionary Algorithm for a Class of Combinatorial Optimization"

딥러닝(Deep Learning)

2006년경부터 다층 인공신경망 기반의 딥러닝에 대한 가능성이 점차 커졌고, 2012년 이후에는 기존의 한계를 뛰어넘는 연구 결과가 쏟아져 나오기 시작했다. 딥러닝은 기존의 접근 방식과는 다르게 학습 데이터로부터 특징을 추출하고, 추출한 특징의 조합으로 결과를 표현하는 방식을 사용하는데, 이것은 동물 뇌의 활동을 최대한 가깝게 모사해서 얻은 결과였다. 특히 이미지 인식 분야에서 딥러닝에 의한 연구 성과가 두드러지게 나타났다.

2010년부터 이미지넷(ImageNet)이라는 대규모 이미지 데이터에 대한 인식률을 높이는 경진대회 ILSVRC[15]가 매년 열렸는데, 2012년 토론토 대학의 제프리 힌튼 교수가 이끄는 수퍼비전 팀이 딥러닝을 이용한 AlexNet을 개발하여 인식 오류율(TOP 5 기준[16]) 16.4%를 달성하며 딥러닝의 우수성을 입증했다. 2011년 가장 우수한 알고리즘의 인식 오류율이 26% 수준이었는데, 1년 만에 무려 10%가량 인식률을 끌어올린 것이다. 이것은 이미지 인식 분야에서는 경이로운 결과였다.

참고로, 이미지넷은 대략 22,000개의 범주(개, 고양이, 전기차, 금붕어, 스쿠터, 목걸이 등의 구분)에 속하는 1,500만 개 이상의 레이블이 지정된 고해상도 이미지의 집합이다. ILSVRC 대회에서는 1,000개 범주 각각에 약 1,000개의 이미지가 있는 이미지넷의 부분 집합을 사용한다. 전체적으로 약 120만 개의 훈련 이미지와 5만 개의 검증 이미지, 그리고 15만 개의 테스트 이미지로 구성되어 있다.

---

15 ILSVRC: ImageNet Large Scale Visual Recognition Challenge

16 학습을 통해 얻은 인식기는 입력에 따라 인식 결과가 범주별 확률(개 0.5, 고양이 0.2, 금붕어 0.1, …)로 출력되는데, 이때 확률이 높은 순으로 5가지 내에 실제 입력에 해당하는 범주가 포함되어 있는 경우를 TOP 5 기준으로 인식됐다고 평가한다. 참고로, 입력과 정확히 일치하는 결과가 가장 높은 확률로 인식되는 경우만 고려할 때는 TOP 1 인식률로 이야기한다.

ImageNet 이미지 데이터 예시[17]

　AlexNet이 발표된 이후 모든 팀이 딥러닝을 기반으로 이미지 인식 연구 개발을 수행했고, 매년 신기록을 갈아치우는 결과를 가져왔다. 2014년에는 구글에서 개발한 GoogLeNet이 인식 오류율 6.6%의 놀라운 결과를 보였고, 2015년에는 마이크로소프트에서 개발한 ResNet이 인식 오류율 3.57%로 1위를 차지하면서 또 한 번 세상을 놀라게 했다. 이는 사람의 인식 오류율로 알려진 5%를 훨씬 뛰어넘는 수준이었다. 2017년에는 자율주행차 기업인 모멘타와 옥스퍼드 대학교 연합 팀이 개발한 SENet이 인식 오류율 2.25%의 결과로 우승을 차지했다. 이미 사람의 인식률을 크게 뛰어 넘으면서 더 이상의 인

17 출처: https://cs.stanford.edu/people/karpathy/cnnembed/

식률 경쟁은 의미가 없다고 판단하여 ILSVRC 대회는 2017년을 마지막으로 막을 내렸다.

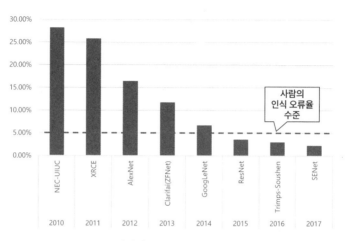

ILSVRC 대회 연도별 우승팀 인식 오류율 변화

ILSVRC 대회는 종료됐지만, 대규모 이미지에 대한 인식률을 높이기 위한 연구 개발은 여전히 진행 중이다. 2022년 2월 기준, 가장 우수한 성능을 보이는 알고리즘은 마이크로소프트에서 개발한 Florence 알고리즘이며, 그 인식 오류율은 0.98%에 불과하다. 구글과 마이크로소프트 등이 앞서거니 뒤서거니 하며 신기록을 지속해서 갈아치우고 있다.

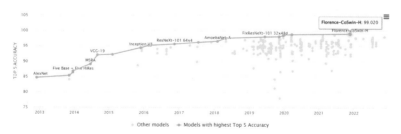

ImageNet에 대한 연도별 TOP 5 정확도 인식 오류율 (2022년 2월 기준)[18]

〜〜〜◇〜〜〜

18 출처: https://paperswithcode.com/sota/image-classification-on-imagenet?metric=Top%205%20Accuracy

2012년에 딥러닝이 폭발적인 관심을 받게 된 또 하나의 사건이 있었다. 스탠퍼드의 앤드류 응 교수가 구글과 함께 딥러닝을 이용하여 인터넷상의 수많은 데이터를 기반으로 사람이나 고양이를 인식하는 데 성공한 논문을 발표한 것이다.

이 실험에서는 1천만 개의 유튜브 비디오에서 장면을 하나씩 샘플링한 후, 각 이미지로부터 200×200픽셀 크기를 갖는 이미지 데이터셋을 만들고, 1,000대의 컴퓨터(16,000개의 프로세서 코어)와 딥러닝을 이용하여 비지도 학습을 통해 사람 얼굴이나 몸, 고양이를 인식하는 데 성공했다.

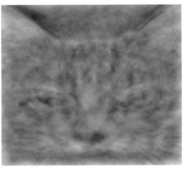

빅데이터 이미지에 대하여 비지도학습 방식의 딥러닝을 통해서
스스로 학습한 사람 얼굴과 고양이에 대한 상위 레벨의 특징 이미지[19]

여기서 비지도학습(unsupervised learning)이란 수많은 임의의 사진을 학습 데이터로 활용할 때 각각이 어떤 사진인지 레이블을 전혀 달지 않고 학습시키는 방식이다. 비지도학습을 통해 인식을 수행하고 나면 몇 가지 범주를 구분할 수 있는 인식기를 얻을 수 있는데, 이때 인식된 각각의 범주가 사람인지 고양이인지 등은 알 수 없다. 다만, 사람이나 고양이 등이 서로 다른 범주라는 사실만 구분해주는 결과를 얻을 수 있다. 범주별로 사람인지 고양이인지 등은 학습이 끝난 이후에 사람이 부여한다. 반대로, 지도학습(supervised

19 출처: 2012년 머신러닝 국제 학회에 발표된 논문 "Building High-level Features Using Large Scale Unsupervised Learning"

learning)은 모든 데이터마다 레이블을 달고 학습하는 방식이다. 예를 들면 각 사진마다 개, 고양이, 사람 등과 같은 범주를 명시하여 학습시키는 방식 이다.

2016년에는 마이크로소프트에서 대화식 음성 인식 분야에 딥러닝을 적용 하여 사람과 동등한 수준의 인식 수준을 보인 연구 결과[20]를 발표한다. 새로 알게 된 두 사람이 주어진 주제에 대해 서로 대화를 나누는 내용의 데이터셋 과 친구나 가족 간에 정해진 주제 없이 자유롭게 대화하는 내용의 데이터셋에 대해 각각 딥러닝으로 학습한 결과, 인식 오류율이 각각 5.8%와 11.0%를 보 였는데, 이는 전문 필사자의 오류율인 5.9%와 11.3%를 모두 넘어서는 수준 이었다.

딥러닝을 활용할 경우 빅데이터 이미지에 대한 지도학습뿐만 아니라 비지 도학습조차도 우수한 성능을 보인다는 결과가 입증되고, 이미지 인식 분야뿐 만 아니라 음성 인식 분야에서도 딥러닝의 우수성이 입증되면서 다시 인공신 경망 기반의 머신러닝인 딥러닝을 중심으로 폭발적인 성장을 하게 된다. 이 렇게 딥러닝 기술로 인해 겨울을 지내던 인공지능 분야는 세 번째 봄을 맞이 했다.

현재 세 번째 봄을 맞은 인공지능 분야는 전 세계적으로 급격히 성장하고 있다. 최근 발전 속도가 더 가속화된 이유는 딥러닝 기술의 우수성이 가장 큰 요인이지만, 동시에 인터넷의 활성화로 모든 분야에서 빅데이터가 빠르게 쌓 이고 있고, GPU(Graphics Processing Unit) 칩셋의 발전으로 학습에 필요 한 병렬 연산이 매우 빨라졌기 때문이다. 또한, 인공지능 연구자 사이에서 공 유 문화 및 공유 시스템이 빠르게 확산되고 있는 점도 큰 요인으로 작용한다.

---

20 출차: https://arxiv.org/abs/1610.05256

인공지능이 우리의 일상에 미치는 영향

최근 인공지능이 다시 살아난 이유는 딥러닝으로 인식 성능이 크게 높아진 것이 주요했지만, 동시에 GPU를 중심으로 한 컴퓨팅 파워가 크게 증가하고 빅데이터가 쌓이기 시작한 것도 주요한 이유다. 시간이 지날수록 컴퓨팅 파워는 지속해서 증가하고 빅데이터도 빠르게 쌓여갈 것이므로, 인공지능의 발전은 더욱 가속화할 것이라고 쉽게 예상할 수 있다. 특히, 20~30년 후쯤 양자 컴퓨터가 보편화되면 인공지능에 날개를 달게 될 것이다.

인공지능이 세상을 어떻게 변화시킬지 생각해보면, 요즘 사용하는 휴대폰의 지문 인식이나 얼굴 인식도 인공지능이고, 페이스북에서 사진의 얼굴인식 기능이나 휴대폰의 펜글씨 인식도 인공지능이다. 이렇게 이미 우리는 수많은 인공지능 기술을 사용하고 있다. 가까운 미래에는 인식률이 높아지면서 병원에서의 진단이나 금융권에서의 주식 거래 등에도 인공지능이 더욱 활발하게 적용될 것이다. 인터넷 서비스에는 사용자 모델링을 기반으로 맞춤형 추천이 보편화될 것이고, 점차 인공 인간을 통한 자연스러운 서비스 이용이 증가할 것이다.

또한, 우리의 건강을 관리하고 수명을 연장해주는 인공지능 기술이 등장할 것이고, 신약 개발이나 신소재 개발 등에도 더욱 혁신적인 결과가 창출될 것이다. 창작예술 분야에도 인공지능 기술 접목을 통한 새로운 문화가 형성될 것이고, 디자인 관점에서도 우리가 이제까지는 접해보지 못한 형상과 느낌을 경험하게 될 것이다.

시키는 일만 할 수 있었던 로봇들이 점차 스마트해지면서 사람의 일을 대신하는 영역이 점차 확대될 것이고, 직장에서도 단순 반복 업무는 점차 줄어들게 될 것이다. 공장의 현장도 인공지능 기술을 통한 스마트화가 가속화될 것이고, 위험하고 어려운 일은 빠른 속도로 디지털 전환이 이루어질 것이다.

특히, 자동차의 자율주행 기능은 향후 우리의 일상과 문화를 가장 크게 변화시킬 인공지능 기술 중의 하나다. 자동차는 우리의 일상에 없어서는 안 될 중요한 이동 수단이다. 출퇴근을 위해 매일 직접 수십 분에서 수 시간 운전하

는 경우, 눈은 다른 차 꽁무니와 신호등만 쳐다보는 데 묶여 있고, 손은 운전
대에 묶여 있어 원하는 일을 할 수 없다. 하지만 자율주행 기술이 보편화된다
면 목적지만 입력하면 자동차가 알아서 데려다주니 운전으로 낭비하던 시간
을 다른 의미 있는 시간으로 활용할 수 있게 된다.

운전 시간을 하루 한 시간만 잡아도 24시간 중에서 8시간은 취침한다고 가
정하면, 하루 15시간을 16시간으로 가용 시간을 약 6.7% 늘릴 수 있다. 100
살까지 산다고 가정하면 평생 3.5년의 시간을 더 활용할 수 있다.

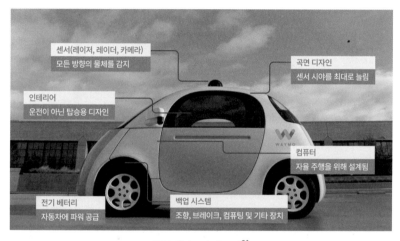

구글 웨이모 스마트 카[21]

자율주행 기술은 시간을 벌어주는 효과 외에도 운전석이 필요 없어 차의
내부 공간을 더 효과적으로 활용할 수 있게 해준다. 디자인 관점에서도 차의
앞뒤 구분이 없어지거나 직사각형에서 정사각형이나 원형으로 바뀔지 모른
다. 차 안의 인포테인먼트 시스템은 빠르게 발전할 것이고, 내부는 서로 마주
보는 응접실 구조로 바뀔 수 있다. 차 안에서 이동 중에 영화도 보고 음악을
들으며 독서도 하고 낮잠도 자는 문화가 빠르게 확대될 것이다. 자동차 안이
이동 서비스 공간으로 바뀌는 디지털 전환을 경험하게 될 것이다.

〰〰〰◇〰〰〰

21 배경 이미지 출처: https://waymo.com/press/

개인이 직접 자동차를 구입하는 경향은 점차 줄어들 것이라는 예측이 많다. 차량 제공 서비스 회사에 탑승 위치와 시간만 예약해 두면 무인 자동차가 알아서 픽업하고, 도착 후에도 주차 걱정을 할 필요가 없다. 집에도 주차장이 필요 없고, 자동차 보험을 들 필요도 없다.

실제로 이미 2018년 말부터 구글 웨이모는 세계 최초로 미국 피닉스 지역에서 완전 자율주행 택시 상용 서비스를 시작했고, 2022년 3월에는 샌프란시스코 지역에서도 운전자 없는 로보택시 서비스를 시작했다. 완전 자율주행 가능한 차종으로 미니밴, SUV뿐만 아니라 트럭까지 지원한다.

구글 웨이모의 완전 자율주행 미니밴 및 트럭,
그리고 라이다(Lidar) 센서를 이용한 자동차 주변의
지형 및 장애물 정보를 3차원으로 복원한 영상[22]

22 이미지 출차: https://waymo.com/waymo-one/

아마존 죽스(Zoox)의 완전 자율주행 로보택시[23]

아마존 죽스는 2020년 12월에 세계 최초로 운전석이 없는 완전 자율주행 로보택시를 선보였다. 차량 내부는 서로 마주보고 앉는 구조로 되어 있고, 네 바퀴 모두 조향 가능하여 도시의 좁은 공간에서도 타이트한 커브나 유턴이 가능하고 정밀한 움직임이 가능하다.

제너럴모터스(GM) 크루즈의 자율주행 셔틀 오리진과 크루즈[24]

23 이미지 출처: https://zoox.com/vehicle/

24 이미지 출처: https://www.getcruise.com/technology

제너럴모터스가 인수한 크루즈는 2017년부터 샌프란시스코에서 직원들을 대상으로 한 라이드 공유 서비스 'Cruise Anywhere' 프로그램을 발표했고, 2020년 1월에는 운전석과 핸들이 없고 거울과 페달도 없는 이동 승객 전용 셔틀 오리진을 발표했다. 2021년 5월에는 오리진 셔틀을 2023년부터 양산한 다는 계획을 발표했고, 같은 해 6월에는 입증 테스트를 위한 100대의 시작품 생산과 캘리포니아 주로부터 크루즈에 대한 테스트 허가를 받아 완전 무인 로 보택시 유료 서비스를 시작했다.

자율주행 자동차는 미국뿐만 아니라 전 세계 많은 기업이 경쟁적으로 기술 개발을 수행하고 있다. 중국 기업 바이두는 자체적으로 자율주행 플랫폼을 구 축하고 로보택시 100여 대로 2020년부터 중국의 10개 도시에서 시범 운행을 시작했다. 2022년 8월부터는 우한과 충칭 지역에서 완전 무인 로보택시 서비 스도 허가받아 운행 중이다. 같은 해 7월에는 운전석이 없는 양산형 무인 자 동차 아폴로 RT6를 공개했고, 발표한 가격도 25만 위안으로 한화로는 5천만 원이 안 되는 수준이다. 바이두는 2025년까지 100만 대의 자율주행 차량을 실용화한다는 계획이다.

바이두의 현재 자율주행차(좌상)와 양산형 무인 자동차(나머지)[25]

25 이미지 출처: https://www.apollo.auto/news/autonomous-driving/7222

중국의 스타트업 Pony.ai는 다양한 차종의 플랫폼을 개발하여 다양한 브랜드의 차량에 적용 가능한 자율주행 시스템을 구축했고, 미국에서 완전 자율주행 택시를 출시하는 것을 목표로 하고 있다.

중국 업체인 Pony.ai의 자율주행 자동차[26]

우리나라도 로보택시에 대한 기술 개발과 시범 서비스가 진행 중이다. 2022년 6월 현대차는 서울시 강남구 및 서초구 일부 지역에서 자율주행 시범 서비스를 시작했다. 참고로, 정해진 노선에서만 이동하는 로보택시 시범 서비스는 이미 서울 상암, 경기 판교, 대구, 제주, 세종 등지에서 진행 중이다.

자율주행 자동차를 포함한 특수 목적의 인공지능은 매우 다양한 분야에서 활용될 것이다. 우리가 인지하지 못할 정도로 다양한 영역과 서비스 및 기능에 흡수되어 사용될 것이다. 점차 시간이 지날수록 특수 목적으로 사용되는 인공지능을 범용으로 사용할 수 있는 인공 일반 지능으로 발전시키려는 노력이 증가할 것이다. 바둑도 잘 두고 친구처럼 말벗도 되어주고 회사에서는 의사결정과 계획도 최선으로 제시하는 그런 범용 인공지능 말이다. 다만, 사람 수준의 범용 인공지능은 아마도 인공지능 분야에 겨울이 몇 번 더 오고 나서 양자 컴퓨터가 상용화된 이후에나 가능할지도 모른다.

---

26 이미지 출처: https://pony.ai/press?lang=en

마지막으로, 요즘 전 세계적으로 인공지능 기술의 부작용에 대해 우려하는 목소리가 점차 커지고 있다. 인공지능은 도구에 불과하지만, 사람들이 이 유용한 도구를 잘못 사용한다면 사회적으로 큰 문제를 야기할 수 있다. 앞으로 인공지능 기술의 오남용으로 인해 예상치 못한 문제가 발생하는 상황을 막기 위해서는 지금부터 인공지능 기술 활용에 대한 윤리, 공정성, 신뢰성 등을 미리 고민하고 검토하고 대비해야 할 것이다. 또한, 각국의 정부와 기업들은 에너지와 환경, 기후 위기, 감염병 문제 등을 해결하기 위해 인공지능 기술을 보다 적극적으로 활용하게 될 것이다.

1.4

우리의 일상에 등장한
서비스 로봇

2000년대에 들어서면서 청소로봇을 시작으로 우리의 일상에도 로봇이 서서히 등장하고 있다. 과거에 많은 전문가가 예상했던 것보다는 훨씬 더 느린 속도로 전개되고 있지만, 최근 들어 인공지능을 포함한 통신, 센서, 베터리, 모터, 반도체 등 요소기술의 빠른 발전에 힘입어 특히 서비스 로봇을 중심으로 그 속도가 조금씩 빨라지고 있다. 로봇 기술을 쉽게 이해하기 위해, 로봇은 어떻게 시작됐고 어떻게 발전해 왔는지, 그리고 우리 주변으로 다가온 서비스 로봇까지 어떤 과정을 거쳐왔는지 차근차근 살펴보자.

로봇의 유래

로봇이라는 단어는 1921년 체코의 극작가인 차페크가 쓴 "로섬의 유니버설 로봇(Rossum's Universal Robots)"이라는 희곡에서 처음으로 사용됐고, 체코어로 '일, 노동'의 뜻인 'robota'라는 단어에서 유래했다. 희곡에서 로봇은 사람이 하는 정신적, 육체적 노동을 모두 할 수 있으나, 인간의 영혼과 정서는 갖지 못하는 인공 생명체로 묘사됐다. 하지만 차페크의 희곡을 시작으로 로봇은 줄곧 인간의 적으로만 묘사됐다. 이는 최근 인공지능이 미래에 인간을 해칠 것이라는 우려와 같은 맥락이다. 사람들은 잘 모르는 미지의 개념에 대해서는 본능적으로 두려움을 느낀다.

로봇이 인간의 적이라는 통념을 깨고자 러시아 출신의 SF 소설가인 아이작 아시모프는 '로봇의 3원칙[27]'을 만들고, 이를 바탕으로 관련 소설을 쓰기 시작했다. 이때가 1940년대. 참고로, 이후 로봇을 주제로 한 소설이나 '아톰', '로보트 태권 V', '마징가 Z'와 같은 만화영화가 많이 등장했고, 아마도 이와 같은 창작물이 사람들에게 로봇은 적이 아니라는 이미지를 심어줬을 것으로 보인다.

최초의 인공 생명체

로봇에 대한 상상과는 달리, 실제 로봇 기술은 매우 더디게 발전해 왔다. 1948년 영국의 그레이 월터 박사가 만든 거북 로봇이 최초의 인공 생명체 로봇이다. 이 로봇은 두 개의 센서와 두 개의 구동부, 그리고 신경을 모사한 제어 회로로 구성됐고, 스스로 주변의 장애물을 감지하여 피할 수 있고 배터리가 다 되면 스스로 충전 스테이션으로 찾아가는 기능까지 구현됐다.

그레이 월터 박사의 거북 로봇

---

27 로봇의 3원칙: (제1원칙) 로봇은 인간을 해쳐서는 안 되며, 인간이 해를 입도록 방관해서는 안 된다. (제2원칙) 제1원칙에 위배되지 않는 한, 로봇은 인간의 명령에 복종해야 한다. (제3원칙) 제1원칙, 제2원칙에 위배되지 않는 한, 로봇은 자신을 보호해야 한다.

모바일 로봇

월터 박사의 연구는 이후 인공지능 연구에도 영향을 미쳤다. 1956년에 인공지능 분야가 탄생했고, 1961년에는 산업용 로봇도 등장했다. 산업용 로봇은 GM 자동차의 조립 라인에 최초로 적용됐다. 1969년에는 인공지능으로 움직이는 모바일 로봇 'Shakey'가 개발됐다. 이 로봇은 카메라와 광학 거리 센서, 충돌 센서 등을 포함했다. 이후 1977년에는 카메라와 16개의 초음파 센서, 레이저 거리 센서를 가진 'HILARE' 로봇, 그리고 사람 눈과 같은 2개의 카메라를 가진 'Stanford Cart' 로봇이 개발됐다. 1983년에는 상하좌우로 움직일 수 있는 카메라와 적외선 센서 및 초음파 센서를 장착한 'CMU Rover' 로봇이 발표됐다.

모바일 로봇. (왼쪽 위부터 시계방향) Shakey(1969), Stanford Cart(1977), CMU Rover(1983), HILARE(1977).

로봇이 처음 등장한 이후부터 1980년대까지는 가장 기본인 이동성에 대한 연구가 활발했다. 바퀴 달린 모바일 로봇에 대한 연구가 많았고, 이동하려고 보니 장애물을 피해야 했기 때문에 센서에 대한 연구가 활발했다. 단순한 스위치에서 적외선 센서, 초음파 센서, 레이저 거리 센서를 거쳐 사람의 눈과 흡사한 스테레오 카메라까지 센서가 복잡해지면서 센싱 데이터를 처리하기 위한 인공지능 기술도 함께 활발한 연구가 이뤄졌다.

이러한 연구 끝에 2002년에 로봇 청소기 룸바가 등장했고, 아마존의 물류 창고에서는 선반을 이동하는 일을 열심히 수행하는 수만 대의 키바 로봇이 등장했다.

무인 자동차

모바일 로봇의 연구 결과는 무인 자동차에 대한 기반 기술로 활용됐다. 2004년에 미국의 DARPA에서 그랜드 챌린지 대회를 개최했다. 이는 미국 모하비 사막에서 240km의 거리를 무인 자동차로 달리는 경주였다. 그동안 모바일 로봇을 연구하던 수많은 연구팀이 이 대회에 참여했다. 수십 년간 연구해온 모바일 로봇 기술을 적용할 목표가 생긴 것이다.

2004년 대회에서는 240km 완주는커녕 11km가 가장 멀리 간 거리였다. 2005년에 다시 대회를 개최했을 때는 195개 팀이 신청하여 40개 팀이 예선을 통과하고, 결선에서는 5개 팀이 212km 거리를 완주하는 데 성공했다. 미래의 역사가 바뀌는 순간이었다. 하지만 DARPA는 이에 만족하지 않고 2007년에 사막이 아닌 도심에서 그랜드 챌린지를 개최했다. 세계 각국의 연구팀이 참여하여 최종 결선에는 11개 팀이 참가했다. 도심에서 89km를 총 6개 팀의 무인 자동차가 완주했다.

DARPA 그랜드 챌린지 무인 자동차 경주 대회(2004, 2005, 2007)

이것은 최근 세상을 바꾸고 있는 완전 자율주행 무인 자동차를 가능하게 만든 사건이었다. 실제로 구글의 무인 자동차 프로젝트도 DARPA 그랜드 챌린지 2회 대회에서 우승했던 교수가 처음으로 합류하여 이끌었다.

다리로 걷는 로봇

1980년대 중반을 거쳐 1990년대에는 바퀴로 움직이는 모바일 로봇이 아닌 다리로 걷는 로봇에 대한 연구가 활발하게 시작됐다. 사람들이 처음 상상했던 로봇은 사람 모양 로봇이었지만, 기술 개발이 본격화되기 시작한 시점은 많이 늦었다고 볼 수 있다. 하지만 그동안은 기술력이 부족하여 시도조차 할 수 없었다. 1984년에 MIT에서 스카이콩콩을 타듯이 외발로 뛰어다니는 로봇이 최초로 개발됐다. 이후에 동물의 다리를 모사한 걷는 로봇이 하나둘씩 나오기 시작했다.

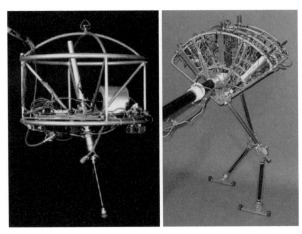

MIT Leg Lab의 동물 모사 로봇(1984, 1996)

참고로, MIT Leg Lab의 마크 레이버트 교수가 1992년에 보스턴 다이나 믹스라는 로봇 회사를 설립했는데, 2013년에 구글에 인수됐고, 이어서 2017 년에 소프트뱅크를 거쳐 2020년 현대자동차가 약 1조 원에 그 회사를 인수 했다.

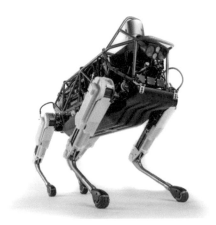

보스턴 다이나믹스의 로봇 개 SPOT[28]

---

28 이미지 출처: https://www.bostondynamics.com/

인간형 로봇

90년대에 들어서면서 인간형 로봇에 대한 연구가 활발해지기 시작했다. 1996년 혼다가 남자 체구의 P2 로봇을 발표하면서 세상을 놀라게 했다. 이 로봇은 걸음새나 동작이 사람이 로봇 탈을 쓰고 움직이는 것처럼 완벽했다. 1997년에는 여자 체구의 P3가 발표됐고, 2005년에는 심부름도 하고 컵에 음료수도 따르고 춤도 추는 아시모 로봇까지 발표되면서 인간형 로봇 기술은 절정에 다다랐다. 2000년부터 소니도 인간형 로봇을 발표하기 시작했고, 우리나라 KAIST도 2005년에 휴보를 발표하면서 인간형 로봇 기술 개발에 세계적으로 어깨를 나란히 하게 됐다.

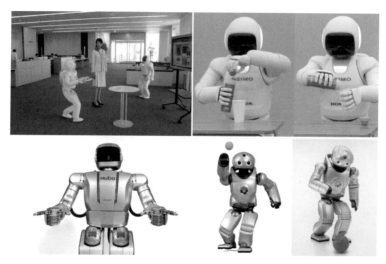

인간형 로봇: 혼다 아시모(위), KAIST 휴보(좌하), 소니 큐리오(우하)[29]

인간형 로봇은 아직까지는 무인 자동차 같은 확실한 시장이 형성되어 있지 않고, 기술 수준도 갈 길이 먼 상태다. 그런데 DARPA가 그랜드 챌린지를 끝낸 후, 인간형 로봇 기술의 돌파구를 만들기 위해 로봇 챌린지를 개최했다. 이

---

29 아시모: https://global.honda/innovation/robotics/ASIMO.html
휴보: https://robots.ieee.org/robots/hubo/
큐리오: https://robots.ieee.org/robots/qrio/, http://www.robotsvoice.com/qrio/

챌린지는 재난 현장과 같은 극한 환경에서 로봇이 스스로 어려운 임무를 수행하는 대회였다. 차량 운전하기, 돌 무더기 바닥에서 걸어가기, 입구 막고 있는 잔해 치우기, 문 열고 건물로 들어가기, 사다리 타고 올라가 계단으로 내려오기, 도구를 사용해 벽 부수기, 밸브 잠그기, 소방 호스 연결하고 밸브 열기 등의 미션을 가장 짧은 시간 내에 마치는 로봇이 우승하는 대회였다. 전 세계 인간형 로봇을 연구하는 연구팀이 모두 모여 2015년에 결선을 치렀고, 우리나라 KAIST의 휴보가 당당히 우승을 차지했다.

DARPA 로봇 챌린지 2015에서 우승한 KAIST의 휴보 팀

보스턴 다이나믹스의 아틀라스 로봇[30]

30 이미지 출처: https://www.bostondynamics.com/

미래기술 127가지 / PART 1 _ 우리의 일상을 바꾸는 디지털 세상

2016년에 공개된 보스턴 다이나믹스의 아틀라스 로봇은 인간형 로봇의 하드웨어 기술에 대한 매우 높은 완성도를 보여줬다. 사람처럼 달리고 점프하고 구르고 텀블링도 할 수 있다.

참고로, 로봇 개념이 등장한 이후로 로봇 연구가 100년간 진행됐지만, 아직도 로봇은 갈 길이 멀다. 그 이유는 대부분 요소 기술이 이미 새로운 이름으로 분리되어 독립해 나갔기 때문이다. 데이터 처리 및 알고리즘은 인공지능으로 분리됐고, 모바일 로봇은 자율주행차로 분리됐다. 정해진 일을 하는 로봇은 산업용 로봇을 거쳐 이제 스마트 공장으로 흡수됐다. 날 수 있는 로봇은 드론으로 분리됐고, 인간형 로봇은 재난 구조 장치로 분리될 수도 있다. 요소 기술이 발전해 자리를 잡을 무렵이 되면 어김없이 그에 맞는 응용 분야를 찾아 떠나가는 형국이다. 하지만 다른 한편으로는 로봇 연구 분야가 기술 전반에 걸쳐 매우 큰 기여를 하고 있다고도 볼 수 있다.

이제 로봇 시스템에 대한 요소기술 발전의 수준이 상당히 높아지면서, 점차 로봇과 사람 간의 관계에 대한 관심이 증가하고 있다.

소셜 로봇

90년대 말 MIT에서 키즈멧이라는 최초의 소셜 로봇을 발표했다. 로봇이 사람과 서로 대화로 의사소통 할 수 있고, 자신의 감정을 얼굴 표정으로 표현할 수 있는 로봇이다. 이전에는 로봇을 프로그램된 일만 하는 기계로 여겼지만, 소셜 로봇은 로봇을 인격화하면서 사람 같은 존재로 여기기 시작했다. 키즈멧은 행복함, 차분함, 흥미로움, 슬픔, 화남, 놀람, 역겨움 등 다양한 감정을 표현할 수 있다.

키즈멧이 처음 발표됐을 때 많은 사람이 왜 쓸데없이 로봇에게 감정을 부여하는지 질문했다. 하지만 이제는 이유를 설명하지 않아도 많은 사람이 로봇의 인격화가 필요하다고 생각할 것이다. 수많은 이유가 있겠지만, 여기서는 주요한 몇 가지만 살펴보자.

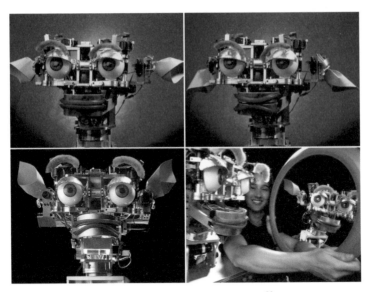

다양한 감정을 표현하는 MIT 키즈멧 로봇[31]

앞으로 시간이 갈수록 우리 주변에는 로봇이 점점 늘어나게 될 것이다. 직장에서나 집에서, 또는 공공장소에서도 로봇은 많아진다. 즉, 일할 때도 로봇과 협업해야 하고, 집에서도 로봇과 함께 지내야 한다. 또한 공공장소에서도 로봇의 도움을 받아야 한다. 이때 로봇과의 원활한 의사소통을 하기 위해서 우리가 로봇 언어(프로그램)를 새로 배워야 한다면 당장 공존하기가 어려울 것이다. 로봇이 사람과 같은 방식으로 의사소통 할 수 있다면 가장 쉽고 자연스러울 것이다. 로봇을 사람의 문화 안으로 끌어오려고 하다 보니 인격화도 하고 사람의 의사소통 방식을 로봇에게도 요구하게 되는 것이다.

소셜 로봇에 대한 연구 중 초기에 가장 활발하게 이루어진 연구는 사람이 로봇에게 새로운 지식이나 협업 업무를 위한 사회적 지능을 어떻게 가르칠 것인가 하는 것이었다. 가장 좋은 방법은 사람에게 가르치듯이 똑같은 방식으로 가르치는 것이었다. 이것이 가능하다는 것을 MIT의 리오 로봇이 보여줬다.

---

31 이미지 출처: https://robots.ieee.org/robots/kismet/

MIT 미디어 랩의 소셜 로봇 리오(Leonardo) (출처: MIT 미디어 랩)

리오 로봇의 사회적 지능에 대한 예시를 간단히 살펴보자. 빨간 엘모 인형을 보여주면서 "이건 엘모야."라고 설명해주면, 그때부터는 리오도 엘모를 구분할 수 있는 능력이 생긴다. 새로운 것이어서 흥미로워하고 만져보고 싶어 한다. 이번에는 파란색 쿠키 몬스터 인형을 보여주면서 "이건 쿠키 몬스터야. 그런데 얘는 아주 나쁜 애야. 네 쿠키를 다 훔쳐 갈 거야."라고 설명해준다. 그러면 리오도 쿠키 몬스터를 인지하게 되고, 가까이 보여주면 무섭다고 피한다.

리오 로봇의 학습 예시[32]

이미 소셜 로봇 개념이 적용된 공장 자동화 로봇 백스터도 등장했다. 백스터는 로봇 프로그램을 코딩할 필요 없이 신입사원에게 일을 가르쳐 주듯이 쉽

---

32 이미지 출처: https://youtu.be/ilmDN2e_Flc

게 학습시키고 바로 실전에 투입할 수 있다. 현재는 백스터 로봇 판매가 중단 됐지만, 현장에서 작업자와 함께 안전하게 일하는 협동 로봇의 발전에 많은 영향을 끼쳤다.

공장 자동화 업무용 소셜 로봇 백스터[33]

반려 로봇으로서의 소셜 로봇

반려 동물과 같이 사람이 정서적으로 의지하고자 가까이 두고 함께 생활하는 반려 로봇은 이미 소니의 강아지 로봇 아이보로 증명됐다. 아이보는 특히 일본에서 외로운 노년층에게 많은 인기를 얻었다. 옷도 입혀주고, 산책도 가고, 사진도 찍고, 여행도 가고, 함께 시간을 보내는 사람이 많았다. 1999년부터 2006년까지 15만 대의 아이보가 팔렸고, 소니가 수리 센터를 닫으면서 2015년 아이보의 공동 장례식을 치를 정도였다. 소니는 11년 후인 2018년에 다시 아이보 신제품을 출시했다. 새로운 아이보는 항상 인터넷에 연결되어 업데이트를 지원하고, 100명의 얼굴 인식과 50가지 음성 명령 인식이 가능하다. 머리와 볼, 등에는 정전식 압력 센서가 있어서 쓰다듬는 등의 터치에 애완동물처럼 반응한다. 다만, 실제 강아지나 고양이와의 정서적 교감 수준에는 아직 크게 미치지는 못한다.

33 이미지 출처: https://www.youtube.com/watch?v=oD9DE0HjMM4

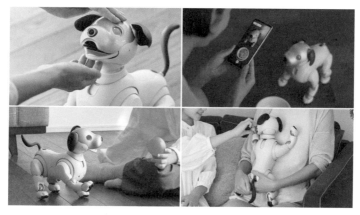

소니의 강아지 로봇 아이보[34]

더 나아가 심리 치료를 목적으로 하는 소셜 로봇도 연구되고 있다. MIT의 곰 인형 로봇 허거블 프로젝트도 이에 속한다.

MIT 미디어 랩의 허거블(Huggable) 로봇

일본의 예를 보면, 초고령화 사회로 접어들수록 정서적으로 의지할 존재에 대한 요구가 크게 증가한다. 우리나라도 아주 빠른 속도로 초고령화 사회로 진입하고 있으니, 반려 로봇을 포함한 소셜 로봇의 수요가 앞으로 크게 증가할 수 있다.

소셜 로봇 몇 가지만 더 살펴보자. MIT 미디어 랩에서 개발한 소셜 로봇 지보는 사람의 일상에 개입하지 않으면서도 필요할 때는 귀엽게 도와주는 존

---

34 이미지 출처: https://us.aibo.com/

재다. 사진도 찍어주고, 검색도 해주고, 요리도 도와주고, 이메일도 확인해주고, 스케줄 관리도 해준다. 일본의 로비도 귀엽다. 기본적인 대화가 가능하고 춤도 추고 TV 리모컨 제어도 가능하다. 운전 시 컵 홀더에 앉히면 말벗도 되어주고, 실제로 우주 비행사의 말벗도 해줬다. 프랑스에서 개발한 나오(Nao)는 사람을 알아보고 대화를 나누고 음악도 들려주고 춤도 추는 소셜 로봇이다. 사람과 함께 종이와 펜으로 직접 틱택토 게임도 할 수 있다.

하지만 안타깝게도 이제까지 출시됐던 소셜 로봇은 모두 시장성을 확보하는 데는 실패했다. 아직까지는 소셜 로봇이 가격 대비 사람들이 꼭 필요로 하는 요구를 충족시켜주지는 못했다고 볼 수 있다. 2021년 킥스타터에서 새로운 유형의 애완 로봇인 모플린이 소개됐다. 기존 소셜 로봇은 기능성이 강조됐다면, 모플린은 특별한 기능 없이 기존 애완 동물을 대체할 수 있는 감성적인 접근을 하고 있는 것이 특징이다. 유전자 알고리즘을 이용하여 사용자와의 인터랙션을 통해 유니크한 성격을 갖도록 성장해가는 애완 로봇이다. 한마디로 인공 애완 동물인 셈인데, 이와 같은 시도가 시장에서 살아남을 수 있을지 지켜볼 필요가 있다.

(왼쪽 위부터 시계방향) 소셜 로봇 지보, 로비, 모플린, 나오[35]

35 지보: https://youtu.be/PHxRTze1HJE
로비: https://youtu.be/zZ1n5zfHKRY
모플린: https://igg.me/at/d4dUp7RVybc/x#/
나오: https://www.youtube.com/watch?v=p1lTwOEZAdA

최근에는 하드웨어가 아닌 소프트웨어 형태의 소셜 로봇도 증가하고 있다. 하드웨어 형태의 소셜 로봇보다는 사람들이 인격화에 익숙해지는 데 시간이 더 걸리겠지만, 궁극적으로는 소프트웨어 형태의 소셜 로봇도 동일한 효과를 낼 것으로 보인다. 특히, 최근 등장한 인공 인간 기술은 소프트웨어 형태의 소셜 로봇의 발전을 가속화할 것이다.

기술이 발전하고 가상공간이 활성화되면서 아이러니하게도 사람들은 외로움을 더 크게 느낀다. 인공지능으로 소셜 로봇이 더욱 스마트해지고 사회적 지능이 높아진다면 미래에는 반려 로봇 시장이 새롭게 창출될 수 있을 것이다.

퍼스널 로봇

1990년대 중반 인터넷의 확산은 퍼스널 컴퓨터가 각 가정과 개인에게 전파되는 것을 가속화했고, 같은 맥락에서 로봇 분야에서도 산업용 중심에서 가정용 또는 개인용 퍼스널 로봇 분야로 관심이 생기기 시작했다. 퍼스널 로봇이 현실화되기 위해서는 사용자가 언제 어디서나 쉽게 로봇을 제어하고 소통하고 모니터링할 수 있어야 하는데, 인터넷과의 접목이 이를 가능하게 했기 때문이다.

로봇과 인터넷의 접목은 초기에는 주로 인터넷 시간지연을 극복할 수 있는 원격제어 관점에서 많은 연구가 이뤄졌지만, 기술적으로 원격제어가 점차 해결되면서 2000년대부터는 가정이나 사무실 등 실내 공간에서 사용자에게 편리함을 제공해주는 서비스 로봇 개념으로의 퍼스널 로봇에 대한 연구가 중심을 이루기 시작했다.

1998년 버클리 대학의 연구팀은 인터넷 연결과 카메라, 마이크, 스피커, 모니터, 로봇 팔, 센서 및 구동부 등으로 구성된 원격존재 로봇을 발표했다. 이 로봇은 사용자가 인터넷을 통해 원격지에 있는 로봇을 제어하고, 로봇에 장착된 카메라와 모니터를 이용하여 화상통화를 하고, 로봇 팔을 통해 간단한 제스처를 표현할 수 있었다. 사용자가 로봇을 통해 마치 원격지에 존재하는 것 같은 경험을 제시하는 개념이다.

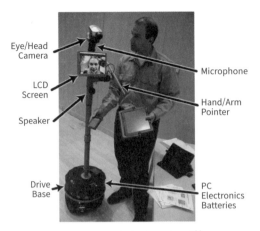

Eye/Head Camera

LCD Screen

Speaker

Microphone

Hand/Arm Pointer

Drive Base

PC Electronics Batteries

버클리에서 개발한 원격존재 로봇[36]

KAIST에서도 1998년부터 인터넷 기반 퍼스널 로봇인 마이봇에 대한 연구 개발을 수행하여, 2001년에는 실제로 미국의 UC 데이비스 대학에서 한국의 KAIST에 있는 마이봇을 원격으로 제어하고 화상통화로 실시간 소통하는 시연에 성공했다.

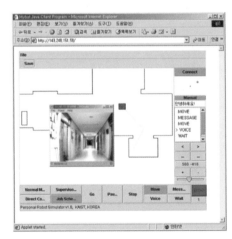

KAIST에서 개발한 퍼스널 로봇 마이봇과 웹 기반 인터페이스[37]

36 출처: 2001년 Autonomous Robots 저널 논문 "Social Tele-Embodiment: Understanding Presence"

37 출처: 2002년 ICRA 학회 논문 "Internet Control of Personal Robot between KAIST and UC Davis"

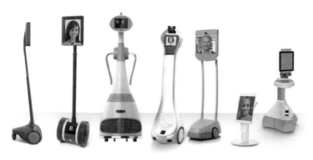

다양한 원격존재 로봇[38]

특히, 2008년에 스탠퍼드 대학의 연구팀이 발표한 PR1 로봇은 퍼스널 로봇 분야의 가능성을 크게 높이는 계기를 제공했다. 퍼스널 로봇이 사람에게 편리함을 제공하기 위해서는 사람의 허드렛일을 대신할 수 있는 정교한 로봇 팔이 필요했고, 로봇 팔을 사용할 때 사람의 안전을 보장할 수 있는 제어 기술이 필요했다. PR1은 두 개의 팔과 25 자유도를 갖는 정교하고 안전한 관절 구현으로 사람 근처에서 안전하게 허드렛일을 할 수 있다는 것을 증명했다. 부엌에서 그릇 정리도 하고, 방 청소도 하고, 소파나 테이블에 어질러진 물건도 정리하고, 병도 따고, 사람에게 밥도 먹여주는 등의 시연을 모두 성공했다.

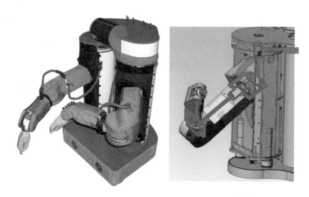

스탠퍼드 연구팀이 개발한 퍼스널 로봇 PR1[39]

---

38 출처: https://www.openpr.com/news/332700/telepresence-robots-markets-reach-7-billion-by-2022.html

39 출처: 2008년 IEEE ICRA 학회 논문 "Towards a Personal Robotics Development Platform: Rationale and Design of an Intrinsically Safe Personal Robot"

2007년에 창업한 퍼스널 로봇 회사 윌로우거라지는 스탠퍼드의 PR1 로봇 기술을 기반으로 후속 모델인 PR2 로봇을 개발하여 2010년 시장 출시에 성공했다. 실내에서 스스로 방문을 열고 자율주행 할 수 있고, 배터리가 다 되면 스스로 콘센트를 찾아 플러그를 꽂아 충전도 할 수 있다. 냉장고에서 맥주를 가져오라면, 냉장고에 가서 냉장고 문을 열고 맥주를 인식하여 꺼내 와서 그 일을 요청한 사람에게 갖다 준다. 카트도 밀고, 당구도 치고, 빨래도 개고, 자잘한 장애물도 피하고, 움직이는 물건도 집고, 서랍도 여닫을 수 있다.

이론상으로는 집안 일을 거의 다 맡길 수 있는 수준의 기술이지만, PR2 로봇이 일하는 속도는 사람 대비 매우 느리고, 더 중요한 점은 가격이 약 4.8억 원으로 일반 가정에서는 구입할 수 없는 금액이라는 점이다. 즉, 우리가 생각하는 집안 일을 알아서 척척 해줄 수 있는 퍼스널 로봇의 등장은 여전히 먼 미래의 일이다.

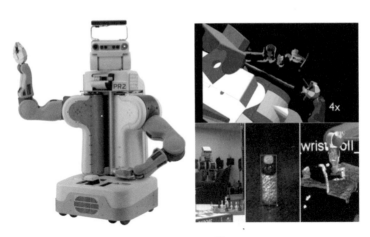

퍼스널 로봇 PR2[40]

40 출처: https://robots.ieee.org/robots/pr2/

PR2 로봇의 동작 시연 장면[41]

배달 서비스 로봇

허드렛일을 도와주는 퍼스널 로봇 분야는 2010년대에 전성기를 거쳐 지속적으로 요리를 도와주는 로봇 등 다양한 기술 개발이 진행되고 있으나, 여전히 일하는 능력과 비용 측면에서 상용화의 진입장벽을 넘지 못하고 있다. 이렇듯 로봇 팔을 이용한 허드렛일 처리는 기술 수준에 있어서 여전히 갈 길이 먼 것은 사실이다. 하지만 수십 년간 발전해온 로봇의 내비게이션 기반 자율주행 기능은 이미 상용화 수준에 도달한 상황이다.

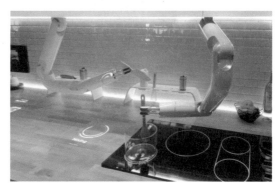

요리를 도와주는 셰프봇(Chefbot) (출처: 삼성 뉴스룸)

---

41 출처: https://youtu.be/c3Cq0sy4TBs

2010년대 중반 이후부터 로봇의 자율주행 기술을 기반으로 한 배달 서비스 로봇이 등장하기 시작했다. 실내외 내비게이션 기술과 인공지능 기반 자율주행 기술이 모두 성숙 단계에 진입하면서 비교적 저렴한 비용으로 상용화 가능한 서비스 로봇 분야가 발굴된 것이다. 로봇 팔과 같은 복잡하고 비싼 하드웨어가 필요 없기 때문에 대량 생산에도 적합했다. 이러한 이유로 배달 서비스 로봇에 대한 관심이 빠르게 높아지기 시작했다.

2020년 갑자기 COVID-19 팬데믹이 발생하면서 전 세계적으로 배달 서비스가 폭발적으로 증가했고, 마침 관심이 증가하던 배달 서비스 로봇도 함께 큰 관심을 받기 시작했다. 바퀴 달린 이동 로봇에 GPS를 달아 원하는 목적지까지 이동하게 하고, 실외뿐만 아니라 실내에서도 정확한 위치 파악이 가능한 실내 위치 추정 기술을 적용하고, 도시 3D 맵 기반 디지털 트윈과 연동하는 기술 개발 등이 활발하게 진행되고 있다.

미국의 배달로봇. (왼쪽 위부터 시계방향) Starship, 아마존의 Scout, FedEx의 Roxo, Kiwibot
(이미지 출처: 각 사 홈페이지)

배달 서비스 로봇은 주로 대학교 캠퍼스와 같이 테스트하기 좋은 장소를 중심으로 상용화 시범 서비스가 진행 중이고 점차 서비스 영역을 확대해가고 있다. 미국의 스타십 로봇은 2021년 10월에 누적 2백만 회 이상의 배달을 성공적으로 완료했고, 키위봇은 20만 회 이상 배달을 완료했다. 아마존도 스카우트라는 로봇으로 배달 서비스를 시작했고, FedEx도 록소 로봇으로 배달 서비스를 시작했다.

우리나라에서도 배달의 민족을 운영하는 우아한형제들이 배달로봇 딜리 드라이브로 시범 서비스를 시작했고, 로봇 벤처 기업인 로보티즈와 뉴빌리티, 트위니도 배달로봇 시범 서비스를 시작했다. 특히, 우아한형제들의 딜리 드라이브는 최초로 수원 광교의 주상복합 아파트 단지에서 도어투도어 배달 서비스를 시작했다. 각 세대마다 QR 코드를 부여하여 세대의 위치를 인식하게 했고, 공동 현관문이나 엘리베이터는 사물인터넷 기술을 적용하여 배달로봇이 공동 현관문을 열고 들어가 엘리베이터를 타고 주문 세대까지 이동할 수 있게 했다.

(왼쪽 위부터 시계방향) 우리나라의 배달로봇 로보티즈, 트위니, 뉴빌리티의 뉴비, 우아한형제들의 딜리 (이미지 출처: 각 사 홈페이지)

전국 곳곳에서 실증 사업을 수행 중인 배달로봇 서비스는 기술적으로 완성도가 빠르게 높아지고 있지만, 아직 풀어야 할 숙제도 많다. 현재는 규제 샌드박스 실증 특례를 승인받아 진행하고 있지만, 정식 서비스를 론칭하기 위해서는 풀어야 할 법령 규제가 많다. 현재 도로교통법상으로 로봇은 차로 규정되어 인도로 다닐 수 없고, 도시공원 및 녹지 등에 관한 법 시행령으로 30kg 이상의 동력장치는 공원 출입이 금지되어 있다. 생활물류법으로 인해 물류를 나르는 주체는 사람이 아닌 로봇이 될 수 없으며, 개인정보보호법으로 인해 로봇 카메라로 촬영한 영상 정보를 저장하거나 외부로 송출할 수 없다. 배달로봇의 기술 성숙도는 매우 높은 상황이기 때문에 정식 상용화 서비스 시점은 많은 법령 규제 문제가 모두 해결되는 시점이 될 것으로 예상된다.

배달로봇뿐만 아니라 서빙 로봇도 빠르게 증가하는 추세다. 이미 국내에도 많은 서빙 로봇이 현장에서 야무진 서비스를 수행 중이고, 실내용 서비스 로봇에 대한 연구 개발도 재점화되는 분위기다.

LG전자 클로이, 배달의민족 딜리 플레이트, 베어로보틱스 서비 (이미지 출처: 각 사 홈페이지)

코로나로 인해 사람 간 대면을 꺼리는 문화가 형성되면서 배달 서비스 로봇이나 서빙 로봇 등의 상용화가 빠르게 성공할 가능성이 높아지고 있다.

과거 로봇은 대부분 기능 구현과 기술 수준 달성을 목표로 개발됐다면, 최근의 서비스 로봇은 사람들이 원하는 서비스를 편리하고 안전하게 제공하는 것을 목표로 개발되고 있다. 즉, 기술을 위한 연구가 아닌 사람을 위한 연구가 본격적으로 시작된 것이다. 이제야 드디어 로봇 분야도 사람들이 필요로 하는 영역이 제대로 펼쳐지기 시작하고 있다. 앞으로 당분간은 서비스 로봇이 로봇 분야를 먹여 살리는 역할을 할 것으로 보인다. 바리스타 로봇이 커피를 내려 주는 카페나 로봇이 닭을 튀기는 치킨집 등은 이미 빠르게 확산 중이다.

바리스타 로봇 (출처: 라운지랩)

닭 튀기는 로봇 (출처: 뉴로메카)

1.5

스마트폰의 뒤를 잇는
웨어러블

스마트워치 덕분에 요즘 웨어러블을 모르는 사람은 없을 것이다. 스마치워
치는 삼성전자가 유일하게 애플보다 앞서서 출시한 제품이다. 웨어러블은 단
어 뜻 그대로 입을 수 있는 또는 착용할 수 있는 기술을 의미한다. 현재는 주
로 손목시계나 손목 밴드, 목걸이, 안경, 헤드셋과 같은 웨어러블 디바이스만
상용화된 상태지만, 조만간 옷이나 모자, 신발, 장갑 등 다양한 제품으로 확대
될 것이다.

웨어러블 로드맵

액세서리형
주로 손목시계, 밴드, 안경, 목걸
이 등의 디바이스 형태이며, 스
마트폰과 같은 모바일 기기에서
조금 더 크기가 작아지면서 몸
에 착용하는 형태로 발전됨

직물/의류형
전자 회로가 직물이나 섬유에
직접 접목된 의류 형태이며, 제
품이 유연하고 세탁이 자유로
움. 기능성 의류나 패션 분야에
적용하기 적합함

신체부착형
전자 회로를 피부에 직접 부착
하는 형태이며, 투명하거나 늘
어날 수 있는 전극을 사용하여
구현함. 주로 센서+통신 회로를
패치 형태로 피부에 부착함

생체이식형
전자 회로를 생체에 직접 이식
하는 형태로 생체 친화적 기술
로 구현하는 것이 가장 중요함.
생체 일부의 대체나 기능 증강
등에 적용 가능함

웨어러블 로드맵[42]

---

42 출처: (순서대로) 삼성전자, https://www.linkedin.com/pulse/future-wearable-technology-elwood-billshot, http://www.
engadget.com/2013/07/26/e-skin-tokyo-university/, http://www.gizmag.com/electronic-contact-lens-promis-
es-bionic-capabilities-for-everyone/8689/

웨어러블을 연구하는 기업이나 연구소, 학계에서 발표하는 기술 로드맵을 보면, 시계나 안경, 목걸이와 같은 액세서리형이 1단계, 직물 또는 의류형이 2단계다. 3단계는 신체 부착형이고, 마지막 4단계는 생체 이식형이다.

각 단계별 형태의 웨어러블에 관해 하나씩 알아보자.

액세서리형

액세서리형은 이미 많은 사람이 제품을 구입하여 사용하고 있다. 스마트워치나 스마트 밴드가 가장 대표적인 제품이고, 주얼리 회사와의 협력으로 만든 목걸이 형태의 웨어러블 제품도 있다. 안경 형태의 웨어러블 제품도 있지만 아직까지 보편화된 단계는 아니다. 얼마 전까지만 해도 웨어러블이 넘어야 할 산은 소형화 기술이었지만, 최근에는 기술 진입장벽이 대부분 해결됐고, 이제는 사용자가 정말로 필요로 하는 제품을 제대로 기획하여 사용자 경험을 디자인하는 문제가 남아있다.

사실 구글이 안경 형태의 웨어러블 제품을 상용화하려고 많은 노력을 했지만 성공하지 못했다. 기술은 어느 정도 준비가 됐으나 생각보다 사용자 경험 시나리오가 잘 나오질 않았다. 구글은 2013년에 처음으로 개발자용 구글 글래스를 출시했고, 2017년에 기업형 구글 글래스를 출시했다. 2019년에는 산업 현장에서 생산성 향상에 초점을 맞춘 기업형 구글 글래스 두 번째 버전을 출시했지만, 새로운 시장 규모를 만들어내지는 못했다. 하지만 구글 글래스는 새로운 스마트 글래스 시장을 창출하는 데 선도적 역할을 했음은 분명하다.

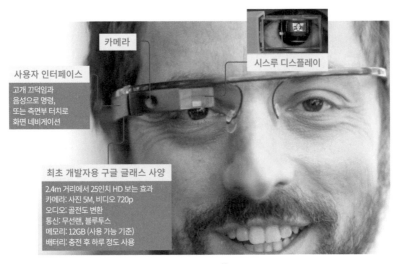

카메라

사용자 인터페이스

고개 끄덕임과
음성으로 명령,
또는 측면부 터치로
화면 네비게이션

시스루 디스플레이

최초 개발자용 구글 글래스 사양

2.4m 거리에서 25인치 HD 보는 효과
카메라: 사진 5M, 비디오 720p
오디오: 골전도 변환
통신: 무선랜, 블루투스
메모리: 12GB (사용 가능 기준)
배터리: 충전 후 하루 정도 사용

구글 글래스**43**

기업형 구글 글래스**44**

최근에는 메타버스가 유행처럼 번지면서 많은 글로벌 IT 기업이 메타버
스 기술 개발에 투자를 크게 늘리고 있고, 페이스북은 회사명도 메타(Meta)

43 출처: https://www.failory.com/google/glass
44 출처: https://www.google.com/glass/start/

로 변경하면서 회사의 미래 비전을 메타버스에 걸고 있다. 2021년에는 선글라스 전문회사인 레이밴과 함께 스마트 글래스를 출시했다. 이 스마트 글래스는 30초의 짧은 동영상 35개 또는 사진 500장을 찍을 수 있으며, 촬영한 동영상이나 사진은 바로 페이스북이나 인스타그램에 업로드할 수 있다. 가격도 299~379달러로 비교적 저렴하게 설정했다. 여전히 킬러 시나리오가 명확히 보이지 않는 상황에서 과연 이번에는 스마트 글래스가 시장에서 살아남을 수 있을지 궁금하다. 웨어러블 디바이스에서 사용자가 유용하게 활용할 수 있는 킬러 시나리오를 발굴해낼 수 있는지가 앞으로 시장 확대의 성공 여부를 결정 짓게 될 것이다.

스마트 글래스 (이미지 출처: Ray-Ban 홈페이지)

직물 또는 의류형

두 번째 단계인 직물 또는 의류형 웨어러블은 가장 쉽게 생각하면 옷이 스마트해지는 것이라고 이해할 수 있다. 최근 연구되고 있는 스마트 직물은 몇 가지로 구분할 수 있다. 첫 번째는 수동적 소재를 활용한 직물이다. 예를 들면, 온도가 올라가면 색상이 변하거나 빛을 받으면 색상이 변하는 등의 소재를 이용하는 것이다. 이런 소재로 옷을 만들면 환경에 따라 색상이 변하기 때문에 주로 패션이나 기능성 관점에서 활용될 수 있다. 두 번째는 반응형 소재를 활용한 직물이다. 빛을 받으면 전류가 흐르거나, 진동 에너지를 받으면 전기 에너지로 바꿔주는 등의 소재를 활용하는 경우다. 이런 소재로 텐트 자체가 태양광 발전을 하게 만들거나, 옷 자체가 움직이는 마찰을 이용하여 발전하게 만들 수도 있다. 이런 기술이 제품 개발로 성공한다면 휴대폰 충전이 필요할 때 옷에 바로 연결할 수 있을 것이다. 세 번째는 지능형 직물이다. 전자 회로를 직물 패턴으로 만들어 원하는 다양한 기능을 옷에 직접 구현할 수 있다.

오로라 드레스[45]

특히, 요즘은 심장의 심전도 모니터링을 하는 옷이나 고혈압, 당뇨 등을 모니터링하는 옷 등 헬스케어 분야에 이 기술을 적용하려는 시도가 빠르게 증가하고 있고, 이미 상품으로 판매를 시작한 제품도 있다. 신체 활동을 모니터링하는 전자 양말, 신체 활동 및 생리 지수, 스트레스 등을 동시에 모니터링하는 셔츠, 심박수 및 호흡, 칼로리 소비량을 모니터링하는 스포츠 브라 등 다양한 아이디어가 쏟아져 나오고 있다. 심지어 심박수를 기준으로 진정한 사랑을 만났을 때만 열리는 브라도 있다. 자신의 진정한 사랑을 속옷이 알려준다니 난센스이긴 하다.

45 출처: http://www.dezeen.com/2014/08/29/movie-francesca-rosella-cutecircuit-digital-fashion-smart-textiles/

웨어러블 양말
압력 센서 전자 직물로 제작
되어 달릴 때 발바닥의 착지
패턴을 정확히 센싱함

웨어러블 발찌
양말 센서와 연결되며 센싱
데이터를 외부 스마트폰으로
전송함

전용 애플리케이션
발찌로부터 데이터를 받아
디스플레이하고 달리는 패턴
의 문제점을 분석함

달리는 패턴의 문제점을 분석해주는 스마트 양말[46]

생체정보를 모니터링 해주는 스마트 브라[47]

신체 부착형

웨어러블의 세 번째 단계인 신체 부착형은 주로 건강이나 의료 분야의 기술로 연구가 진행되고 있다. 전자 회로를 피부에 패치 형태로 부착하는 형태

---

46 출처: http://www.sensoriafitness.com
47 출처: http://omsignal.com/pages/omsignal-bra

다. 대표적인 기능으로는 신체 상태를 센싱하고 센싱한 정보를 무선으로 스마트폰 등으로 송신해주는 시나리오가 가장 많다. 아이가 아프고 열이 날 때 아이 옆에서 밤새 아이의 체온을 재는 대신에 체온 측정 패치를 붙여 두면 체온 측정 패치가 주기적으로 아이의 체온을 측정하여 데이터를 스마트폰으로 전송해 준다. 체온이 얼마 이상으로 올라갈 경우에는 알람이 울려 바로 아이의 상태를 인지할 수 있다. 아이를 둔 엄마에게는 매우 유용한 기능이다.

체온 측정 스마트 패치 (출처: TempTraq 홈페이지)

몇 가지 예를 더 살펴보자. 파스를 붙이면 처음에는 후끈하고 시원하지만 조금만 시간이 지나면 파스 약발이 약해진다. 초기에는 피부로 한꺼번에 많은 약물이 흡수되지만 시간이 지날수록 약물이 줄어들어 흡수율이 현저히 떨어지기 때문이다. 웨어러블 기술을 활용하면 이러한 문제도 해결할 수 있다. 일정 시간마다 정해진 양의 약물을 주입하도록 웨어러블 패치를 만들 수 있다. 이렇게 하면 장시간 파스를 붙이고 있어도 효과가 동일하게 지속될 수 있다. 이 외에도 심전도, 근전도, 체온 등을 동시에 측정할 수 있는 피부 부착형 전자회로도 이미 연구 결과가 발표됐다.

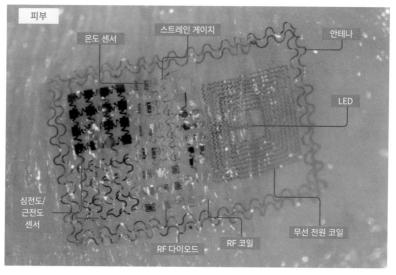

심전도, 근전도, 체온 등을 동시에 측정할 수 있는 피부 부착형 e-skin[48]

생체 이식형

웨어러블 로드맵의 마지막 단계인 생체 이식형은 주로 의료 분야에 적용하는 연구가 대부분이다. 아무래도 몸에 직접 이식해야 하니 생체 친화적으로 만들어야만 한다. 위험부담이 있다 보니 꼭 필요한 의료용으로 아이디어가 많이 나오고 있다. 구글의 스마트 콘택트렌즈 프로젝트가 좋은 예다. 현재 당뇨 환자들은 침습식 혈당 측정계로 매일 피를 뽑아 수치를 측정하지만, 눈물의 당 수치로도 측정이 가능하다는 원리를 이용하여 스마트 콘택트렌즈가 눈물에서 직접 당 수치를 센싱하여 결과를 무선으로 전송해준다. 매일 침으로 피를 내지 않아도 되니 아마도 당뇨 환자에게는 좋은 소식일 것이다. 하지만 안타깝게도 구글의 스마트 콘택트렌즈 프로젝트는 측정 센서의 민감도가 낮아 상용화에는 성공하지 못했다.

48 출처: http://www.innovationtoronto.com/2015/05/e-skin-and-pocket-sized-diagnostic-machines-give-patients-the-power-back/

소프트 콘택트 렌즈
전자 회로를 캡슐화함
센서
눈물의 포도당 감지
칩 & 안테나
파워 수신 및 정보 전송

구글이 개발한 눈물로 당뇨 수치 측정이 가능한 스마트 렌즈[49]

구글의 스마트 렌즈 프로젝트는 성공하지 못했지만, 2022년에 우리나라 포항공대 연구팀이 고민감도, 실시간 모니터링이 가능한 스마트 콘택트렌즈 혈당 진단 시스템 개발에 성공하여 상용화의 가능성을 높였다. 동물과 연구자 대상의 임상시험에서도 좋은 결과를 얻었다.

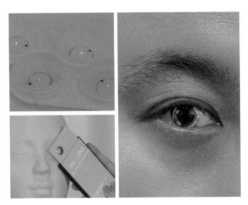

포항공대가 개발한 혈당 측정 스마트 콘택트렌즈 (출처: 포항공대)

생체 이식형 웨어러블에 대해서는 이미 1998년에 영국의 워릭 교수가 최초로 시도한 바 있다. 사이보그 1.0으로 명명된 이 프로젝트에서는 워릭 교수가 수술로 팔 안에 실리콘 칩을 이식하여 자신의 이동 정보를 활용한다는 시

49 출처: https://www.vox.com/2014/1/16/11622438/inside-google-xs-smart-contact-lens

나리오였다. 워릭 교수의 이동에 따라 건물에 들어서면 불이 켜지고 연구실의 문이 자동으로 열리고 히터나 컴퓨터도 동작시킬 수 있었다. 실제로 실험을 9일 동안 수행했다고 한다. 4년이 지난 후 사이보그 2.0 프로젝트도 수행했다. 칩을 이식하여 신경 신호를 직접 읽고 인터넷을 통해 전송하여 원격지에 있는 로봇 팔을 제어하는 실험이었다. 그리고 로봇 팔 실험에 성공하자 워릭 교수는 아내의 팔에도 칩을 이식하여 자신의 신경 신호를 아내에게 전달하는 실험도 수행했다. 처음으로 사람과 사람 간에 원격으로 신경 신호를 주고받은 것이다. 이미 20여 년 전에 이런 실험이 이뤄졌다니 놀라울 따름이다.

사이보그 프로젝트에서 실리콘 칩을 이식한 워릭 교수와 아내[50]

웨어러블 기술의 의미

웨어러블 기술은 우리의 생활을 더 편리하고, 더 안전하고, 더 건강하고, 더 다채롭게 만들 수 있다. 우리 신체의 상태나 주변 환경 상태를 직접 알려주지 않아도 웨어러블 기술이 알아서 센싱하여 적절한 조치를 취해주니 편리하고, 위험한 상황을 미리 감지해 주기 때문에 안전하다. 건강 상태의 실시간 체

---

50 출처: http://www.kevinwarwick.com/

크가 가능하니 건강한 생활에 도움이 되고, 웨어러블 기술을 통해 나만의 개성을 표현할 수 있으니 다채로워진다. 이러한 이유로 웨어러블 기술이 모니터링, 안전, 재난, 헬스케어, 의료, 패션 등의 분야에서 활발하게 적용될 것이다.

특히, 앞으로 웨어러블 기술이 활성화되면 나와 내 주변 상황에 대한 정보의 실시간 디지털화를 통해 디지털 세상에서의 나를 보다 현실적으로 표현하고, 가상 세계와의 소통을 보다 효과적으로 할 수 있게 될 것이다. 그리고 그것은 새롭게 떠오르는 메타버스 분야에서 매우 중요한 인터페이스 기술로 활용될 것이다. VR[51] 헤드셋을 통해 마치 자신이 가상 세계 속에 들어와 있는 듯한 가상현실 경험을 할 수 있고, 시스루 디스플레이[52]를 갖는 MR[53] 헤드셋을 통해 마치 내 주변의 세상에 가상 세계가 펼쳐진 것 같은 혼합현실도 경험할 수 있다.

메타의 퀘스트2 VR 헤드셋을 착용한 마크 저커버그(좌)와 가상현실에서 현실의 동작을 그대로 따라 움직이는 아바타(우)[54]

---

51 VR: Virtual Reality의 약자로 가상현실을 의미한다.

52 시스루(see-through) 디스플레이: 화면도 볼 수 있으면서 동시에 디스플레이를 관통하여 주변도 확인할 수 있는 투명한 디스플레이

53 MR: Mixed Reality의 약자로 혼합현실을 의미한다.

54 출처: https://vr-expert.com/a-new-era-of-work-facebook-horizon-workrooms/

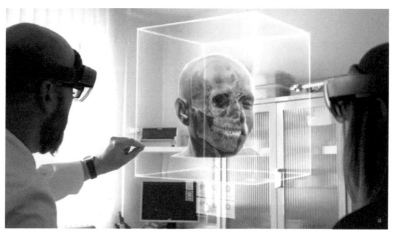

마이크로소프트의 홀로렌즈2 MR 헤드셋을 착용하고
의사와 환자가 혼합현실 속에서 상담하는 모습[55]

55 출처: https://youtu.be/52lnDlCzTcs

내가 사는 또 다른 세상
메타버스

COVID-19 팬데믹으로 관심이 점차 높아지던 메타버스는 SNS의 선두주자인 페이스북이 2021년 10월 사명을 메타로 바꾸고 앞으로 메타버스에 집중 투자하겠다는 비전을 발표하면서 전 세계의 관심이 폭발적으로 증가했다. 관련 전문가나 기업들도 메타버스가 차세대 인터넷을 이끌 것이라고 말한다. 하지만 메타버스는 '이미 있는 개념을 다르게 보이려는 유행어에 불과하다'는 평가부터 시작하여, '가상현실(VR)과 다르지 않다', '3차원 온라인 게임에 불과하다', '단지 SNS의 3차원 버전이다' 등 부정적인 평가도 매우 많다.

이렇듯 한 편에서는 실제로 엄청난 규모의 투자를 단행하고 있고, 다른 한 편에서는 곧 사라질 유행어 정도로 치부하는 상황에서 메타버스를 어떻게 이해하고 바라볼 것인지 생각해볼 필요가 있다.

메타버스란?

메타버스(Metaverse)는 초월의 뜻을 갖는 'meta'와 우주 또는 세계의 뜻을 갖는 'universe'의 합성어로, 현실을 초월한 세계 정도로 해석할 수 있다. 이 단어는 1992년에 출간된 공상과학 소설 ≪Snow Crash≫에서 처음 사용됐다고 한다. 현재 메타버스에서 활용하고 있는 아바타를 통해 가상 세계에 들어가는 개념이 이 소설에서 제시됐다.

메타버스는 아직 표준화된 정의도 없고 사람마다 정의도 다르지만, 대체로 두 가지 관점으로 설명한다. 하나는 차세대 인터넷을 견인할 가상 세계라는 점, 또 하나는 몰입감과 현실감을 느낄 수 있는 가상 세계라는 점이다. 첫번째 설명은 메타버스가 지향해야 할 방향성을 강조하고 두 번째 설명은 기존 디지털 가상 공간과의 차별성을 강조하지만, 여전히 명확치 않다. 메타버스는 가상 세계를 의미한다는 점은 명확하지만, 기존의 온라인 디지털 공간도 역시 가상 세계로 구분하기가 모호하다. 이를 구분하기 위해 **디지털 현실** 개념을 도입하여 설명하기도 한다. 우리가 사는 물리적 공간에서의 현실이 아날로그 현실이라면, 자신이 직접 체험하는 가상 세계 공간의 현실을 디지털 현실로 볼 수 있다. 즉, 아날로그 현실과는 구분되는 내가 경험하는 또 다른 디지털 현실 세상이 바로 메타버스가 되는 것이다.

(a) 인터페이스를 통해 바라보는 디지털 가상 공간

(b) 내가 사는 또 다른 디지털 현실 세상 메타버스

현실 공간에서 인터페이스를 통해 바라보는 디지털 가상 공간(a)과 나 자신이 직접 체험하는 또 다른 디지털 현실 세상 메타버스(b)[56]

---

56 디지털 현실(메타버스)의 이미지 출처: 메타

우리가 살아가는 물리적 세상이 현실이고, 스마트폰 등을 통해 바라보는 디지털 가상 공간은 현실의 삶을 풍성하게 해주는 확장된 세상이라면, 메타버스는 나 자신이 직접 체험하며 또 다른 삶을 살아갈 수 있는 새로운 디지털 현실 공간이다. 물론 메타버스의 경우에도 실제 몸은 아날로그 현실에 존재하지만, 아바타를 통해 마치 나 자신이 디지털 현실 속에 있다는 현실감을 느끼게 된다. 그리고 이러한 현실감을 극대화하기 위한 방법으로 VR 헤드셋을 이용하여 내 신체와 메타버스 내의 아바타를 일치시켜 마치 내가 메타버스 안에 있는 것처럼 몰입감을 줄 수 있다.

물리적 현실만 존재할 때는 디지털 세상으로 변화되는 과정은 디지털화를 거치는 디지털 전환 단계가 전부지만, 디지털 현실의 메타버스가 등장하게 되면 아날로그 현실과 디지털 현실 중 어느 곳에서 생활할 것인지를 선택하는 과정이 더해진다. 이때 디지털 현실로 일상을 옮겨가는 현상을 **디지털 이주**로 표현하기도 한다.

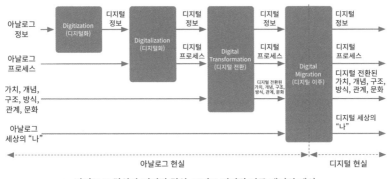

아날로그 현실과 디지털 현실, 그리고 디지털 이주 개념의 예시

메타버스의 디지털 현실에서도 땅을 사고, 집을 짓고, 물건을 사고, 학교에 다니고, 직업을 갖고, 돈을 벌고, 영화를 보고, 게임을 하고, 친구를 사귀는 등 아날로그 현실에서 가능한 대부분의 사회 · 경제 활동을 할 수 있다. 극단적으로 보면 식사할 때만 아날로그 현실로 돌아와 밥을 먹고 나머지 시간 대부분은 디지털 현실에서 보낼 수 있다. 이론적으로는 식사와 생리현상까지 해결할 수 있다면 전적으로 메타버스 안에서만 생활이 가능할 것이고, 이것을 극단적

으로 표현한 영화가 바로 매트릭스다. 물론 실제로 이런 일은 벌어지지 않겠지만, 미래에는 젊은 세대일수록 디지털 현실에서 살아가는 비중이 점차 증가할 것이라는 점은 자명하다.

인간의 신체는 평생 캡슐 안에 있고 정신은 디지털 현실에서만 살아가는 영화
<매트릭스>의 한 장면

사실 디지털 현실의 가상 세계 개념은 2003년에 출시된 린든랩의 세컨드라이프를 통해 이미 폭발적인 관심을 받은 바 있다. 아바타를 자유롭게 선택하고 꾸밀 수 있을 뿐만 아니라, 땅을 사고, 건물을 짓고, 직업도 가질 수 있었다. 관심이 최고조에 달했던 2006년에는 코카콜라를 비롯하여 마이크로소프트, 인텔, 아디다스 등 수많은 글로벌 기업이 회사 홍보 및 신제품 소개, 인재 리쿠르팅 등을 위해 세컨드라이프 가상 세계에 입주했고, 가상 극장이나 가상 학교뿐만 아니라 미국 대선 후보의 유세 활동까지 진행할 정도였다. 하지만 이러한 광풍과도 같던 관심은 2007년 이후 갑자기 사라졌고 최근까지 긴 겨울을 맞이했다. 물론 세컨드라이프는 충성 고객의 구독 비용으로 인해 지금까지도 서비스는 유지되고 있다.

2007년 당시의 세컨드라이프. (왼쪽 위부터 시계방향) IBM의 리쿠르팅 공간, 도시바의 제품 광고 룸, 가상 학교 화면, 미국 대선후보의 유세 무대.

메타버스의 현재

최근 메타를 포함하여 주요 글로벌 기업들이 메타버스에 열광하는 가장 큰 이유는 시공간의 제약이 없는 디지털 현실 메타버스 내에서 규모의 경제를 이룰 수 있는 새로운 플랫폼과 사회·경제 생태계를 구축할 수 있기 때문이다. 인터넷이 등장하고 스마트폰이 처음 나왔을 때 몇몇 주요 기업들이 공격적인 기술 개발과 대규모 투자를 통해 생태계 구축이 가능한 플랫폼을 만들고 사실상 표준으로 등극시켜 산업의 주도권을 잡았듯이, 메타버스 또한 새로운 생태계 구축이 가능한 거대한 잠재적 시장으로 바라보는 것이다. Statista의 자료에 따르면, 2021년 메타버스 시장은 약 47조 원 규모였고, 2030년에는 그 규모가 815조 원까지 급성장할 것으로 전망하고 있다. 향후 9년간의 연평균 성장률 전망치는 37.4%로 매우 높다.

현재 메타버스가 가장 활성화된 분야는 3차원 온라인 게임으로, 대표적으로 2017년 9월에 론칭한 에픽게임즈사의 포트나이트가 있다. 해당 게임의 2021년 매출은 무려 7조 원이고, 등록 사용자 수는 4억 명에, 매월 8,300만 명이 적어도 한 달에 한 번 게임을 한다. 게임 플레이어의 60% 이상이 18~24세로 Z세대에 해당한다.[57] 포트나이트는 2020년에 미국 유명 래퍼 트래비스 스콧이 가상 공연을 한 것으로도 유명하다. 트래비스 스콧은 동시 접속자 수 1,230만 명을 기록한 해당 공연으로 약 240억 원을 벌어들인 것으로 알려졌다.

2021년 뉴욕 증시에 43조 원의 시가총액으로 상장하면서 전 세계의 관심을 모았던 로블록스도 대표적인 메타버스 게임 플랫폼이다. 사용자가 레고 형태의 캐릭터로 가상 세계에서 다양한 게임을 즐길 수 있고, 사용자가 직접 개발자가 되어 게임을 만들어 출시할 수도 있다. 로벅스라는 게임 내 화폐를 이용하여 아이템 구매나 아바타 꾸미기도 가능하다. 아이템 판매 시 해당 개발자는 30%의 수익을 받는다. 2021년에 로블록스가 개발자들에게 게임 내 아이템 판매에 따른 수익금을 배분한 금액만 무려 6,300억 원이나 된다. 이를 통해 10~20대 학생으로서 수백만 달러를 버는 개발자까지 등장했다. 로블록스는 메타버스 플랫폼에서 돈을 버는 경제활동이 가능하다는 것을 증명하고 있다. 2021년 로블록스의 매출은 약 2.3조 원이고, 연간 일평균 5천만 명의 사용자가 이용했다.[58]

---

57 데이터 출처: https://www.businessofapps.com/data/fortnite-statistics/
58 데이터 출처: https://www.businessofapps.com/data/roblox-statistics/

트레비스 스콧의 포트나이트 공연(상) 및 포트나이트 게임(좌), 로블록스의 브룩헤븐 게임(우) 화면[59]

　국내에서는 네이버제트가 운영하는 메타버스 플랫폼 제페토가 있다. 2022년 3월 누적 가입자 수가 3억 명을 넘었고, 해외 이용자가 95%에 달한다. Z세대가 가장 많이 이용하는 것으로 알려져 있고, 제페토 역시 많은 사용자가 직접 제작자가 되어 아바타 꾸미기부터 의상, 액세서리 등 다양한 아이템을 디자인하여 판매한다. 또한, 많은 기업이 제페토에 입주하여 다양한 홍보 · 마케팅 활동을 하고 있다.

59　트레비스 스콧 공연: https://www.youtube.com/watch?v=wYeFAIVC8qU
　　포트나이트 출처: https://www.youtube.com/watch?v=1gwZ8g_9VNE
　　브룩헤븐 출처: https://www.youtube.com/watch?v=8-qZcszQj9o

메타버스 플랫폼인 제페토 가상 세계의 편의점 앞에서 포즈 취하는 아바타

    페이스북에서 회사명까지 바꾸고 메타버스에 사활을 건 메타는 2021년 8월에 다자간 가상회의 및 업무가 가능한 메타버스 서비스인 호라이즌 워크룸을 출시했고, 같은 해 12월에는 가상 세계 소셜 서비스인 호라이즌 월드를 출시했다. 두 서비스 모두 VR 헤드셋을 착용하고 이용하는 가상현실 기반이다. 또한, 메타에서 출시한 VR 헤드셋과 메타버스 플랫폼 스토어를 이용하여 많은 개발자가 피트니스, 교육, 게임, 소셜, VR 영화 등 다양한 분야의 가상현실 애플리케이션을 제작하여 등록하고 있어 이미 플랫폼 생태계가 빠르게 성장 중이다.

가상회의 서비스 호라이즌 워크룸(상)과 소셜 서비스 호라이즌 월드(하)[60]

마이크로소프트도 메타버스 분야에 많은 투자를 하고 있다. 특히, 혼합현실 플랫폼 분야에서 가장 앞서가고 있다. 특히, 마이크로소프트는 제조산업 현장이나 엔지니어링 및 건설, 의료 현장, 교육 분야 등에서 실제 문제를 해결하는 솔루션으로 활용하는 데 많은 노력을 기울이고 있다. 최근 다양한 산업에서 마이크로소프트의 MR 헤드셋을 기반으로 혼합현실을 이용해 현장의 문제를 해결하려는 시도가 빠르게 증가하고 있다.

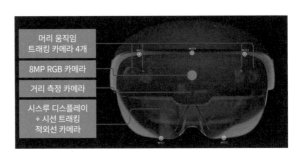

머리 움직임 트래킹 카메라 4개

8MP RGB 카메라

거리 측정 카메라

시스루 디스플레이 + 시선 트래킹 적외선 카메라

마이크로소프트 홀로렌즈2[61]

60 호라이즌 워크룸: https://youtu.be/lgj50lxRrKQ
    호라이즌 월드: https://youtu.be/02kCEurWkqU
61 배경 이미지 출처: https://www.microsoft.com/en-us/hololens/hardware

마이크로소프트가 2019년에 출시한 MR 헤드셋 홀로렌즈2는 사용자가 주변의 현실 세계와 가상현실을 매핑하여 혼합현실을 경험하게 도와주는 최적의 웨어러블 디바이스다. 양 측면에 위치한 4개의 카메라와 IMU 센서[62]를 통해 사용자의 머리 움직임을 실시간으로 트래킹하고, 거리 측정 카메라로 전방 사물의 거리를 측정할 수 있다. 내부에 장착된 적외선 카메라로 눈의 시선 트래킹이 가능하고, 주변 환경의 3차원 공간 매핑과 가상공간 매핑을 통해 시스루 디스플레이로 혼합현실을 경험할 수 있다. 8백만 화소 RGB 카메라로 Full HD 동영상 촬영이 가능하고, 두 손의 제스처 인식과 음성 명령 인식 등이 가능하다. 참고로, VR 헤드셋이 일반 사용자를 대상으로 한 몰입형 메타버스 서비스에 유용하다면 MR 헤드셋은 산업용 메타버스 구축에 보다 유리하다고 볼 수 있다.

일본의 가와사키중공업은 마이크로소프트의 MR 헤드셋과 디지털 트윈 기술을 이용해 산업용 메타버스를 구현했고, 이를 통해 현장 로봇의 고장을 미연에 방지하는 예지보전 및 실시간 문제해결 분야에 적용하고 있다.

미국의 보잉은 몰입형 3차원 공간에서 디자인하고 전 세계의 정비사들은 MR 헤드셋을 착용하고 서로 연결되는 메타버스 공간에서 다음 비행기의 설계 및 생산을 진행하겠다는 비전을 발표했다. 이를 통해 미래에 발생할 수 있는 비행기의 구조적 결함과 같은 미래 제조 문제를 미연에 방지한다는 목표를 제시했다.

독일의 보쉬는 터빈이나 전기 모터와 같은 공장의 심장 역할을 하는 핵심 기계의 통합 관리 솔루션 구축에 디지털 트윈 개념을 적용했다. 핵심 기계가 고장 날 경우에는 회사의 귀중한 시간과 돈, 자원을 모두 잃기 때문에 잠재적으로 발생 가능한 사고를 미연에 방지하는 것이 매우 중요하다. 보쉬가 구축한 디지털 트윈은 핵심 기계의 유지보수가 필요한 시기를 표시하여 최적의 비용과 효율로 우발적 사고를 미연에 방지할 수 있다. 현장의 작업자는 MR 헤드셋으로 핵심 장비를 보는 것만으로 유지보수 관련 정보를 실시간 모니터링하고 조치를 취할 수 있다.

---

62 IMU(Inertial Measurement Unit) 센서는 관성측정장치 센서로 가속도 · 각속도 · 지자기 센서가 일체형으로 내장되어 있다.

일본의 닛산자동차는 2019년부터 지능형 공장 개념을 발표하며 생산 기술 혁신에 많은 노력을 기울이고 있으며, 특히 MR 헤드셋과 혼합현실을 기반으로 스스로 제조 현장 기술을 학습할 수 있는 지능형 운영지원시스템을 구축하여 시험 중이다.

메르세데스 벤츠 미국 법인은 자동차 정비 시 현장 정비사에 대한 효율적인 기술 지원을 위해 MR 헤드셋을 이용한 원격 지원 서비스를 도입했다. 현장 정비사는 기술 지원이 필요할 경우, MR 헤드셋을 착용하고 혼합현실을 통해 독일 또는 다른 지역의 엔지니어와 원격 접속하여 실시간 화상 통화나 기술 지도를 받으며 효율적인 정비 업무를 수행할 수 있다.

세계적인 당뇨병 치료제의 선두 주자인 덴마크의 노바 노르딕은 혼합현실을 통해 현장 직원에게 프로세스를 교육하고 안내하는 메타버스 시스템을 구축했다. 현장 작업자는 MR 헤드셋을 착용하고 직접 화면에 나오는 지시를 따라 작업함으로써 정교한 지시사항의 암기나 다른 동료의 도움에 의존하지 않고도 복잡한 단계를 이해할 수 있게 도와준다.

산업용 메타버스 사례: 메르세데스벤츠(상)[63], 보쉬(좌하)[64], 노바 노르딕(우하)[65]

63 메르세데스벤츠: https://youtu.be/3CUHWYqNZv8, https://iot-automotive.news/hololens-2-powers-faster-fixes-for-mercedes-benz-usa/
64 보쉬: https://customers.microsoft.com/EN-US/story/1506576177291156037-bosch-azure-iot-en
65 노바 노르딕: https://news.microsoft.com/europe/features/hololens-2-helps-novo-nordisk-employees-see-work-in-new-ways/

가상현실, 증강현실, 혼합현실, 확장현실의 차이

보통 메타버스를 이야기할 때 가상현실, 증강현실, 혼합현실, 확장현실 등 여러 가지 전문용어를 사용하는데, 각각의 차이점을 간단히 살펴보자.

가상현실(Virtual Reality, VR)은 물리적 세계와는 완전히 분리된 3차원 그래픽으로 만들어진 가상 세계다. 따라서 가상현실은 VR 헤드셋 착용을 통해 물리적 세계와 완전히 분리된 상태에서 온전히 가상 세계에 몰입하는 경험을 하게 된다. 즉, 물리적 세계와는 상호작용이 필요치 않다. 메타의 호라이즌 워크룸이나 호라이즌 월드는 모두 가상현실 기반이다.

증강현실(Augmented Reality, AR)은 물리적 세계에 디지털 정보를 겹쳐서 표시하여 현실 세계를 증강시킨 디지털 현실이다. 가장 쉬운 예로 한때 크게 유행이었던 포켓몬고 게임을 생각하면 된다. 스마트폰 카메라로 현실 세계를 바라보면 특정 위치에서 포켓몬을 찾을 수 있다. 실제로 존재하는 것은 아니지만, 현실 세계의 위치에 디지털 정보를 매핑하여 증강된 현실을 보여주는 형태다.

혼합현실(Mixed Reality, MR)은 물리적 세계에 가상현실을 매핑하여 현실 세계와 가상 세계가 구분이 되지 않을 정도로 혼합되어 있는 디지털 현실을 의미한다. 혼합현실은 현실 세계와도 소통하면서 동시에 가상현실과도 소통해야 하기 때문에 별도의 헤드셋 착용이 필요하다. 단, 가상현실의 VR 헤드셋과는 달리 주변도 보이면서 가상 세계도 동시에 볼 수 있는 투명한 시스루 디스플레이를 갖는 MR 헤드셋이 필요하다.

증강현실(AR) 기반의 포켓몬고 게임 화면 (출처: 포켓몬고 홈페이지)

MR 헤드셋 착용 후의 혼합현실 경험 예시[66]

마지막으로 확장현실(Extended Reality, XR)은 디지털 정보에 의해 확장된 현실인 가상현실(VR), 증강현실(AR), 혼합현실(MR)을 모두 아우르는 표현이다.

메타버스에 대한 전망

메타버스의 현재를 살펴보면 마치 당장이라도 보편화될 것처럼 보이지만, 사실은 여전히 갈 길이 먼 상황이다. 컴퓨터, 인터넷, 스마트폰 등이 처음 등장했을 때 우리의 일상으로 자리 잡기까지 오랜 시간이 걸렸던 것처럼, 메타버스도 마찬가지다. 세컨드라이프로 잠깐 반짝했다가 바로 긴 겨울에 들어갔던 것처럼, 최근의 메타버스 붐도 다시 한번 수그러들고 두 번째 겨울로 이어질 수 있다. 확실한 것은 메타버스가 우리의 일상으로 파고들기까지는 많은 시간이 소요될 것이라는 점이다.

아마도 보편화에 가장 큰 걸림돌 중의 하나는 현실감을 극대화하기 위해 헤드셋을 착용해야 한다는 점일 것이다. 만약 헤드셋 착용의 불편함을 감수하

66 출처: https://www.microsoft.com/ko-kr/hololens/apps

더라도 반드시 이용해야만 하는 확실한 경험 가치가 발굴된다면 바로 그때가 보편화의 시작이 될 가능성이 높다. 물론 헤드셋을 포함한 사용자 인터페이스 이외에도 대용량 데이터의 실시간 처리를 위한 에지 컴퓨팅, 디지털 자산 인증을 위한 블록체인, 카메라 및 각종 센서 데이터 해석 및 인식을 위한 인공지능, 공간 처리 연산 엔진, 게임 엔진, 개발자용 플랫폼 구축 등 지속적으로 발전시켜야 할 기술도 많이 남아 있고, 메타버스상에서 꼭 필요한 사용자 경험 발굴도 많은 시행착오를 필요로 한다.

한 가지 사례를 들어보면, 우리나라에서도 메타버스가 떠오르면서 여러 분야에서 가상 세계를 활용하는 시도가 많았다. 특히, COVID-19 팬데믹으로 인해 전시회가 불가능해지면서 가상 전시회 구축 시도가 여러 차례 있었다. 2020년에는 고해상도 3차원 그래픽으로 가상 전시회를 구축했는데, 데이터 트래픽이 너무 크고 연산량이 많아 일반 PC에서는 화면이 수시로 멈춰 부스 하나도 구경하지 못했다. 2021년에는 게더타운이라는 2차원 그래픽 게임 플랫폼을 활용했는데, 너무 단순하다 보니 전시 내용이 매우 빈약했고, 아바타를 끌고 장소를 이동하느라 불필요한 시간만 소요되는 등 전시회의 효과성 측면에서 문제가 많았다.

앞의 사례에서도 보듯이, 단순히 가상 세계를 만든다고 유의미한 메타버스가 되는 것은 아니다. 아날로그 현실에서 해결이 안 되는 문제를 디지털 현실에서 해결하거나 아날로그 현실에서는 경험하지 못한 새로운 가치를 디지털 현실에서 경험이 가능할 때 비로소 유의미한 메타버스가 창출될 수 있다. 이렇듯 메타버스의 보편화에는 오랜 시간이 걸리겠지만, 결국 메타버스가 세대를 거치며 점차 보편화되어갈 것이라는 점은 자명해 보인다. 미래의 메타버스 시장에 대한 영향력을 확보하려면 지금부터 지속적인 관심과 투자, 연구개발이 필요할 것이다.

Part 1 요약

✔ 우리는 이미 디지털 세상에 살고 있다. 너무나도 익숙한 지금의 디지털 세상은 역사적으로는 찰나에 지나지 않는다. 현재 우리가 이용하는 대부분 서비스가 2000년대 또는 2010년대에 등장했다는 사실은 세상의 디지털 전환 속도가 얼마나 빠른지를 말해준다. 여기에 COVID-19 팬데믹은 세상의 디지털 전환을 더욱 가속시키고 있다.

✔ 수십 년간 기업의 브랜드 가치 부동의 1위를 지켜왔던 코카콜라는 2013년에 1위의 자리를 애플에 넘겨줬고, 2021년 기준으로는 1위부터 5위까지가 모두 디지털 IT 기업이다.

✔ 우리의 일상은 스마트폰의 등장을 기준으로 완전히 달라졌다. 2021년 기준, 전 인류는 수면 시간을 제외한 일과 시간 중 3분의 1을 스마트폰과 함께하고 있다.

✔ 아날로그 세상이 디지털과 만나면서 모든 분야에서 스마트화 현상이 가속되고 있다. 스마트 홈, 스마트 빌딩, 스마트 공장, 스마트 카, 스마트 시티, 스마트 헬스케어, 스마트 팜, 스마트 건축, 스마트 조선 등 스마트 세상으로의 변화는 주류 트렌드가 됐다.

✔ 디지털 전환 및 스마트화 트렌드와 딥러닝의 발전이 맞물리면서 인공지능 기술이 빛을 보기 시작했다. 수많은 민간기업과 각 나라가 전폭적인 투자를 시작하면서, 두 번의 겨울을 겪었던 인공지능 분야는 최고의 전성기를 맞이하고 있다.

✔ 이미지 인식과 대화식 음성 인식 분야에서는 인공지능 기술이 이미 사람의 인식률을 크게 뛰어넘는 수준에 도달했고, 지도학습뿐만 아니라 비지도학습이나 강화학습 기반의 인공지능이 다양한 분야에 적용되어 해당 분야의 전문가 수준을 크게 넘어서고 있다. 이제는 인공지능이 모든 영역으로 확산 적용되는 것은 단지 시간문제다.

미래기술 127가지   /   PART 1 _ 우리의 일상을 바꾸는 디지털 세상

✔️ 인공지능의 핵심 응용 분야 중 하나인 자율주행 기술은 이미 세계 여러 나라에서 상용 서비스를 시작했고, 차량 내부에 운전석이 없는 로보 택시의 개발이 가속화되고 있다.

✔️ 로봇은 인공지능보다도 더 오래된 분야로, 산업용 로봇을 제외하고는 오랜 기간 상용화에 성공하지 못했다. 하지만 인공지능을 포함하여 5G 통신, 모바일 연동 서비스, 센서, 배터리 기술 등의 발전에 힘입어 서비스 로봇이 우리의 일상으로 빠르게 들어오고 있다. 특히, 배달, 서빙, 물류 로봇 분야가 급성장 중이다.

✔️ 지금까지 스마트폰 중심의 디지털 전환이 주로 '나'의 주변과 환경, 장소 및 상황, 사람 관계 중심으로 진행되어 왔다면, 앞으로는 '나'를 중심으로 한 디지털 전환에 대한 트렌드가 확대될 것이고, 점차 스마트 헬스케어와의 연계성도 증가하게 될 것이다. 이러한 트렌드에 따라 웨어러블 분야가 활성화되고 있으며, 스마트 워치를 포함한 액세서리형 웨어러블을 시작으로 직물 또는 의류형, 신체 부착형, 생체 이식형 등 다양한 웨어러블 기술이 등장하고 있다.

✔️ 아날로그 현실과는 또 다른 디지털 현실인 메타버스가 최근 두 번째 봄을 맞고 있다. 전 세계적으로 대규모 투자가 단행되고, 게임과 소셜 서비스를 중심으로 빠르게 성장 중이다. 다만, 기술적으로나 사용자 경험의 가치 관점으로나 풀어야 할 문제가 여전히 많은 상황으로, 메타버스의 보편화까지는 오랜 시간이 소요될 것이다. 하지만 메타버스는 거스르기 어려운 미래의 방향이라는 점은 자명하고, 잠재적 시장 규모 또한 거대하기 때문에 지속적인 관심과 투자가 필요하다.

[더 깊이 이해하기]

☞

인공지능 기술

최근 인공지능, 딥러닝, 머신러닝(기계학습) 등이 일반적인 단어처럼 사용되는데, 각각이 인공지능 관점에서 어떤 관계를 갖는지 알아보고, 각 인공지능 기술에 대해 좀 더 깊이 있게 살펴보자. 참고로, 로봇이나 웨어러블 등의 기술과는 달리 인공지능은 기술 자체가 눈에 보이지 않기 때문에 이해도를 높이기 위해서는 먼저 기술을 깊이 있게 알아야 한다.

머신러닝

인공지능을 대표하는 것처럼 사용되는 단어가 많다. 딥러닝, 머신러닝, 인공신경망 등은 인공지능과 마치 동의어처럼 사용되지만, 사실 같은 단어는 아니다. 인공지능이 가장 포괄적인 전체 연구 분야를 나타내고, 다음으로 머신러닝, 인공신경망, 딥러닝 순으로 포함 관계를 갖는다. 다만, 최근 딥러닝 기술이 워낙 좋은 성과를 보이고 있어 인공지능 분야를 대표하는 것처럼 인식되고 있을 뿐이다.

미래기술 127가지 / PART 1 _ 우리의 일상을 바꾸는 디지털 세상

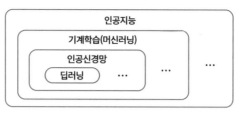

인공지능, 머신러닝, 인공신경망, 딥러닝의 관계

인공지능은 지능을 인공적으로 구현한 기술을 포괄하는 표현으로, 구체적으로는 '지능형 기계, 특히 지능형 컴퓨터 프로그램을 만드는 과학과 공학'이라는 존 매카시 교수의 정의로 설명할 수 있다.

머신러닝은 인공지능의 일부로, 경험을 통해 자동으로 개선하는 컴퓨터 알고리즘을 연구하는 분야다. 즉, 컴퓨터가 학습을 통해 성능을 개선하는 알고리즘과 기술을 개발하는 분야이고, 데이터셋을 분석하고 패턴을 식별하기 위해 통계적 학습 및 최적화 방법을 사용한다.

일반적인 머신러닝 알고리즘은 의사결정 프로세스, 에러 함수, 업데이트 또는 최적화 프로세스를 포함한다. 머신러닝 알고리즘은 주로 데이터를 기반으로 데이터의 패턴에 대한 추정치를 생성하는 모델을 만들고, 이를 바탕으로 예측하거나 분류하는 의사결정 프로세스를 갖는다. 또한, 모델의 예측에 따른 의사결정 프로세스가 얼마나 잘 맞는지를 판단할 수 있는 에러 함수를 갖고, 알려진 사례가 있는 경우에는 모델 추정치와의 에러를 줄이는 방향으로 모델을 업데이트한다.

머신러닝은 학습 방식에 따라 크게 지도학습(supervised learning), 비지도학습(unsupervised learning), 그리고 강화학습(reinforcement learning)으로 구분한다.

학습 방식에 따른 머신러닝의 유형

지도학습은 사용자가 미리 레이블을 지정해 놓은 데이터셋을 이용하여 데이터를 분류하고 결과를 예측하는 알고리즘 훈련 방식이다. 입력 데이터에 따른 결과가 미리 레이블링되어 있기 때문에 학습을 통해 만든 알고리즘 모델 성능이 얼마나 정확한지 직접 확인할 수 있다. 레이블이 부여된 주어진 데이터셋을 이용하여 훈련을 통해 인식기를 만들고, 테스트용 데이터셋을 이용하여 해당 인식기의 인식률을 평가하는 대부분 연구는 지도학습에 해당한다고 보면 된다.

비지도학습은 레이블이 지정되어 있지 않은 데이터셋에 대해 사용자의 도움 없이 데이터 내의 패턴이나 관계를 식별 또는 클러스터링하는 알고리즘 학습 방식이다. 다만, 비지도학습을 통해 학습된 모델을 이용하여 얻은 결과에 대해 실제 레이블을 부여하는 것은 사람의 몫이다. 예를 들면, 수많은 개와 고양이 사진이 있을 경우, 비지도학습을 통해서 모든 사진을 2가지로 클러스터링하면 개와 고양이 두 그룹으로 구분될 수 있다. 다만, 인공지능 알고리즘 입장에서는 어떤 그룹이 개이고 어떤 그룹이 고양이인지는 알 수 없다. 비지도학습이 끝난 후, 사람이 두 그룹을 보고 각각 개와 고양이를 구분하는 것이다.

강화학습은 지도학습이나 비지도학습과는 다르게 자체 경험의 시행착오를 통해 학습하도록 알고리즘에 보상 또는 처벌 피드백을 제공하는 방식으로, 주로 에이전트와 환경 간의 모델에 적용한다. 에이전트가 환경의 상태를 관찰하고 행동 정책에 따라 행동을 취하면, 환경에서의 상태가 변하면서 해당 행동에 대한 보상을 받게 된다. 긍정적인 보상을 받으면 해당 행동 정책을 강화하는 방식으로 학습하게 된다. 강화학습은 주로 데이터를 미리 확보하고 학습을 진행하는 오프라인 형태가 아닌 실시간 온라인으로 생성되는 데이터를 기반으로 학습이 진행된다.

강화학습 개념은 매우 포괄적이기 때문에 게임이론, 제어이론, 정보이론, 시뮬레이션 기반 최적화, 다중 에이전트 시스템, 통계학, 유전자 알고리즘이나 진화 알고리즘 등의 분야에서도 활용된다.

이세돌과 세기의 바둑 대결을 펼친 인공지능 알파고는 바둑을 두면서 실시간으로 다음에 둘 수를 판단하는데, 이때 적용되는 방식이 강화학습이다.

대국을 펼치기 전까지는 상대방의 수를 미리 알 방법이 없기 때문에 상대방의 마지막 수를 기준으로 강화학습을 통해 이후에 가장 높은 보상을 받을 수 있는 수를 선택하는 것이다. 네이처에 발표된 "Mastering the game of Go with deep neural networks and tree search" 논문에 따르면, 알파고는 프로 기사들의 수많은 대국 데이터를 이용하여 지도학습 방식의 딥러닝으로 인공신경망을 훈련시켰고, 실제로 바둑 경기 중에는 실시간 강화학습을 통해 스스로 바둑을 두는 방식으로 구현됐다.

인공신경망

인공신경망은 인공지능 분야에서는 간단히 신경망이라고도 부르며, 동물의 두뇌 신경망에서 영감을 얻어 만든 연산 시스템을 말한다. 특히, 동물의 신경계를 구성하는 신경세포를 모사한 뉴런 모델을 기반으로 하나의 노드를 구성하고, 노드들의 집합인 한 개 이상의 층으로 인공신경망 구조를 구성한다.

다수의 수상돌기를 통해 입력되는 전기적 신호가 신경세포를 거쳐 축삭 말단으로 전달되는 구조를 그대로 모사하여, 인공신경망에서의 뉴런 모델은 다수의 입력(x)을 받아 뉴런 내에서 가중치 합($\Sigma w_i x_i$)과 편향 값(b)을 더하고, 활성화 함수(f)를 거쳐 출력값이 결정되는 구조다. 활성화 함수는 신경세포에서 입력의 전기적 신호 세기가 임계치를 넘어설 경우에만 출력 신호가 발생하는 것을 모사한 것으로, 입력값의 가중치 합이 임계치를 넘어설 경우에만 출력값이 발생하게 하는 함수다.

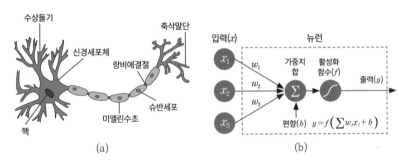

(a)   (b)

(a) 신경계를 구성하는 신경세포[67] 뉴런 (b) 인공신경망에서의 퍼셉트론 뉴런 모델

인공신경망 구조는 입력층과 은닉층, 출력층으로 구성되고, 은닉층이 없는 경우를 단일 신경망, 은닉층이 하나 이상으로 구성된 경우를 다층 신경망이라고 한다. 각 은닉층과 출력층은 하나 이상의 노드로 구성되는데, 이때 각 노드는 모두 뉴런 모델로 구현된다. 단, 입력층의 노드는 뉴런 모델은 아니고 단순히 입력값을 나타낸다.

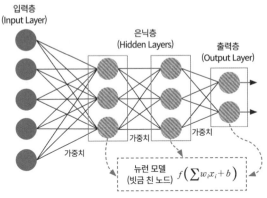

2개의 은닉층을 갖는 다층 인공신경망 구조 예시(은닉층과 출력층을 이루는 빗금 친 각 노드가 뉴런 모델을 나타내고, 입력층은 단순히 입력값을 의미함)

인공신경망의 동작 원리를 예시로 살펴보자. 먼저 입력층과 2개의 은닉층, 그리고 출력층으로 구성된 인공신경망이 있고, 해당 신경망은 개와 고양이

---

67 출처: https://ko.wikipedia.org/wiki/신경_세포

의 이미지를 구분하는 동작을 하도록 학습되어 있다고 가정해 보자. 입력층은
10×10 픽셀로 구성된 이미지를 입력 받을 수 있도록 100개의 입력 x_1, x_2, ...,
x_{100}으로 구성되어 있고, 출력값 y_1과 y_2는 각각 개일 확률과 고양이일 확률이
다. 하나의 이미지가 인공신경망에 입력되면, 은닉층과 출력층의 각 노드 값
이 뉴런 모델($f(\Sigma w_i x_i + b)$)을 통해 계산되어 최종 출력값인 개일 확률과 고
양이일 확률이 각각 도출된다. 이러한 동작으로 인공신경망에 입력한 이미지
가 개인지 아니면 고양이인지를 구분할 수 있다.

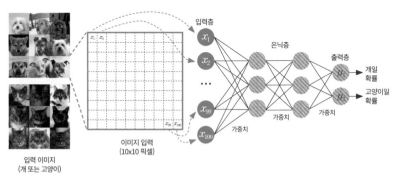

인공신경망의 동작 원리 예시[68]

그러면 앞의 설명에서 개와 고양이를 구분하는 인공신경망은 어떻게 학습
하는지 살펴보자. 학습을 통해 결정돼야 하는 인공신경망의 변수에는 각 노드
사이의 가중치(w)와 각 노드별 편향 값(b)밖에 없다. 성능이 우수한 인공신경
망을 만들기 위해서는 학습에 사용할 양질의 많은 개와 고양이 이미지 데이터
셋을 확보하는 것이 가장 중요하고, 데이터셋으로 지도학습을 통해 인공신경
망의 모든 가중치와 편향 값을 각각 업데이트해 나간다. 그리고 가중치와 편
향 값은 에러 역전파 알고리즘을 이용하여 업데이트한다.

최초에는 가중치와 편향 값을 모르기 때문에 임의의 값으로 초기화하고,
훈련을 위한 이미지 데이터를 하나씩 입력하여 인공신경망의 출력값을 계산
한다. 우리는 입력한 이미지가 개인지 또는 고양이인지를 이미 알기 때문에

---

68 개와 고양이 이미지 출처: https://www.kaggle.com/andrewmvd/animal-faces

출력값이 어떻게 나와야 하는지 목푯값을 알고 있다. 인공신경망의 출력값과 목푯값 간의 오차가 발생할 것이고, 해당 오차를 줄이는 방향으로 출력층부터 입력층 방향으로 노드별 가중치와 편향 값을 조금씩 업데이트한다. 각 이미지 데이터마다 인공신경망 출력값 계산, 목푯값과 출력값 간의 오차 계산, 출력 층 노드부터 역방향으로 가중치와 편향 값을 오차를 줄이는 방향으로 조금씩 업데이트하는 과정을 반복하게 된다.

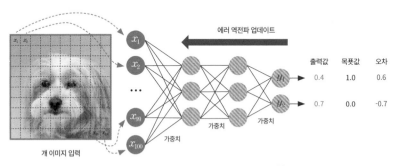

인공신경망의 에러 역전파 학습 원리 예시[69]

이해를 돕기 위해 한 가지 예시를 살펴보자. 학습을 위한 이미지 데이터 중에서 개 이미지 하나를 입력한 경우를 생각해 보자. 해당 개 이미지를 인공신경망에 입력하여 계산했더니 개일 확률과 고양이일 확률을 나타내는 출력값 y_1과 y_2가 각각 0.4와 0.7이 나왔다. 여기서 고양이일 확률이 더 높기 때문에 개가 아닌 고양이로 인식하는 오류를 범하게 된다. 실제로 입력은 개 이미지 였기 때문에 출력 목푯값은 1.0과 0.0이어야 한다. 따라서 오차는 각각 0.6과 −0.7이 되고, 해당 오차를 줄이기 위해 출력층부터 시작하여 입력층 방향으로 가중치와 편향 값을 조금씩 업데이트한다. 참고로, 가중치와 편향 값을 업데이트한 이후에 다시 동일한 개 이미지를 입력하여 인공신경망의 출력을 계산하면, 출력값 y_1과 y_2는 각각 0.5와 0.6이 나오고, 오차는 각각 0.5와 −0.6으로 조금씩 줄어든다. 이처럼 수많은 개와 고양이 이미지에 대해서 반복 훈

69 개 이미지 출처: https://www.kaggle.com/andrewmvd/animal-faces

련을 거치고 나면 해당 개 이미지를 다시 인공신경망에 입력했을 때 출력이 1.0과 0.0에 가까운 값으로 나오게 된다.

딥러닝

딥러닝은 입력 데이터로부터 추상화 수준이 높은 특징을 추출하기 위해 다수의 은닉층을 갖는 깊은 신경망을 사용하는 머신러닝 알고리즘의 일종이다. 일반적으로 은닉층이 1개 이하인 신경망은 얕은 신경망, 은닉층이 2개 이상인 신경망은 깊은 신경망이라고 한다.

딥러닝에서 깊은 신경망을 사용하는 이유는 각 은닉층이 데이터로부터 추출한 특징맵을 구성하는데, 은닉층이 깊어질수록 특징맵의 추상화 수준이 높아지게 만들기 위함이다. 은닉층이 깊어짐에 따라 추상화 수준이 높은 특징을 추출하여 인식하는 방식은 동물의 두뇌에서 일어나는 인식 방식과 흡사하다.

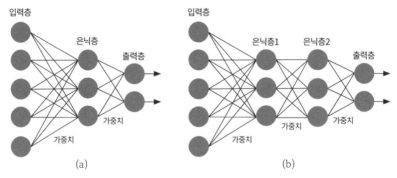

은닉층 개수에 따른 얕은 신경망(a)과 깊은 신경망(b) 예시(보통 은닉층 1개 이하는 얕은 신경망, 2개 이상은 깊은 신경망으로 구분)

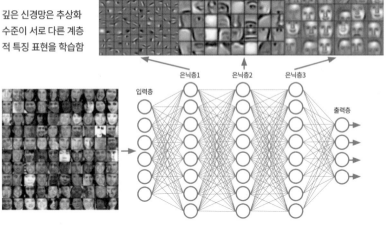

깊은 신경망은 추상화 수준이 서로 다른 계층적 특징 표현을 학습함

깊은 신경망과 학습에 의해 얻어진 추상화 수준별 특징과의 관계[70]

참고로, 은닉층 3개로 구성된 깊은 신경망을 기반으로 얼굴 이미지 데이터 셋에 대한 학습을 수행할 경우, 각 은닉층별로 추상화 수준이 다른 특징맵이 얻어진다. 첫 번째 은닉층의 경우에는 가장 낮은 추상화 수준의 특징들이 학습되는데, 그림에서 보듯이 선이나 곡선, 원 등으로 구성된 작은 단위의 특징 형상이 얻어진다. 두 번째 은닉층에서는 첫 번째 은닉층 특징들의 조합을 통해 보다 높은 추상화 수준의 특징이 얻어지는데, 그림에서 보듯이 눈이나 귀, 코, 입 등과 같은 특징 형상이 학습된다. 마지막 세 번째 은닉층에서는 두 번째 은닉층 특징들의 조합으로 가장 높은 추상화 수준의 특징인 얼굴 형상들을 얻게 된다.

이처럼 딥러닝은 은닉층이 깊어질수록 형성되는 특징맵의 추상화 수준도 높아져 사람과 유사한 인식 성능을 내도록 만드는 알고리즘 기술이다. 이미지 넷 데이터를 이용하여 딥러닝으로 학습한 형상 특징에서도 은닉층이 깊어질 수록 추상화 수준이 높아지는 것을 확인할 수 있다. 처음에는 선이나 곡선으로 이루어진 에지(edges) 형상 특징이 학습되지만, 은닉층이 증가할수록 텍

70 출처: https://www.researchgate.net/publication/338600485_Neural_Network_Recognition_of_Marine_Benthos_and_Corals/figures?lo=1

스처(textures), 패턴(patterns), 부분(parts), 그리고 사물(objects) 형상 순으로 추상화 수준이 높아진다. 마지막 출력층에서는 추상화 수준이 가장 높은 사물 형상 특징들의 조합을 이용하기 때문에 사람의 인식 수준과 흡사하게 동작한다.

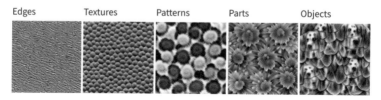

Edges   Textures   Patterns   Parts   Objects

이미지넷 데이터를 이용하여 딥러닝으로 학습한 추상화 수준별 형상 특징 예시[71]

인공지능 분야가 2010년대에 들어서면서 딥러닝 기술을 통해 폭발적인 관심을 받게 됐던 가장 큰 이유는 대규모 이미지 데이터에 대한 인식률이 획기적으로 높아졌기 때문이다. 이때 깊은 신경망에서 은닉층이 깊어질수록 추상화 수준이 높은 특징맵을 효과적으로 학습할 수 있었던 가장 큰 이유는 합성곱 신경망(convolutional neural network, CNN) 기술이 개발됐기 때문이다.

합성곱 신경망(CNN)은 1998년 AT&T 연구소의 얀 르쿤에 의해 처음 제안됐다. 르쿤은 필기체 인식에 적합한 합성곱 신경망 구조 LeNet-5를 제안했고, 이후 이미지 인식 분야에서는 CNN이 기본 구조처럼 사용되고 있다.

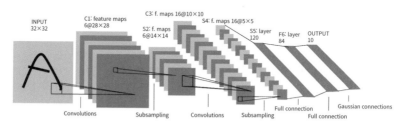

필기체 인식을 위한 LeNet-5 합성곱 신경망(CNN) 구조[72]

---

71 출처: https://christophm.github.io/interpretable-ml-book/cnn-features.html#feature-visualization

72 출처: 1998년 IEEE Proc.에 발표된 논문 "Gradient-Based Learning Applied to Document Recognition"

LeNet-5의 CNN 구조를 살펴보면, 입력층과 합성곱층 3개(그림에서 C1, C3, C5), 서브샘플링층 2개(S2, S4), 1개의 완전히 연결된 층, 그리고 출력층으로 구성되어 있다.

입력층은 필기체 입력을 32×32픽셀로 받도록 했고, 첫 번째 합성곱층인 C1은 32×32픽셀 입력 이미지에 대해서 5×5 필터와 합성곱하여 6개의 28×28픽셀 특성맵으로 구성된다.

서브샘플링층인 S2는 6개의 28×28픽셀 특성맵에 대하여 2×2 필터를 2픽셀 단위로 평균 풀링 방법을 적용하여 6개의 14×14픽셀 특성맵을 얻는다.

두 번째 합성곱층인 C3는 6개의 14×14픽셀 특성맵에서 3개씩 묶어서 6개의 특성맵에 대해 $5 \times 5 \times 3$ 필터와의 합성곱을 수행하고, 4개씩 묶어서 9개의 특성맵에 대해 $5 \times 5 \times 4$ 필터와 합성곱을 수행하고, 6개를 모두 묶어서 1개의 특성맵에 대해 $5 \times 5 \times 6$ 필터와의 합성곱을 수행하여 총 16개의 10×10픽셀 특성맵을 얻는다.

두 번째 서브샘플링층인 S4는 16개의 10×10픽셀 특성맵에 대하여 2×2 필터로 풀링하여 16개의 5×5픽셀 특성맵을 얻는다.

세 번째 합성곱층인 C5는 16개의 5×5픽셀 특성맵에 대하여 120개 $5 \times 5 \times 16$ 필터와의 합성곱을 수행하여 120개의 1×1픽셀 특성맵을 얻는다.

완전히 연결된 층인 F6는 84개의 뉴런으로 구성되고, 마지막 출력층은 10개의 뉴런으로 구성됐다. 참고로, LeNet 알고리즘의 필기체 인식 오류율은 0.7% 수준이었다.

CNN은 현재 이미지 인식, 필기체 인식, 자율주행차의 장애물 인식, 얼굴 인식, 의학 분야의 이미지 분석 등 다양한 영역에서 활발히 활용된다.

이미지 인식 분야의 딥러닝으로 합성곱 신경망인 CNN이 활발히 사용되고 있다면, 시간에 따라 순차적으로 정보가 입력되는 음성이나 단어 또는 문장 인식 분야에는 노드 간 연결이 순환적 구조를 갖는 순환 신경망(recurrent neural network, RNN)이 활발히 사용된다.

순환 신경망(RNN)은 이전 상태의 값이 다음 상태 값을 계산할 때 다시 입력으로 들어가는 구조로 되어 있는데, 이는 음성이나 단어, 문장 등의 문자열을 인식할 때 바로 이전에 인식된 문자가 현재 문자를 인식하는 데 영향을 미치기 때문이다.

RNN은 현재 언어 모델링이나 텍스트 생성, 기계 번역, 음성 인식, 이미지 설명 생성, 비디오 태깅, 텍스트 요약, 콜센터 분석, 음악 작곡 등 다양한 분야에서 활용된다.

인공지능 기술의 연구 동향

인공지능 분야는 딥러닝이나 인공신경망, 머신러닝 이외에도 다양한 기술이 연구되고 있다. 최근 전 세계적으로 딥러닝을 중심으로 한 머신러닝 분야가 가장 활발하게 연구되고 있는 것이 사실이지만, 다른 인공지능 기술도 오랜 기간에 걸쳐 발전하고 있다.

인공지능 분야는 그 범위가 워낙 광범위하여 관련 기술의 전체 집합이나 전체 기술맵이 별도로 존재하지 않는다. 많은 전문가가 나름대로 전체 기술을 표현하려고 노력하고 있지만, 아직까지는 사실상 표준으로 사용되는 기술맵은 없는 상황이다.

인공지능 기술이 얼마나 광범위하고 다양한지는 2019년 JSAI(Japanese Society for Artificial Intelligence)에서 발간한 보고서 "AI Map Beta"를 보면 이해할 수 있다. 하나는 21가지 응용 분야별 인공지능 기술 64개를 매핑했고, 또 하나는 30가지 연구 분야별 인공지능 기술 83개를 매핑한 기술맵이다. 참고로, 딥러닝은 이 64개 또는 83개 기술 중 하나다.

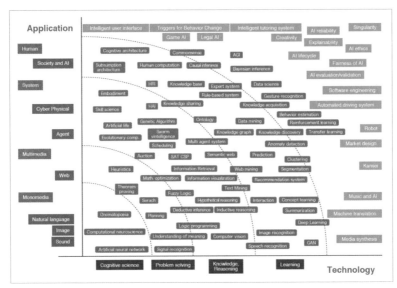

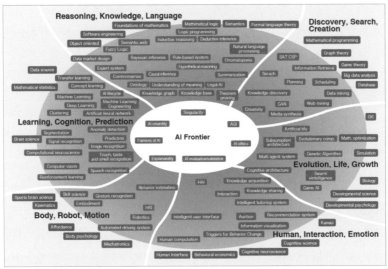

응용 분야별(상), 연구 분야별(하) AI 기술맵 (출처: AI Map Beta 보고서)

응용 분야별 인공지능 기술맵에서는 그래프 y축에 해당하는 응용 분야가 사운드, 이미지, 자연어 등의 단일 미디어에서 시작하여 웹 기반의 멀티미디어를 거쳐, 에이전트와 사이버 물리 시스템, 사람과 사회로 점차 확장되어 가고 있음을 나타낸다. 그래프의 x축에 해당하는 기술 관점에서는 인지 과학에서 출발하여 문제 해결, 지식과 추론, 그리고 학습의 단계로 발전하고 있음을 나타낸다.

연구 분야별 인공지능 기술맵에서는 연구 분야를 학습 · 인지 · 예측, 추론 · 지식 · 언어, 발견 · 탐색 · 창조, 진화 · 생명 · 성장, 신체 · 로봇 · 동작, 사람 · 인터랙션 · 감성 등 총 6개 영역으로 구분했고, 6개 영역 공통으로 개척이 필요한 영역을 제시했다. 개척이 필요한 공통 연구 영역에서 해결해야 할 과제로는 인공지능의 공정성(fairness), 신뢰성(reliability), 설명가능성(explainability), 특이성(singularity), 평가 및 입증(evaluation and validation), 윤리(ethics), 인공 일반 지능(artificial general intelligence, AGI) 등을 제시하고 있다.

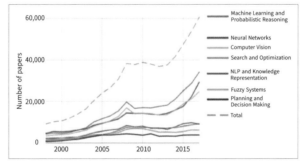

초록 및 인용 데이터베이스 Scopus의 1998-2017년 연구 분야별 인공지능 논문 수[73]

1998년부터 2017년 사이에 발표된 연구 분야별 인공지능 논문 편수 추이를 보면, 2000년대 이후 기울기가 가파르게 상승하다가 2006년경부터 2012년 사이에는 오히려 전체 논문 편수가 정체된 것을 확인할 수 있다. 그리고 2012년경을 기점으로 다시 급격히 상승하는 추세다. 특히, 머신러닝과 확률적 추론, 인공신경망, 컴퓨터 비전 순으로 논문 편수가 급증하고 있고, 그 뒤를 이어 탐색과 최적화, 자연어 처리 및 지식 표현, 퍼지시스템, 계획 및 의사

---

73 출처: 2019년 논문 "Safe Artificial General Intelligence via Distributed Ledger Technology"

결정 순으로 연구 논문이 발표되고 있는 것을 볼 수 있다. 이는 2012년 발표된 이미지 인식에 대한 제프리 힌튼 교수의 딥러닝 논문이 혁신적인 결과를 보이면서 전 세계적으로 폭발적인 관심을 이끌어낸 시기를 잘 나타내고 있다. 최근 국가별로 인공지능 기술의 우위를 선점하기 위해 막대한 예산을 투입하여 인공지능 기술에 대한 연구개발을 독려하고 있다. 그래프에서 보듯이 인공지능의 세 번째 봄은 2012년 이후로 쭉 이어지고 있다.

나만의 맞춤
스마트 생산 시대

2.1

4차 산업혁명과 스마트 공장은
어떤 관계일까?

이제 세상은 3차 산업혁명 시대를 지나 4차 산업혁명 시대로 진입하고 있다. 하지만 로봇과 자동제어 기반의 자동화로 대표됐던 3차 산업혁명 시대와 4차 산업혁명 시대의 구분에 있어서 오해가 많다. 심지어 4차 산업혁명은 3차 산업혁명의 일부이고, 단지 마케팅 용어에 지나지 않는다고 이야기하는 사람도 있다. 이러한 오해는 세상의 변화를 제대로 인식하지 못한 데서 기인한다. 여기서는 4차 산업혁명이 무엇이고, 스마트 공장과 4차 산업혁명은 어떤 관계에 있는지 살펴보자.

4차 산업혁명

매년 스위스 다보스에서는 저명한 기업인, 정치인, 경제학자, 언론인 등이 모여 세계 경제에 대해 토론하는 세계경제포럼, 일명 다보스포럼이 열린다. 2016년 1월에 다보스포럼 회장인 클라우스 슈밥 박사가 처음으로 4차 산업혁명이 우리에게 쓰나미처럼 밀려올 것이며 모든 시스템을 바꿀 것이라고 언급하면서 네 번째 산업혁명에 대한 관심이 전 세계적으로 고조됐다.

현재 4차 산업혁명을 가장 선두에서 이끌고 있는 나라는 독일이다. 독일은 2011년부터 총리 주도로 기존 산업에 IT 기술을 결합하여 생산 시스템을 네트워크화 및 지능화하여 스마트 공장[1]으로 진화시키기 위한 산업 정책을 추진 중이다. 독일의 해당 산업 정책이 바로 4차 산업혁명의 대명사처럼 사용되고 있는 인더스트리 4.0이다.

1차 산업혁명에서 3차 산업혁명까지 제조업 중심으로 전개됐다면, 4차 산업혁명은 제조업뿐만 아니라 다른 모든 산업으로 그 범위가 확대되고 있다. 하지만 4차 산업혁명도 그 중심에는 제조업이 있고, 특히 4차 산업혁명이 추구하는 목표 중 하나가 바로 스마트 공장이다.

우리나라도 정부 차원에서 스마트제조혁신추진단을 구성하여 많은 예산을 투입하며 스마트 공장 구축 지원사업을 추진 중이다. 이렇게 4차 산업혁명 스마트 공장에 국가적 차원에서 큰 관심과 집중을 보이는 이유는 제조업이 우리나라 산업의 근간이기 때문이다.

주요 국가의 국민총생산(GDP) 대비 제조업 비중을 살펴보면 우리나라는 27.5%로 중국(28.9%) 다음으로 높으며, 독일(21.2%)이나 일본(21.1%)보다 높고, 미국(11.4%)이나 영국(8.8%)보다는 2~3배 더 높다. 또한, 총수출에서 제조업이 차지하는 비중은 무려 97.3%로 주요 국가 중에서 가장 높다. 수출 주도로 성장해온 우리나라로서는 제조업 경쟁력 확보가 그만큼 중요하고, 제조업이 흔들리면 우리나라 경제가 흔들리게 된다. 우리나라가 4차 산업혁명과 스마트 공장을 준비하지 않는다면 우리나라 제조업은 경쟁력을 잃고 점차 그 규모가 위축될 것이고, 모든 산업의 근간인 제조업이 무너지면 다른 산업까지도 그 여파가 미쳐 곧 국가 경제의 위기로 연결될 것이다.

국가	제조업 GDP 비중(%)	총수출에서 제조업이 차지하는 비중(%)
한국	27.5	97.3
중국	28.9	96.4

---

1 스마트 공장은 제품의 기획부터 판매까지 모든 생산 과정을 정보통신기술로 통합하고 디지털 전환하여 최소 비용과 시간으로 고객 맞춤형 제품을 생산하는 첨단 지능형 공장을 의미한다.

국가	제조업 GDP 비중(%)	총수출에서 제조업이 차지하는 비중(%)
미국	11.4	72.1
영국	8.8	75.9
프랑스	10.4	89.0
독일	21.2	89.9
이탈리아	14.9	92.6
캐나다	9.7	63.5
일본	21.1	90.5

2018년 주요 국가의 GDP 대비 제조업 비중[2]

산업혁명의 역사

1차 산업혁명은 18세기 후반 증기기관이 등장하면서부터 시작됐다. 증기기관을 이용하여 생산을 기계화할 수 있었고, 19세기 말에 컨베이어 벨트가 등장하고 증기기관 대신 전기가 등장하면서 분업 기반의 대량생산 체제가 등장했다. 이것이 2차 산업혁명이다. 20세기 후반부터는 로봇과 자동제어 기술이 접목되면서 자동화 기반의 대량생산 체제가 시작됐다. 자동차 생산공장에서 미완성된 자동차가 생산라인을 따라 흘러가고, 양쪽에 줄 서 있는 로봇들이 부품을 끼우고, 조이고, 용접하는 영상을 많이 봤을 것이다. 이것이 현재까지의 3차 산업혁명 단계라고 보면 된다. 그렇다면 3차 산업혁명을 통해 로봇을 이용한 자동화도 모두 이루어졌는데, 4차 산업혁명은 어떤 차이가 있는지 궁금할 것이다. 4차 산업혁명을 이해하기 위해서는 산업과 시장이 어떻게 변화되고 있고, 또 무엇을 요구하는지를 먼저 이해하는 것이 필요하다.

[2] 출처: i-KIET 산업경제이슈[2021-7]

　　기계화 생산이 가능해진 1차 산업혁명 이후부터 컨베이어 벨트 중심의 분업 기반 생산이 가능해진 2차 산업혁명까지 지속해서 상품의 다양성은 줄어들고 상품 종류별 생산량은 늘어났다. 사람들이 원하는 상품은 다양해도 대량생산을 위해서는 상품의 종류를 줄여야만 했다. 사람들의 요구보다는 생산성이 더 중요시됐다. 1950년대는 상품 종류는 가장 적고 상품별 생산량이 가장 많았던 시기다. 아마도 대부분 동일한 제품을 사용해서 사람마다 개성을 표출하기가 어려웠던 시기였을 것이다. 이후 3차 산업혁명을 거치면서 로봇과 컴퓨터, 자동제어 기술 덕분에 부분적으로 개인이 선택할 수 있는 옵션을 갖는 대량생산이 가능하게 됐고 상품의 종류도 늘어나기 시작했다.

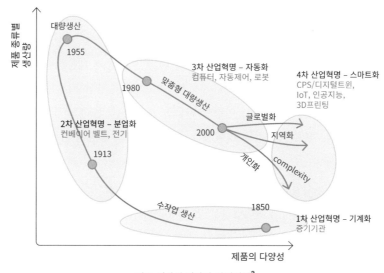

제품 생산의 역사와 산업혁명[3]

　　21세기 들어서는 새로운 변화가 생기기 시작했다. 국가별로 형성됐던 시장이 세계화되면서 대량생산이 다시 증가되고, 산업에 따라 지역화나 개인화되면서 다품종 소량생산 및 개인 맞춤생산도 등장하기 시작했다. 제조업 입장에서는 복잡도가 크게 증가했고, 이렇게 증가하는 복잡도를 기존 3차 산업혁

3　그래프 출처: Factory of the future, white paper, IEC 2015

명의 자동화만으로는 대응하기가 쉽지 않은 상황이 됐다. 이를 해결하기 위해 독일은 인더스트리 4.0을 정의하여 산업 정책으로 추진했고, 다보스포럼에서 4차 산업혁명이 언급되면서 새로운 산업혁명이 가속화되기 시작했다.

스마트 공장의 해결 과제 1

4차 산업혁명의 스마트 공장을 통해 해결하고자 하는 가장 근본적인 문제는 바로 적은 종류의 제품을 대량으로 생산하는 기존의 소품종 대량생산 체제를 다양한 종류의 제품을 소량으로 생산하거나 개인별 맞춤형 제품을 생산할 수 있는 체제로 바꾸는 것이다. 21세기에 들어서면서 산업구조가 더욱 복잡해지고 고객의 요구가 다양해지면서 더 이상 기존의 소품종 대량생산 체제만으로는 시장의 요구에 대응하기 어렵게 됐다. 다품종에 대응하면서도 대량생산 체제의 생산성과 품질은 유지하거나 오히려 더 향상시킬 수 있는 제조 시스템이 필요하게 됐다. 이러한 다품종 소량생산 및 개인 맞춤생산에 대한 대응 능력이 바로 기존 대량생산 공장과 스마트 공장의 가장 큰 차이점 중 하나다.

기존 대량생산 공장에서는 공장을 지을 때부터 생산할 제품의 모델이 결정된다. 예를 들면 소형차 공장을 지으면 해당 모델의 소형차만 생산이 가능하고, SUV 공장을 지으면 해당 모델의 SUV만 생산할 수 있다. 하지만 이제는 하나의 스마트 공장에서 소형차부터 중형, 대형, SUV 등 다양한 차종을 모두 생산할 수 있게 됐다. 실제로 독일의 자동차 생산공장에서는 이미 인더스트리 4.0을 기반으로 하나의 생산라인에서 여러 차종이 혼재되어 대량생산이 이루어지고 있다.

조금 더 구체적인 예를 한 가지 생각해 보자. 이제까지는 생산라인에 있는 로봇은 정해진 한 가지 작업만 수행했다. 정확히 똑같은 작업의 반복이다. 하지만 스마트 공장에서는 작업할 대상물이 도착하면 대상물을 스스로 인식한 후 그에 맞는 작업을 수행한다. 로봇 한 대가 대상물에 따라 여러 가지 작업을 알아서 유연하게 처리하는 것이다. 여러 로봇이 서로 통신하면서 최적의 조건으로 분업할 수도 있고, 한 대의 로봇이 서로 다른 여러 가지 작업을 모두 직접 처리하는 것도 가능하다. 품종이 너무 다양한 경우에는 제품마다 태그를 부착하고 태그를 통해 해당 제품의 공정지시를 기록해 둔 네트워크 주소로 접근할 수도 있다. 로봇이 제품마다 태그의 공정지시를 읽고 그대로 맞춤 작업을 수행하는 것이다. 즉, 유연성이 매우 높은 범용 생산공장을 구축할 수 있다. 이는 사물인터넷, 센서, 통신 및 네트워크, 로봇, 시뮬레이션, 3D 프린팅, 인공지능 등 다양한 기술 융합을 통해 구현 가능하다.

스마트 공장의 해결 과제 2

스마트 공장을 통해서 해결하고자 하는 두 번째 문제는 제품 생산사슬 연계를 통해 생산 및 제조 단계의 부가가치를 높이는 것이다. 전체 생산사슬을 시각화하고 데이터 분석을 통해 생산 부가가치 활동에 활용하는 것이다. 시스템상에서 기획, 연구, 브랜딩, 디자인, 제조, 유통, 마케팅, 판매, 서비스 등의 전 단계를 디지털화 및 시각화하고, 각 단계의 데이터를 모니터링하고 분석한다. 여러 단계의 생산사슬 분석을 통해 자사의 핵심 경쟁력을 파악하고 효과적인 아웃소싱 전략 추진 등 전체 가치사슬 관점에서의 자사의 차별성 증강 및 협력 강화를 통해 부가가치를 최대한 높이는 전략을 추진할 수 있다.

과거에는 한 회사나 한 지역에서 제품 생산 전 단계를 처리하는 경우가 많았지만, 이제는 세계화가 이루어지면서 각 단계가 세계 곳곳으로 흩어지게 됐다. 제품 생산사슬의 스마일 곡선에서 각 단계의 부가가치를 보면 제조 단계의 부가가치가 가장 낮은 것을 확인할 수 있다. 즉, 이제 전 단계를 통합 관리하지 않고 제조 단계만을 분리하여 운영하면 부가가치가 너무 낮아 사업성을 확보할 수 없을 것이고, 제조 단계의 지속가능성 확보도 불가능할 것이다.

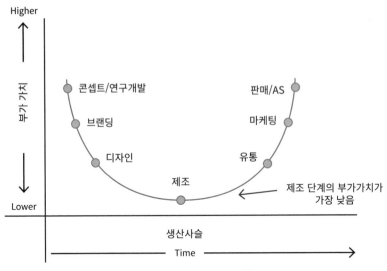

제품 생산사슬 스마일 곡선[4]

스마일 곡선상에서 제조 단계의 부가가치를 높이기 위해서는 크게 세 가지 전략을 고려할 수 있다. 첫 번째는 제조 단계 자체의 부가가치를 높이는 전략이다. 제조 단계의 생산성과 품질을 끌어올려 부가가치를 높일 수 있다. 이것은 대부분 제조기업이 그동안 추진해온 가장 기본적인 전략이다. 두 번째는 제조 단계의 생산기술 및 유연성을 높여 콘셉트/연구개발, 브랜딩, 디자인 단계의 기존 한계를 극복하는 전략이다. 연구개발이나 디자인 단계에서 아무리 아이디어가 좋아도 제조 단계에서 실제로 만들 수 없는 설계라면 아무런 소용이 없다. 하지만 연구개발이나 디자인 단계에서 어떤 설계를 하더라도 제조 단계에서 생산할 수 있는 생산기술 및 유연성을 확보할 수만 있다면, 새롭게 개발하고자 하는 제품의 높은 부가가치를 제조 단계에서도 어느 정도 공유할 수 있게 된다. 즉, 생산기술 및 유연성의 고도화를 통해 제조를 포함한 설계 단계의 부가가치를 전체적으로 높일 수 있다. 세 번째는 사업 모델 혁신을 통해 제조를 포함한 유통, 마케팅, 판매 및 AS 단계의 부가가치를 높이는 전략

4 출처: Factory of the future IEC 보고서 2015

이다. 생산한 제품을 단순히 판매하는 사업 모델에서 생산 제품과 연계된 서비스 사업 모델까지 확장하는 전략이 현재 많이 시도되고 있고, 실제로 성공 사례도 빠르게 증가하고 있다.

앞서 언급한 세 가지 전략 방향과 함께 안전하고 클린한 에너지 절감형 친환경 사업장으로의 전환 또한 스마트 공장 구축 시 고려해야 하는 중요한 목표에 해당한다.

국가별 스마트 공장 전략

독일을 포함하여 미국, 중국, 일본 등 많은 나라가 서로 앞다투어 4차 산업혁명 스마트 공장에 국가적 역량을 집중하고 있으며, 국가별로 다양한 전략을 수립하여 추진 중이다. 국가별 전략은 각각 다르지만, 큰 틀에서는 대동소이하다.

가장 앞선 독일은 자신의 강점인 제조 설비를 최대한 활용하고 있다. 설비 및 기기를 중심으로 사물인터넷과 네트워크로 연결하고 인더스트리 4.0이라는 이름으로 플랫폼화하는 전략이다. 또한, 실제 제조 공간을 디지털 환경에서 똑같이 시뮬레이션할 수 있는 사이버물리시스템(Cyber Physical System, CPS)을 기반으로 지능형 서비스를 정의하고 유연생산이 가능한 스마트 공장을 구현하는 것을 목표로 하고 있다.

2011년 인더스트리 4.0을 처음 발표했을 때는 제품의 스마트 제조에 초점을 맞췄다면, 2015년 인더스트리 4.0의 제2단계 전략으로 발표한 '스마트 서비스 세상 2025'는 생산-유통-소비-재활용에 이르는 전과정의 가치사슬 최적화를 통해 제품과 서비스를 맞춤형으로 공급하는 스마트 서비스에 초점을 맞추고 있다. 즉, 제조업의 미래를 제품에 국한하지 않고 맞춤형 서비스까지 포함하는 사업모델로 확대 정의하여 추진하고 있다.

미국은 산업 인터넷 컨소시엄(Industrial Internet Consortium)을 포함한 다양한 이니셔티브를 통해 첨단 제조(Advanced Manufacturing) 전략을 추진하고 있으며, 정부의 지원을 받으며 많은 연구개발을 진행해왔다. 첨단 제조는 생산 효율을 높이고 제품의 개인화를 가능하게 하는 생산 환경에서의 스마트 제품 또는 사물에 초점을 맞춘다. 또한, 인공지능과 빅데이터 분석 등을 접목하여 공장의 지능을 높이고 제품에도 다양한 센서를 부착하여 출고 이후까지도 예측 기반 유지보수 서비스 제공이 가능하게 서비스 플랫폼 사업 모델로 확대해가고 있다.

일본은 e-공장(e-Factory) 전략을 추진하고 있으며, 주로 생산성 및 에너지 소비 최적화를 위한 제조공정 제어 및 데이터 분석에 산업 인터넷을 활용하고 있다. 특히 빅데이터를 통한 분석과 제조공정 제어 간의 융합을 중요시하며, 전체 가치사슬에 걸쳐 e-공장의 범위를 넓게 보고 있다. e-공장 전략의 활성화 기술로는 센싱, 스마트 로봇, 지식업무의 자동화, 클라우드 서비스, 3D 프린팅 등을 고려한다. 특히, 로봇에 대해서는 2015년 초 '로봇신전략'을 발표하고, 로봇 중심의 플랫폼 구축 및 어느 현장에서나 사용하기 쉬운 로봇을 확대 보급하는 전략을 추진하고 있다.

중국은 '중국제조 2025' 전략을 발표하고 기존의 노동 집약형 공장을 스마트 공장으로 전환하는 데 막대한 투자를 하고 있다. 중국은 주로 독일의 인더스트리 4.0을 기반으로 자국에 맞게 현지화 개발을 하고 있으며, 매우 빠른 속도로 제조 경쟁력을 높여가고 있다. 과거에 일본이 미국을 따랐고, 우리나라가 일본을 따랐고, 중국이 우리나라를 따랐다면, 이제는 중국이 바로 독일을 따르는 형국이다. 실제로 제조업 분야에 대해서 중국이 우리나라를 앞지를 가능성이 매우 높아지고 있다. 특히, 스마트 제조 2단계 전략인 '중국표준 2035' 전략을 통해 제조 강국을 이루고, 2050년까지는 모든 주요 산업에서 미국을 넘어서는 강국이 되겠다는 전략을 가지고 있다.

우리나라는 2014년 제조업 혁신 3.0을 발표하고 단계적 전략을 추진하고 있다. 소품종 대량생산에서 소비자 맞춤 유연생산으로의 변화에 대응하기 위해 제조업에 IT 기술을 융합하여 생산 현장, 제품, 지역생태계 혁신을 이루는 것을 목표로 하고 성공사례를 조기 창출하여 제조업 전반으로 확산한다는 계획이다. 첫 번째 추진과제인 스마트 공장 보급·확산을 위해 스마트제조혁신

추진단을 구성하고, 스마트 공장 3만 개 보급, 스마트 공장 고도화 수준 25% 달성 및 AI 데이터 허브 구축을 1차 목표로 하여 현재 스마트 공장 확산 구축을 추진 중이다. 특히, 중소기업의 제조혁신 신사업모델 창출을 통한 고도화 실현을 상세 전략 목표로 추진하고 있다. 또한, D · N · A(Data, Network, AI) 생태계 강화를 기반으로 한 디지털 뉴딜 정책과 탄소중립을 위한 그린 뉴딜 정책, 새로운 일자리로의 이동을 위한 휴먼 뉴딜 정책, 그리고 지역의 균형 발전을 위한 지역 균형 뉴딜 정책을 상위 전략으로 연계하여 추진하고 있다. 다른 주요국에 비해 늦은 만큼 정부 차원에서의 보다 적극적이고 대대적인 전략적 추진이 필요한 상황이다.

스마트 공장 4단계

우리나라 정부 차원에서 추진 중인 스마트 공장 지원사업은 2021년부터 '중간2' 단계 지원사업을 처음으로 추가하여 스마트 공장 수준을 고도화하기 위해 노력하고 있다.

구분	현장자동화	공장운영	기업자원관리	제품개발	공급사슬관리
고도	IoT/IoS 기반의 CPS화				인터넷 공간 상의 비즈니스 CPS 네트워크 협업
	IoT/IoS화	IoT/IoS(모듈)화 빅데이터 기반의 진단 및 운영			
중간2	설비제어 자동화	실시간 공장제어	공장운영 통합	시뮬레이션과 일괄 프로세스 자동화	다품종 개발 협업
중간1	설비데이터 자동집계	실시간 의사결정	기능 간 통합	기술 정보 생성 자동화와 협업	다품종 생산 협업
기초	실적집계 자동화	공정물류 관리(POP)	관리 기능 중심 기능 개별 운용	서버를 통한 기술/납기 관리	단일 모기업 의존
ICT 미적용	수작업	수작업	수작업	수작업	전화와 이메일 협업

스마트 공장 단계[5]

---

5 출처: https://www.smart-factory.kr/smartFactoryIntro

우리나라에서 정의하는 스마트 공장 4단계는 다음과 같다. 1단계인 '기초' 단계는 전체 공정을 디지털 데이터로 수집하여 실적을 자동 집계하고, 생산관리시스템(Manufacturing Execution System, MES) 소프트웨어의 기반을 구축하는 단계다. 스마트 공장을 구축하려면 가장 기본적으로 각 공정별 실적 집계 데이터가 필요하기 때문에 공정별로 RFID, 바코드, QR 코드, 또는 센서 등을 장착하여 실적에 대한 디지털 데이터를 자동으로 수집한다. 2단계인 '중간1' 단계는 실시간 모니터링이 가능한 설비 데이터 자동 집계 단계다. 수집된 실시간 설비 데이터를 기반으로 전체 공정을 한눈에 볼 수 있게 하고, 이를 통해 생산에 필요한 다양한 정보를 분석 도출할 수 있게 된다. 생산에서 가장 중요한 설비의 상태 예측을 통해 설비 예지보전[6] 기능도 구축할 수 있다. 3단계인 '중간2' 단계는 설비 제어 자동화 단계다. 2단계에서 실시간 자동 집계한 데이터를 바탕으로 공정별 설비를 실시간 자동 제어하는 단계다. 마지막 4단계인 '고도' 단계는 빅데이터/IoT 기반의 진단 및 운영, 사이버물리시스템(CPS) 연동, 인터넷 공간상에서 비즈니스 가치사슬을 연계한 네트워킹 등을 실현하는 단계다.

스마트 공장 지원사업 초기에는 단지 비용을 지원받기 위한 구축이 제법 있었으나, 최근에는 제조기업들이 경쟁력 확보를 위해 스스로 스마트 공장 구축을 서두르고 있다. 이 시점에는 정부 차원에서 지속적인 스마트 공장 구축 지원을 대폭 확대해주는 것이 우리나라 제조업의 글로벌 경쟁력을 높이는 데 매우 중요하다.

스마트 공장 고도화 전략

스마트 공장 단계 고도화 시 기존 공정의 자동화만을 고려할 경우에는 점진적 개선에 머무르게 된다. 효율 및 품질의 점진적 개선을 이룰 수는 있지만, 파괴적 혁신이나 유연생산 체제로의 전환은 달성하기 어렵다.

---

6 예지보전은 장치의 상태를 수시로 모니터링하여 이상 여부를 미리 예측하고, 예측한 이상이 발생하기 전에 미리 유지보수를 수행하는 것을 의미한다.

글로벌 경쟁력 수준을 확보하기 위해서는 현장 자동화와 함께 반드시 제조 공정의 통합, 단축, 제거 등이 가능한 전체 제조공정 최적화를 동시에 고려해야 한다. 예를 들어 기존의 금형 기반 제조공정에서 전체 또는 일부를 3D 프린팅 기술을 융합한 부품 일체화 제조공정으로 전환함으로써 다수의 공정을 하나로 통합하는 전체 제조공정 최적화 혁신을 생각할 수 있다. 각 제조공정을 자동화로 개선하는 방법에 비해 최적화를 통해 여러 개의 제조공정을 줄이거나 없애는 방법은 비교할 수 없을 정도의 큰 효과를 얻을 수 있다.

한 단계 더 나아가 수집한 현장 데이터를 분석하고 인공지능을 통한 모델링으로 공정 지능화까지 구현할 경우에는 생산성과 품질의 혁신 및 생산 유연성 확대를 더욱 강화할 수 있다. 즉, 각 제조공정의 자동화와 함께 전체 제조공정의 최적화 및 지능화를 동시에 고려하는 고도화 전략이 필요하며, 이는 에너지 저감 및 친환경성 확보 방향과도 정확히 일치한다.

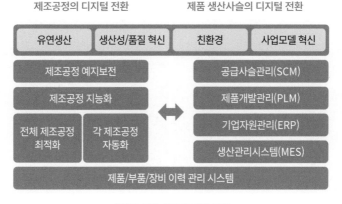

스마트 공장 고도화 전략 예시

동시에 제품 생산사슬의 디지털 전환을 통한 전체 가치사슬 통합 관리로 사업모델 혁신을 이끌어내는 전략이 필요하다. 이를 위해 생산관리시스템 (MES)을 시작으로 기업자원관리(Enterprise Resource Planning, ERP), 제품개발관리(Product Lifecycle Management, PLM), 공급사슬관리(Supply Chain Management, SCM) 등의 소프트웨어 시스템에 대한 유기적 연계 구축이 요구된다. 단, 각 기업마다 생산사슬의 특성 및 규모 등을 고려하여 꼭 필요한 소프트웨어 시스템을 중심으로 선택적으로 구축하는 접근이 필요하다.

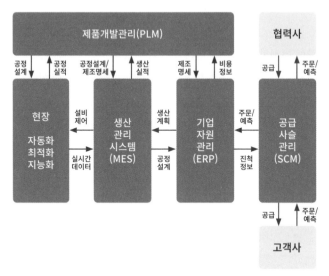

스마트 공장 제품 생산사슬의 디지털 전환 구축 예시

제조업의 뉴노멀과 스마트 공장

2008년 글로벌 금융위기 이후 세계 경제는 저성장 및 경기 불황이 장기화됐고, 2018년 미·중 무역분쟁 이후 보호무역주의 확대로 인한 글로벌 공급사슬이 약화되기 시작했다. 여기에 2019년 12월 COVID-19로 인한 팬데믹 상황이 발생하자 글로벌 공급 사슬에 의지하는 제조업의 취약성이 드러나면서 공급 사슬 다변화를 포함한 제조업의 판도가 빠르게 변하기 시작했다. 제조업의 생산기지가 선진국으로 다시 돌아가는 리쇼어링이나 인접국으로 생산라인을 분산시키는 니어쇼어링 등이 더욱 가속화되고 있고, 이러한 제조업의 변화에 설상가상으로 기후변화 위기까지 심화되면서 유연생산과 생산성 및 품질 향상이 가능하고 에너지 절감형 친환경 사업장이 가능한 스마트 공장 구축이 더욱 빠르게 확산되고 있다. 이제 스마트 공장은 더 이상 선택이 아닌 필수가 되고 있다.

스마트 공장이 소비자에게 미치는 영향

스마트 공장이 우리의 일상에 어떠한 영향을 미치게 될지 생각해보면, 일단 나에게 딱 맞는 맞춤형 제품을 쉽게 구매할 수 있게 된다. 제품 선택의 폭이 매우 넓어질 뿐만 아니라 개인맞춤형 제품임에도 불구하고 가격은 기존 대량생산 제품과 크게 차이가 나지 않을 것이고, 제조시간도 오래 걸리지 않을 것이다. 또한, 제조업은 모든 산업의 근간이기 때문에 다른 산업에서도 유사한 혜택을 보게 될 것이다. 전체적으로 제품은 다양해지고 품질은 높아지고 납기는 짧아지고 가격은 오히려 낮아진다.

또한, 스마트 공장은 우리 주변에서 제품의 개념이 점차 서비스 개념으로 바뀌는 것을 가속화할 것이다. 즉, 소비자가 제품을 직접 구매하는 개념에서 필요할 때만 제품을 이용하는 서비스 개념으로 점차 바뀌어 갈 것이다. 이미 자동차를 포함한 이동 수단에 대해서는 구매 형태에서 필요시 이용하는 서비스 형태로 변해가는 것을 우리는 몸소 경험하고 있다.

2.2

현장의 디지털 전환은
자동화 그 이상이다

4차 산업혁명 시대에 들어선 현재는 모든 산업 분야에서 디지털화를 넘어 디지털 전환을 추구한다. 제조 분야도 마찬가지로 디지털 전환을 통한 스마트 공장 구축을 목표로 한다. 이때 우리나라에서는 제조의 디지털 전환을 보통 생산사슬 관점으로만 고려하여 MES, ERP, PLM, SCM 등과 같은 소프트웨어 시스템 중심으로 구축하고 현장은 자동화로 충분하다고 생각한다. 하지만 우리나라의 지속가능한 제조업 생태계 구축을 위해서는 자동화를 넘어 현장의 디지털 전환을 반드시 고려해야 한다. 여기서는 우리나라 제조 현장의 시급한 난제를 살펴보고, 해당 난제를 해결할 수 있는 현장의 디지털 전환에 대해서 생각해본다.

우리나라 제조 현장의 인력난

우리나라 제조업을 세계적으로 경쟁력 있는 산업으로 만들기 위해서는 제조업의 근간을 이루는 소재·부품·장비(이하 소부장) 산업의 경쟁력을 확보하는 것이 시급하다. 특히, 소부장 산업의 경우 경쟁력의 핵심인 제조 현장의 생산성과 유연성을 높이는 것이 무엇보다 중요하다. 하지만 소부장 산업의 경우 제조공정 자동화의 높은 기술적 난이도와 높은 투자 비용으로 인해 스마트 공장 구축에 어려움을 겪고 있고, 동시에 빠르게 심화되는 현장의 인력난에 지속적으로 쫓기는 상황이다.

소부장 산업을 포함한 우리나라의 제조업은 전문인력 및 청년 인력은 감소하고 고령화가 심화되는 심각한 인력난에 처해 있고, 소품종 대량생산에서 점차 다품종 소량생산으로 바뀌어 가는 시장의 요구 변화로 인해 현장의 생산성이 크게 낮아지고 있다. 이에 더하여 전 지구적 기후변화 문제에 따른 에너지 및 환경 규제 강화로 투자 부담이 가중되고 있고, 기술의 빠른 발전 속도로 인해 기술개발에도 어려움을 겪고 있다.

특히, 우리나라 제조업 현장의 인력난은 일시적인 문제가 아니다. 통계청 자료에 따르면 우리나라의 생산가능인구[7]는 이미 2020년에 정점을 찍고 매년 빠르게 감소하고 있다. 2020년 대비 2030년의 생산가능인구는 무려 10% 수준인 357만 명이나 줄어들 예정으로, 매우 심각한 상황이다. 줄어드는 생산가능인구는 대부분 제조 현장에서 빠질 것으로 예상된다. 더욱이 COVID-19로 인한 배달이나 택배 등 서비스 시장으로의 인력 이동까지 고려하면 제조 현장의 인력난은 매년 더욱 심화될 것이다. 즉, 현장의 인력난을 해결하지 못하면 우리나라 제조업은 지속가능성을 잃게 될 것이 자명하다.

우리나라 연도별 생산가능인구 (단위: 만 명, 출처: 통계청)

---

7   우리나라의 생산가능인구는 만15~64세를 기준으로 산출한다.

한마디로 우리나라 제조업은 사면초가의 상황에 처해 있다. 하지만 위기는 곧 기회인 만큼, 현재의 위기를 기회로 살려 지속가능한 경쟁력을 확보할 수 있는 전략 수립이 시급하다.

지속가능한 스마트 공장

기존의 제조공장을 스마트 공장으로 전환해야 하는 이유는 지속가능성을 확보하여 생존하기 위해서다. 특히, 제조업의 근간을 이루는 소부장 산업의 경우에는 더욱 그러하다. 제조 현장의 인력난, 다품종 소량생산 요구 증대, 에너지 및 환경 규제 문제 등을 해결하고 지속가능성을 확보하기 위해서는 제조 공정 단축이나 통합, 삭제 등으로 생산인력의 소요 및 에너지 소비량을 대폭 줄이고, 현장의 첨단화를 통해 클린 사업장을 구축하여 청년 인력 유입을 유도하고, 디지털 적층 제조 기술을 통해 공정의 유연성을 확보하고, 수작업 및 형상 제약 공정 제거를 통해 고부가가치화 및 고품질화를 달성하는 등의 전략 추진이 필요하다.

앞서 언급한 해법을 실현하기 위해서는 다양한 요소기술이 필요하다. 특히, 3D 프린팅, 로봇, 디지털 트윈, 사물인터넷(IoT)과 빅데이터 기반 인공지능, 일체화·경량화 설계 및 제조 기술, 경량 소재 기술 등이 소부장 산업의 난제를 해결할 수 있는 핵심 요소기술이다. 다만, 핵심 요소기술의 적용만으로 난제가 쉽게 해결되는 것은 아니며, 제조 현장에 따라 난제 해결을 위한 맞춤형 공정 기술을 개발하는 최적화 과정이 필요하다. 기존의 공정 기술과 다양한 핵심 요소기술을 융합하여 최적의 솔루션을 개발하는 하이브리드 방식의 접근이 중요하다.

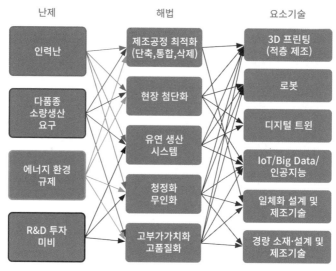

우리나라 소부장 산업의 난제 및 해법과 필요한 핵심 요소기술

스마트 공장 vs. 자동화 공장

많은 사람이 가장 혼란스러워하는 개념 중 하나가 바로 공장 자동화와 스마트 공장의 차이점이다. 공장 자동화를 통해 무인 공장을 달성하는 것이 둘의 공통되는 궁극적인 목표라고 생각하는 경우도 많다. 하지만 조금만 생각해보면 공장 자동화와 스마트 공장은 개념적으로 매우 큰 차이가 있다. 물론, 스마트 공장 구축을 위해서는 공장 자동화 개념도 반드시 필요하지만, 공장 자동화 개념만으로 구축할 경우에는 4차 산업혁명에서 추구하는 스마트 공장으로 확장하기 어려운 상황에 직면할 수 있다.

공장 자동화와 스마트 공장 개념의 가장 큰 차이점은 바로 디지털 전환 여부다. 공장 자동화는 사람의 도움 없이 물리적으로 자동화 공정만 구축하면되기 때문에 현장의 디지털 전환이나 생산사슬의 디지털 전환을 고려할 필요가 없다. 하지만 스마트 공장의 경우에는 가장 중요한 키워드인 유연생산과 생산사슬 간 연계, 사업모델 혁신 등이 이루어지기 위해서는 디지털 전환이 반드시 수반돼야 한다.

사람들이 많이 오해하는 또 다른 관점은 공장 자동화보다 스마트 공장이 더 제조공정 자동화율이 높은 개념이라고 생각하는 것이다. 하지만 자동화율이 공장 자동화와 스마트 공장을 가르는 기준이 될 수는 없다. 공장 자동화를 통해서도 100% 자동화율을 달성할 수 있는 반면, 스마트 공장 개념을 적용하더라도 자동화율은 30% 수준에 그칠 수도 있다. 참고로, 자동화율은 무조건 높다고 좋은 것은 아니다. 각 공장마다 상황에 맞게 투자 대비 가장 효과적인 자동화율을 결정하여 구축하는 것이 바람직하다.

4차 산업혁명의 스마트 공장이 3차 산업혁명의 자동화 공장과 다른 점은 크게 두 가지 관점으로 이야기할 수 있다.

첫 번째는 제조공정 수준의 관점이다. 3차 산업혁명 시기에는 제조공정 자동화를 통해 수작업 제거, 효율 증대, 품질 향상 등에 집중했다면 스마트 공장에서는 제조공정 자동화뿐만 아니라 전체 제조공정의 최적화, 제조공정 지능화, 그리고 제조공정 예지보전까지 고려한다. 전체 제조공정의 최적화에서는 자동화로는 불가능했던 제조공정의 단축, 통합, 삭제 등이 가능하고, 이를 통해 생산인력 소요를 줄이고 원가 절감 및 생산성과 유연성 증대를 이룰 수 있다. 참고로, 제조공정 자동화에 천문학적인 투자를 하더라도 해당 공정의 효율을 높일 수는 있지만, 해당 공정을 다른 공정과 통합하거나 삭제할 수는 없다. 제조공정 지능화로는 데이터 수집 및 분석을 통한 제조공정 지능 제어가 가능하고, 제조공정의 생산성 및 유연성을 더욱 높일 수 있다. 제조공정 예지보전은 실시간 모니터링 및 예측을 통한 사전 유지보수가 가능하고 이를 통해 공장의 가동률을 크게 높일 수 있다.

두 번째는 생산사슬 연계 관점이다. 3차 산업혁명 시기에는 자동화를 추진하면서 생산사슬을 고려한다는 개념이 없었던 반면, 스마트 공장에서는 생산사슬을 연계한 전략을 고려한다. 개발 기간을 획기적으로 단축하고 최적의 아웃소싱 네트워크 구축을 통한 제품 개발 프로세스를 혁신하고, 설계 자유도 혁신을 통한 성능 극대화 및 제품의 고부가가치화 추진이 가능하다. 또한, 다품종 소량생산 및 개인 맞춤 생산 대응, 그리고 제조의 플랫폼화 전략 등을 통한 사업모델 혁신이 가능하다.

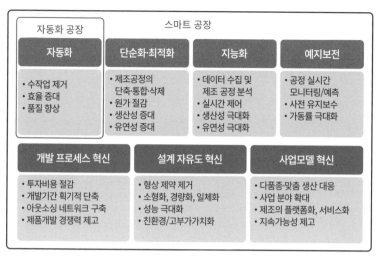

자동화 공장	스마트 공장		
자동화	**단순화·최적화**	**지능화**	**예지보전**

• 수작업 제거
• 효율 증대
• 품질 향상
	• 제조공정의
	  단축·통합·삭제
	• 원가 절감
	• 생산성 증대
	• 유연성 증대
		• 데이터 수집 및
		  제조 공정 분석
		• 실시간 제어
		• 생산성 극대화
		• 유연성 극대화
			• 공정 실시간
			  모니터링/예측
			• 사전 유지보수
			• 가동률 극대화

개발 프로세스 혁신		**설계 자유도 혁신**	**사업모델 혁신**
• 투자비용 절감 • 개발기간 획기적 단축 • 아웃소싱 네트워크 구축 • 제품개발 경쟁력 제고		• 형상 제약 제거 • 소형화, 경량화, 일체화 • 성능 극대화 • 친환경/고부가가치화	• 다품종·맞춤 생산 대응 • 사업 분야 확대 • 제조의 플랫폼화, 서비스화 • 지속가능성 제고

4차 산업혁명 스마트 공장 vs. 3차 산업혁명 자동화 공장

전체 제조공정 최적화의 효과

생산성 및 품질 증대 관점에서 제조공정 자동화만 고려할 경우에는 점진적 개선에 머무르는 한계가 있다. 수작업 공정의 자동화를 통해 작업자의 수고와 피로도를 줄일 수는 있으나, 공정의 단축이나 통합, 삭제 등과 같은 와해성 혁신[8]을 기대하기는 어렵다.

4차 산업혁명 시대에 진입하면서 다양한 디지털화 기술이 상용화됐고, 새로운 기술을 접목하여 생산 유연성은 극대화하면서도 제조공정의 단축, 통합, 삭제 등이 가능한 전체 제조공정의 최적화가 가능해졌다. 특히, 적층 제조 방식인 3D 프린팅 기술을 접목할 경우 기존 대비 공정의 수를 대폭 줄이거나 연관된 공정을 단축시키는 효과를 얻을 수 있다. 물론 기존 공정으로는 제작이 불가능한 형상의 제품까지도 만들 수 있기 때문에 단순한 개선이 아닌 와해성 혁신까지 이룰 수 있다.

〰〰◇〰〰

---

[8] 와해성 혁신(disruptive innovation)은 기존의 것을 완전히 파괴하고 재편하여 대체해버리는 수준의 혁신을 말한다.

이해를 돕기 위해 현장에서의 두 가지 최적화 사례를 소개한다.

1) 선박용 엔진 부품의 후처리 사상 공정[9] 최적화

선박용 엔진의 핵심 부품은 대부분 금속 주조 공정을 통해 제조한다. 다품종 소량 제품으로 부품의 크기가 크고 중량물이기 때문에 공정 자동화에 어려움이 많다. 특히, 가장 어려운 수작업 공정인 후처리 사상 공정은 육체적으로 매우 고된 작업이다.

해당 공정을 자동화하기 위해 티칭(teaching) 기반 로봇사상시스템을 개발하고, 사람이 하는 작업 동작을 그대로 로봇이 따라 하게 티칭한 후 실제 현장에 투입했다. 하지만 실제 현장에서 작업자들이 해당 로봇사상시스템을 사용하지 않는 문제가 발생했다. 로봇이 그라인딩하는 시간이 실제로 작업자가 직접 그라인딩하는 시간보다 훨씬 더 길었고, 티칭 방식의 한계로 인해 로봇사상시스템으로 작업한 결과물에서 미진한 부위는 작업자가 추가로 수작업을 통해 다시 마무리해야만 했다. 상기 문제점들로 인해 해당 공정의 로봇 자동화 시도는 현장 적용에 실패했다.

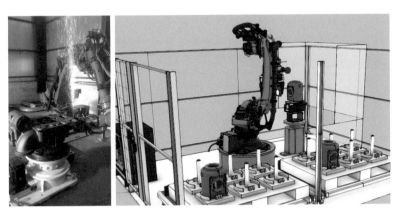

후처리 사상 공정 로봇 자동화 개발 사례: (좌) 2010년 1차 시도와 (우) 2020년 2차 시도
(출처: 삼영기계)

---

9 주조된 제품 외관에 발생하는 버(burr)나 판(fin)을 그라인딩 등으로 제거하여 외관을 다듬는 작업을 후처리 사상 공정이라 한다.

1차 시도에서 발견된 문제점을 고려하여 다시 2차 시도를 했다. 좀 더 가벼운 부품으로 적용 목표를 변경하고, 작업 시간을 줄이기 위해 전후 공정을 고려하여 로봇이 로딩·언로딩부터 직접 수행하게 설계했다. 하지만 2차 로봇사상시스템 설계 및 검증을 하는 과정에서 또 다른 문제를 마주하게 됐다. 목표로 한 제품은 내부 그라인딩 작업이 중요했으나, 제품 내부 형상이 너무 좁아 로봇 작업이 불가능하다는 결론에 다다랐다.

공정의 자동화 관점으로만 접근했던 상기 1차 및 2차 시도와는 달리, 3차 시도에서는 풀고자 하는 문제를 전체 제조공정의 최적화 관점으로 재정의했다. 제품 내부에 그라인딩이 필요한 이유는 내부 표면에 버(burr)나 핀(fin)이 존재하기 때문이고, 그것이 생기는 원인은 내부 몰드인 중자[10] 여러 개를 조립하면서 분할선이 존재하기 때문이다. 즉, 여러 중자의 분할선을 원천적으로 제거할 수만 있다면 제품 내부 표면을 그라인딩할 필요가 없다는 의미다. 기존의 공정 기술로는 분할선을 없애는 것이 불가능하지만, 3D 프린팅 기술을 적용할 경우에는 아무리 복잡한 형상이라도 일체화 설계를 통해 분할선 제거가 가능하다. 실제로 목표 제품에 중자 일체화 설계 및 3D 프린팅 기술로 일체화 중자를 제작 적용하여 분할선을 모두 제거했고, 그 결과 내부 표면에 버(burr)나 핀(fin)이 없는 제품을 만드는 데 성공했다. 즉, 제품 내부 후처리 사상 공정은 삭제가 가능했고, 해당 공정을 위한 로봇사상시스템도 불필요했다. 그뿐만 아니라 여러 개의 중자 금형 제작 공정을 삭제하고, 여러 개의 중자 제작 및 조립 공정을 하나의 3D 프린팅 공정으로 통합하는 효과까지 얻었다.

상기 사례는 단일 제조공정 자동화만을 고려한 점진적 개선이 아닌 3D 프린팅 기술 접목을 통한 전체 제조공정의 최적화로 제품 생산 공정의 와해성 혁신이 가능함을 보여준다.

---

[10] 주조 작업에서 제품의 외형이 아닌 내부 형상을 결정짓는 내부 몰드를 중자 또는 코어(core)라고 한다.

선박용 엔진 부품 제조공정 최적화 사례: (좌) 기존 주조 방식으로 제작한 제품 내부 (중) 전체 제조공정 최적화를 통한 일체화 중자 적용 제품 내부 (우) 샌드 3D 프린팅으로 제작한 일체화 중자 (출처: 삼영기계)

3D 프린팅 융합을 통한 주조 생산공정의 단순화 사례 (출처: 삼영기계)

2) 자동차 차체 조립 공정 최적화

다음은 공정 자동화만을 고려하는 점진적 개선 대비 전체 제조공정 최적화까지 고려하는 경우에 어떤 수준의 와해성 혁신이 가능한지를 보여주는 두 번째 사례다.

미국의 테슬라는 전기차 모델Y의 뒷부분 차체를 주조 기술을 이용하여 하나의 일체화된 대형 알루미늄 부품으로 제작하기 시작했다. 테슬라의 전기차 모델3의 뒷부분 차체는 70개의 금속부품을 용접 조립하여 제작하는 데 비해 모델Y는 해당 로봇 용접 조립 공정을 모두 없애고 일체화된 주조 부품으로 대체했다. 테슬라의 CEO 일론 머스크는 향후 차체의 뒷부분뿐만 아니라 앞부분과 중간 부분까지 모두 합친 하나의 차체로 제작할 것이라는 목표도 제시한 바 있어, 이러한 전체 제조공정 최적화는 앞으로 자동차의 차체 제조공정에서 와해성 혁신이 될 것이다.

대량생산에서 조형 제조 공법은 생산성을 높이는 데 매우 중요한 역할을 한다. 모델Y의 차체 제작 공정 혁신으로 인해 청동기 시대부터 사용된 주조(캐스팅) 기술이 재조명 받게 된 것이다. 기존에는 로봇을 이용하여 차체의 조립 및 용접 공정을 자동화했지만, 이제는 일체화 설계 및 주조 기술을 이용한 차체 제작 공정 최적화로 수십 대의 자동화 로봇을 없앨 수 있게 됐다.

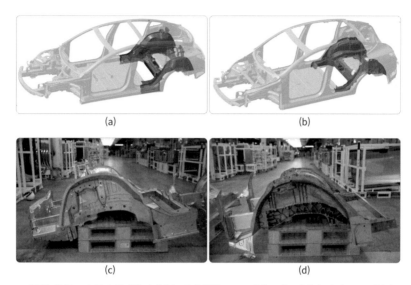

자동차 차체 조립 공정 최적화 사례 (a) 70개 부품으로 조립된 모델3 뒷부분 차체 3D 모델 (b) 일체화 주조된 모델Y 뒷부분 차체 3D 모델 (c) 조립된 모델3 뒷부분 차체, (d) 일체화 주조된 모델Y 뒷부분 차체 (출처: 테슬라)

앞선 두 가지 사례에서 보듯이, 각 공정별 자동화뿐만 아니라 전체 제조공정의 최적화를 병행하여 고려하는 것이 스마트 공장을 위한 와해성 혁신을 이루는 데 매우 중요하다.

제조공정의 지능화

자동화와 함께 전체 제조공정의 최적화에 더하여 제조공정의 지능화 단계까지 고려할 때 스마트 공장의 가장 높은 단계 수준을 구현할 수 있다. 제조공정의 지능화를 위해서는 기본적으로 제조공정의 실시간 상황을 정확히 파악할 수 있어야 한다. 즉, 제조공정을 파악하기 위해 필요한 데이터를 수집해야 한다. 장비나 공구, 제조공정 설비, 현장 환경, 제품 등에 다양한 종류의 카메라나 센서, 태그 등을 부착하여 파악하고자 하는 데이터를 측정하고 수집한다. 필요한 데이터를 수집하여 실시간 제조공정 상황을 모니터링할 수 있는 인프라를 구축하는 것이 지능화를 위한 1단계 준비 과정이다.

실시간 데이터 수집이 진행되어 데이터가 쌓이면 수집된 빅데이터를 분석하고 모델링하여 유의미한 정보를 뽑아낼 수 있다. 이때 빅데이터를 이용하여 원하는 모델을 만들어내는 방법으로는 주로 딥러닝과 같은 인공지능 머신러닝 기술이 사용된다.

제조공정 지능화의 몇 가지 적용 예를 살펴보자.

1) 머신 비전[11]을 이용한 검사 공정의 지능화

인공지능 기반 지능화가 가장 보편적으로 활용되는 공정은 검사 공정이다. 기존의 흔한 검사 공정은 사람이 육안으로 제품의 외관 검사를 통해 불량품을 골라내는 작업이다. 하지만 하루 종일 쉼 없이 흘러가는 수많은 제품을 사람이 육안으로 검사하는 것에는 한계가 있다. 검사자의 피로도가 극도로 높아질 뿐만 아니라 불량품을 양품으로 통과시키는 오류도 종종 발생한다.

검사 공정을 지능화하기 위해서 먼저 해당 공정에 비전 카메라를 설치하여 흘러가는 제품을 각각 자동 촬영하는 센싱 시스템을 만든다. 그리고 해당 시스템으로부터 수집된 제품 이미지를 모아 빅데이터를 구축하고, 각 제품 이미지를 양품 이미지와 불량품 이미지로 구분하여 인공지능 학습 데이터로 준비한다. 딥러닝과 같은 기계학습 기법을 적용하여 양품과 불량품을 구분하는 분류기 모델을 만들고, 해당 양품 및 불량품 분류기 모델을 검사 공정 시스템에 넣어 완성한다. 완성된 검사 공정 시스템은 흘러가는 제품을 실시간으로 자동 촬영하고, 촬영된 이미지는 양품 및 불량품 분류기 모델에 입력되어 실시간으로 불량품 여부를 판단한다. 이때 불량품으로 판정된 제품에 대해서는 자동으

---

11 머신 비전(machine vision)은 산업계의 자동 검사나 공정 제어, 로봇 안내 등과 같은 분야에서 이미지 기반 자동 검사나 분석 등을 제공하는 데 사용되는 기술 및 방법을 말한다.

로 집어낼 수 있는 실시간 제어 구동 장치와 연동하여 검사 공정 시스템의 지능화 구현을 완성할 수 있다.

이처럼 구현된 지능화 검사 공정 시스템은 보통 사람이 육안으로 처리하는 것보다 불량품을 양품으로 통과시키는 오류를 획기적으로 낮출 수 있고, 사람이 육안으로 보기 어려운 작은 제품에도 적용 가능하다.

한 단계 더 나아가 하나의 공정에 대한 지능화뿐만 아니라 전후 공정 또는 전후 생산사슬 연계까지 고려한 지능화를 수행할 경우에는 스마트 공장의 수준을 더 높일 수 있다. 예를 들어, 불량품의 발생 빈도가 높아질 경우에는 불량 유형을 실시간 분석하여 해당 불량을 야기시키는 공정에 결과를 전달하고, 해당 공정에서는 불량의 원인을 제거하도록 실시간으로 제어할 수 있다. 또한, 현재의 불량률을 고려하여 수주 수량을 맞추기 위한 생산 수량 자동 제어나 더 나아가서는 해당 제품을 생산하는 데 필요한 자재의 구매량을 자동으로 제어하고, 생산사슬상의 구매처로의 발주량을 연동 제어할 수도 있을 것이다.

2) 후처리 로봇 사상 공정의 지능화

대부분 부품 제조업에서 가장 고되고 어려운 공정은 바로 후처리 사상 공정이다. 실제로 많은 공장에서 수작업 후처리 사상 공정의 병목 현상으로 고전을 면치 못하고 있다. 앞서 언급한 바와 같이 전체 제조공정의 최적화를 통해 후처리 사상 공정을 제거하거나 최소화하는 것이 가장 바람직한 접근이지만, 해당 공정의 완전한 배제는 사실상 쉽지 않다. 남은 후처리 사상 공정에 대해서는 지능화를 고려한 로봇 자동화로 생산성을 극대화할 수 있다.

로봇사상시스템의 움직임을 제어하는 가장 쉬운 방법은 티칭 방식이다. 작업자가 로봇의 끝단을 잡고 실제로 작업을 수행하여 로봇에게 움직임을 가르치는 방식이다. 로봇은 작업자의 움직임을 저장하고 그와 동일하게 작업한다. 하지만 이러한 티칭 방식은 제품의 편차가 커질수록 해당 공정의 생산성이 낮아지거나 예상치 못한 멈춤 현상이 자주 발생할 수 있다.

이러한 문제점을 해결하기 위해 머신 비전과 레이저 센서, 힘 센서, 제품의 3D 모델 정보 등을 융합 활용한 지능화를 구현할 수 있다. 머신 비전을 이용하여 제품의 상태를 실시간 확인하고 레이저 센서 정보를 추가로 이용하여 후처리 사상 작업이 필요한 정확한 위치를 인식하여 로봇의 사상 작업 실시간 제어에 활용할 수 있다. 또한 힘 센서 정보를 로봇의 사상 작업에 대한 힘 조절에 실시간 반영할 수 있다. 기본적으로는 제품의 3D 모델 정보를 로봇 사상 작업 제어에 활용할 수 있으나, 생산 제품에 발생하는 편차를 실시간으로 반영하기 위해서는 인공지능 온라인 학습[12]을 통해 지능화의 완성도를 높일 수 있다.

머신 비전과 힘 센서를 적용한 후처리 로봇사상시스템 지능화 사례
(출처: FANUC America Corporation)

제조공정의 예지보전

스마트 공장 구축 시 제조공정의 예지보전 또한 반드시 고려해야 할 사항이다. 예를 들어, 가공장비 공구의 마모 한계 도달 또는 파손으로 인해 양산 라인이 멈추게 되는 경우가 발생할 경우 생산 손실 비용이 막대할 수 있다. 이러한 손실을 막기 위해 많은 공장에서는 공구의 보장 사용 기한을 정해두고 해당 기한이 도래할 경우에는 무조건 교체하는 방식을 적용한다. 하지만 이

---

12 온라인 학습은 데이터를 순차적으로 한 개씩 또는 작은 묶음의 단위로 입력하여 시스템을 훈련시키는 방식을 의미한다. 참고로, 미리 확보한 전체 데이터셋을 이용하여 한 번에 훈련시키는 방식을 오프라인 학습 또는 일괄처리 학습이라고 한다.

또한 완벽한 해법은 아니며, 오히려 보장 사용 기한을 너무 짧게 설정할 경우에는 공구의 수명이 많이 남았음에도 불구하고 교체하는 낭비가 발생할 수 있다. 공구의 회전 동작 등을 감지할 수 있는 장비의 스핀들과 같은 부위에 센서를 추가하여 데이터를 수집 모니터링할 경우, 실시간으로 해당 공구의 남은 수명을 예측할 수 있다. 남은 수명을 고려한 최적 시점의 교체로 낭비를 최소화하면서 생산 손실 또한 최소화할 수 있는 공구의 예지보전이 가능해진다.

공구뿐만 아니라 장비 부품의 수명이나 고장 발생 유형 등을 센서 기반 빅데이터 수집을 통해 머신러닝으로 모델링하고, 해당 모델과 실시간 데이터를 이용하여 부품의 수명이 다하거나 장비 고장이 발생하기 전에 예측하는 예지보전이 가능하다. 실제로 많은 공장 현장에서 장비 고장이나 공구 교체 시점을 놓치는 문제 등으로 생산 손실이 많은 것이 사실이다. 즉, 예측 기반으로 미리 교체 또는 수리 진행하는 예지보전을 통해 양산 중단 또는 대량 불량 발생을 원천적으로 차단하여 생산 손실을 방지할 수 있다.

2.3

스마트 제조를 위한
활성화 기술

스마트 공장이 4차 산업혁명 관점에서 구축된 전체 시스템을 가리키는 표현이라면, 스마트 제조(Smart Manufacturing)는 4차 산업혁명의 제조 개념을 지칭하는 표현 중 하나다. 현재 4차 산업혁명의 제조 관련 개념이나 용어, 표준 등이 지역이나 기술 분야마다 다양하게 사용되고 있다. 이와 같이 산발적으로 진행되는 다양한 활동에 대한 표준화 및 현안 사항 조율 등의 역할을 수행하는 세계표준화기구의 스마트제조조정위원회[13]에서는 2021년 8월 「White Paper on Smart Manufacturing」 보고서(이하 스마트 제조 백서)를 발간하여 스마트 제조를 바라보는 관점을 체계적으로 정리했다. 여기서는 해당 백서에서 제시한 개념을 기반으로 스마트 제조에 필요한 핵심 기술에 대해 살펴보고자 한다.

산업의 변화와 혁신

일반적으로 산업의 변화는 세대별로 S-곡선을 따른다. 한 세대의 초기에는 서서히 발전하다가 점차 가속되면서 기울기가 커지고, 이후 점차 성숙기로 접

---

13 스마트제조조정위원회(Smart Manufacturing Coordinating Committee, SMCC)는 세계표준화기구(ISO)에 속한 위원회로 공통 용어 정의, 스마트 제조의 개념 및 전략, 표준화 그룹 간의 협력 및 현안 사항 조율 등의 역할을 수행하고 있다.

어들면서 변화가 거의 없는 정체기로 접어드는 형태가 S-곡선의 특징이다. 이는 해당 세대의 기술과 개념, 인프라로는 성장의 한계가 있어 발생하는 일반적인 현상이다. 이때 새로운 와해성 혁신 기술이 등장하면서 차세대 산업이 형성되기 시작하고, 차세대 산업의 성능이 이전 세대의 성능을 능가하는 시점에서 산업의 세대 전환이 불연속적으로 발생하게 된다. 즉, 이전 세대의 산업은 사라지고 차세대 산업만 살아남게 된다. 역사적으로 모든 산업은 이와 같은 연속적인 S-곡선 변화와 불연속적인 와해성 혁신을 반복하며 성장해 왔고, 1차 산업혁명부터 3차 산업혁명까지도 동일하게 반복됐다. 그리고 현재는 3차 산업혁명이 성숙기로 접어들고, 4차 산업혁명이 새롭게 등장하는 와해성 혁신의 시기에 놓여있다.

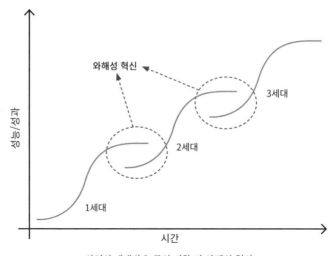

산업의 세대별 S-곡선 변화 및 와해성 혁신

스마트 제조 백서에서는 세대 간의 와해성 혁신을 세 가지 구성 요소로 구분하여 설명한다. 첫 번째는 와해성 혁신을 가능하게 만드는 활성화 기술(Enabling Technology), 두 번째는 해당 활성화 기술을 바탕으로 산업을 증강시킬 수 있는 일련의 디자인 원칙으로 정의되는 증강 인자, 그리고 마지막 세 번째는 해당 증강 인자를 통해 결과로 얻게 되는 효과다.

스마트 제조의 활성화 기술

산업에서 세대 변화가 일어나기 위해서는 그것을 가능하게 하는 와해성 혁신 기술이 필요하다. 이러한 기술을 와해성 혁신이 가능하게 활성화시킨다는 의미에서 활성화 기술이라고 한다.

4차 산업혁명의 스마트 제조는 이미 시작되어 발전의 속도가 점차 빨라지고 있는 상황으로, 스마트 제조의 활성화 기술 또한 이미 성숙도가 매우 높아진 상황이다. 성숙도가 높지 않은 기술은 아무리 와해성 혁신 기술이라 하더라도 활성화 기술로 적용하기는 쉽지 않다. 즉, 스마트 제조의 활성화 기술은 이미 현장에 적용하기에 충분한 수준의 기술이라고 간주할 수 있다.

스마트 제조 백서에서 제시한 스마트 제조를 위한 주요 활성화 기술로는 로봇, 사물인터넷, 3D 프린팅(적층 제조), 시뮬레이션, 증강현실, 블록체인, 인공지능, 산업 보안, 연결성 및 클라우드 컴퓨팅 등이 있다.

스마트 제조를 위한 활성화 기술[14]

---

14 출처: White Paper on Smart Manufacturing, ISO SMCC, 2021-08-25

1) 로봇

로봇은 3차 산업혁명 시기인 1970년대부터 제조 현장의 자동화를 위해 사용되기 시작한 기술로, 4차 산업혁명 시기에도 매우 중요한 기술로 활용되고 있다. 과거에는 로봇이 정해진 반복 작업을 주로 수행했다면, 스마트 제조에서는 사물인터넷이나 연결성, 클라우드 컴퓨팅, 인공지능 등의 기술과 접목되어 상황에 따른 실시간 인식 및 제어까지 가능해지면서 작업의 유연성과 지능성이 크게 증가하고 있다.

로봇은 형태에 따라 여러 축의 자유도를 갖는 다관절 로봇과 자율 이동성을 갖는 이동 로봇 등으로 구분할 수 있다. 또한 용도에 따라 최근에는 산업용 로봇뿐만 아니라 서비스 로봇 분야도 급속히 확대되는 상황으로, 과거에 비해 기술 개발 및 응용 속도가 빠르게 증가하고 있다.

또한, 현장의 모든 작업을 로봇으로 자동화하는 것은 현실적으로 불가능하기 때문에 스마트 제조에서는 반드시 작업자와 함께 공존하며 협력 작업을 수행할 수 있는 로봇이 필요하다. 이러한 로봇을 협동 로봇(Collaborative Robot 또는 Cobot)이라고 한다.

협동 로봇은 기존 산업용 로봇과는 달리 사람이 작업하는 공간에서 함께 작업을 수행하기 때문에 작업자에 대한 안전을 최우선으로 고려하는 기술이 필요하다. 산업용 로봇은 법적으로 반드시 로봇의 주변에 안전 펜스를 설치하여 사람이 접근하지 못하도록 해야 하지만, 협동 로봇은 작업자와 가까운 거리에서 작업을 수행한다. 이에 대해 국제 표준에서도 협동 로봇의 안전 기준을 명시하고 있다. 사람이 로봇의 작업 공간 내로 진입할 경우에는 로봇의 작동이 정지되고, 작업자가 로봇의 끝단을 손으로 잡고 수동으로 조작할 수 있고, 작업자와 로봇 간의 거리에 따라 정해진 작동 속도 내에서만 동작해야 하며, 만일의 경우 접촉 사고 발생 시 사람에게 충격을 최소화하기 위한 동력 및 힘 제한 등을 고려해야 한다. 이와 같은 협동 로봇은 특히 스마트 제조의 확산 초기, 즉 수작업 영역의 자동화율이 높아지면서 현장에 빠르게 확산되고 있다.

협동 로봇 적용 사례 (출처: Universal Robots 홈페이지)

2) 사물인터넷

사물인터넷(Internet of Things, IoT)은 인터넷과 연결된 물리적인 사물을 의미하는 것으로, 센서나 제어 장치, 구동 장치 등에 직접 인터넷 연결성과 데이터 처리 능력을 부여하여 실시간 데이터 수집이나 분석, 제어 등이 가능한 똑똑한 사물로 만드는 기술이다. 사물인터넷을 통해 제조 현장의 공구나 자재, 설비, 작업자, 공정, 환경 등 곳곳의 실시간 모니터링 및 제어가 가능한 디지털 환경을 구축할 수 있다.

사물인터넷은 스마트 제조뿐만 아니라 스마트 홈, 스마트 도시, 스마트 빌딩, 스마트 팜, 스마트 교통, 스마트 물류 등 4차 산업혁명 시대에 확산되고 있는 많은 첨단 분야의 요소기술로 활용된다. 사물인터넷은 아날로그 세상을 디지털 세상으로 변환하는 역할을 수행하며, 사물인터넷을 통해 수집된 디지털 데이터는 인공지능 학습을 위한 빅데이터로 활용될 수 있다.

또한, 실제 환경과 정확히 동일하게 동작하고 반응하는 디지털 트윈을 구축하기 위해서도 사물인터넷을 통한 아날로그 환경의 디지털 변환이 반드시 필요하다. 아날로그 환경과 디지털 트윈의 싱크로율이 높을수록 디지털 트윈을 통한 실시간 모니터링 및 시뮬레이션, 원격 제어 등이 현장에서의 관리 및 제어와 차이가 없게 된다.

사물인터넷은 현장의 상황을 파악할 수 있는 센서 데이터를 수집하고 분석하여 사람이나 기계가 실시간으로 의사결정을 하기 위해 반드시 필요한 인프라 기술이기 때문에 스마트 제조를 가능하게 만드는 핵심 활성화 기술 중 하나다.

3) 3D 프린팅(적층 제조)

일반인들에게 3D 프린팅으로 알려진 기술인 적층 제조는 재료를 아주 얇게 한 층씩 쌓아 올려 원하는 3차원 형상의 물건을 제작하는 방식의 제조 기술이다. 이때 해당 물건의 형상 정보를 포함하는 3D 모델 디지털 파일과 3D 프린터만 있으면 된다. 한 층씩 쌓아 올려 형상을 만들다 보니 기존의 조형 제조나 절삭 가공으로는 제작이 불가능했던 형상도 만들 수 있다.

스마트 제조 관점에서의 적층 제조 기술은 제조공정의 수를 대폭 줄일 수 있고, 전체 제조공정을 디지털 전환하는 데 최적이다. 제조공정의 디지털 전환은 스마트 제조가 궁극적으로 추구하는 맞춤 대량생산이나 개인 맞춤생산을 가능하게 만드는 유연성 증대에도 핵심적인 역할을 수행할 수 있다.

국제 표준에서는 적층 제조 기술을 바인더 분사(BJ), 에너지 제어 용착(DED), 재료 압출(ME), 재료 분사(MJ), 분말 베드 융해(PBF), 시트 적층(SHL), 액조 광경화(VPP) 등 총 7가지 기술로 분류하고 있다. 적층 제조 기술에 대한 보다 상세한 내용은 이 장 마지막에 있는 [더 깊이 이해하기]를 참고하기 바란다.

4) 시뮬레이션

시뮬레이션이란 실제 시스템 또는 추상화된 시스템의 선택된 동작 특성을 모사하는 기술을 말한다. 즉, 실제 환경에서 테스트하기에는 현실적으로 쉽지 않은 상황에서, 컴퓨터상에서 디지털 모델을 구현한 후 해당 모델로 대신

모의 테스트를 수행하여 실제와 동일한 결과를 얻게 하는 기술이다. 과거에는 실제 환경에서 오랜 시간 시행착오를 거쳐야만 원하는 결과를 얻을 수 있었지만, 이제는 시뮬레이션 기술을 이용하여 컴퓨터로 단시간에 적은 비용으로 원하는 결과를 얻을 수 있게 됐다.

시뮬레이션 기술은 항상 실제 시스템 또는 추상화된 시스템을 디지털 환경에서 동작하는 모델로 만드는 모델링 기술을 수반한다. 실제 환경과 거의 흡사하게 동작하는 모델을 만들수록 시뮬레이션을 통해서 얻어지는 결과도 실제 결과와 유사해진다.

스마트 제조 구현을 위해서는 디지털 공간상의 디지털 트윈이 필요하며, 디지털 트윈을 구현하는 데 필요한 기반 요소기술이 바로 시뮬레이션이다. 디지털 트윈에서의 시뮬레이션을 통해 스마트 제조 현장을 모사할 수 있다. 스마트 제조 관점에서 시뮬레이션은 제품의 엔지니어링 해석이나 분석에 활용될 뿐만 아니라, 제조 장비나 공정, 생산 및 공급 사슬의 최적화를 위한 시뮬레이션으로도 활용 가능하다.

5) 증강현실

증강현실(AR)은 시각적 디지털 정보가 더해진 실 세계 환경과 상호작용 가능한 인터페이스 기술을 의미한다. 포켓몬 게임과 같이 휴대폰 카메라의 실시간 영상에 게임 캐릭터가 등장하여 상호작용하는 기술이 우리 주변에서 찾아볼 수 있는 증강현실의 대표적인 예다.

스마트 제조 관점에서는 증강현실을 현장 환경에서 센서 데이터나 공정 데이터, 설비 상태나 네트워크 상태, 보안 및 안전 상황 등을 실시간으로 시각화하고 안내 또는 모니터링하기 위한 용도로 활용 가능하다. 현장 점검 관리나 교육 용도로도 활용할 수 있다. MR 헤드셋을 착용하는 혼합현실을 기반으로도 적용할 수 있다.

현장 설비용 증강현실 구현 사례 (출처: 맥스트)

6) 블록체인

블록체인(Blockchain)은 데이터를 한곳의 중앙 서버에 저장하지 않고 P2P(Peer-to-Peer) 방식을 기반으로 생성된 체인 형태의 연결고리 기반 분산 데이터 저장 환경에 저장하여, 해당 데이터를 임의로 변경하지 못하게 하는 분산 컴퓨팅 기반 원장 관리 기술이다. 우리 주변에서는 비트코인이나 이더리움 등의 암호화폐가 블록체인 기술을 활용한 대표적인 사례다.

스마트 제조 관점에서는 블록체인 기술을 변경이나 조작 방지가 필요한 디지털 데이터를 관리하는 수단으로 활용할 수 있다. 예를 들면 생산하는 제품의 도면에 대해 임의로 변경 또는 수정하지 못하게 관리하거나, 사물인터넷 장치를 안전하게 등록 관리하거나, 소프트웨어 업데이트를 안전하게 관리하거나, 공급 사슬에서의 데이터를 안전하게 관리하는 등 시스템의 보안성을 강화하는 용도로 활용할 수 있다. 스마트 제조에서 디지털화가 증가할수록 보안의 중요성도 커지기 때문에 블록체인 기술은 시간이 지날수록 그 필요성이 높아질 것이다.

7) 인공지능

최근 인공지능에 대한 관심이 크게 증가하면서 정의도 다양한 형태로 제시되고 있다. 위키백과의 정의를 참고하면, 인공지능은 인간의 학습 능력, 추론 능력, 지각 능력, 이해 능력 등을 인공적으로 구현하려는 컴퓨터과학의 세부 분야 기술을 말한다.

스마트 제조 관점에서는 인공지능 기술이 현장에서 생성되는 상당한 양의 빅데이터로부터 통찰과 유용한 분석 결과를 추출해주기 때문에 꼭 필요한 핵심 기술로서의 역할을 할 수 있다. 특히, 기존의 분석 기술로 얻을 수 없는 수준의 결과를 얻을 수 있기 때문에 인공지능 기술은 제조 산업의 혁신을 견인하기에 충분하다. 제조 공정상에서 인공지능을 통한 실시간 인식, 예측, 추천, 판단, 생산성 증대, 불량률 저감, 생산량 증대 등을 구현할 수 있다.

8) 산업 보안

산업 보안은 생산 시스템상에서 IT 기술뿐만 아니라 고의적인 방해 행위나 스파이 활동, 조작 행위에 대응하여 설비나 공장 등을 보호하는 총체적인 보안 기술을 의미한다. 산업 보안 기술은 스마트 제조의 활성화 기술로, 산업의 가치 사슬을 따라 신뢰할 수 있는 협력을 위한 기본적인 요구 사항이다. 가치 사슬상에서 한 곳이라도 산업 보안이 뚫리게 되면, 서로 연결된 협력 조직들도 모두 보안 위협에 노출될 수 있다.

스마트 제조의 공급 사슬이 IT 플랫폼으로 연결되고 디지털 데이터 통신이 증가할수록 산업 보안의 중요성은 급격히 증가하며, 산업 보안 기술은 데이터의 안전뿐만 아니라 생산 시스템의 실시간성 및 안정성, 설비의 연속된 유효성 등을 위한 요구사항을 만족시킬 수 있어야 한다. 특히, 네트워크상의 보안뿐만 아니라 애플리케이션이나 시스템의 직접적인 보안 요구도 고려되어야 한다.

9) 연결성

연결성(Connectivity) 확보 관점에서의 5G 무선통신 기술은 스마트 제조를 위한 통신의 속도 및 안정성, 신뢰성을 확보하기 위해 필요한 활성화 기술이다. 과거에는 모든 작업이 공장 내부에서만 이루어졌지만, 이제는 공장과 클라우드 또는 원격지 간의 통신이 증가하면서 연결성 확보가 매우 중요한 인자가 되고 있다. 또한 통신 데이터의 양도 이미지나 영상 정보, 3D 모델 정보, 실시간 센싱 데이터 등으로 인해 크게 증가하면서 통신의 높은 대역폭이 요구되고 있다.

10) 클라우드 컴퓨팅

클라우드 컴퓨팅은 가장 진화된 분산 컴퓨팅 기술로, 하드웨어 및 소프트웨어 등의 컴퓨팅 자원을 필요한 만큼 필요한 시점에 사용량만큼의 비용으로 유연하게 활용할 수 있는 서비스 기술이다. 과거에는 회사 내에 서버를 구축하고 유지·보수·관리 및 업그레이드를 직접 수행해야 했지만, 이제는 클라우드 컴퓨팅을 통해 별도의 투자 없이 필요시 서비스 형태로 확장 가능한 컴퓨팅 환경을 활용할 수 있다. 또한, 분산 컴퓨팅 기술을 기반으로 하기 때문에 하드웨어 장애에 따른 데이터의 소실 위험에서도 자유롭다.

스마트 제조 관점에서는 시간이 지남에 따라 많은 데이터가 쌓이고, 인공지능을 적용하면서 점차 많은 컴퓨팅 자원이 필요하게 되는데, 클라우드 컴퓨팅 기술은 이러한 상황에 최적의 컴퓨팅 환경을 제공해줄 수 있다.

다만, 갈수록 데이터의 양이 빠르게 증가하고 실시간 데이터 처리가 필수인 상황이 발생하면서 클라우드 컴퓨팅 대신 에지 컴퓨팅(Edge Computing) 기술을 활용하는 빈도가 증가하고 있다. 에지 컴퓨팅은 실시간 데이터 처리를 위한 컴퓨팅을 클라우드 서버가 아닌 현장의 사물인터넷 장치 또는 로컬 서버에서 직접 처리하는 방식을 의미한다. 즉, 클라우드까지 데이터가 전송되고 처리 후 다시 결과를 받는 시간이 너무 긴 경우에 현장의 로컬 서버에서 직접 처리하는 기술이다. 에지 컴퓨팅은 클라우드와의 통신 장애가 발생할 경우 서비스 자체가 단절될 수 있는 치명적인 위험 상황을 방지하는 효과도 있기 때문에 더욱 빠르게 확산되고 있다.

디자인 원칙으로서의 증강 인자

앞서 살펴본 바와 같이, 스마트 제조를 실현하기 위해서는 먼저 스마트 제조를 가능케 하는 활성화 기술이 필요하다. 활성화 기술은 이미 상용화 가능한 성숙도를 확보한 와해성 혁신 기술로서 스마트 제조 혁신에 꼭 필요한 필수 요소다.

활성화 기술이 확보됐다면 그다음으로는 스마트 제조를 구체화하기 위한 상세 설계 과정이 필요하다. 이때 상세 설계 시 활용하기 위한 일련의 디자인 원칙을 스마트 제조 백서에서는 9가지 증강 인자로 제시하고 있다.

스마트 제조를 위한 증강 인자[15]

15 출처: White Paper on Smart Manufacturing, ISO SMCC, 2021-08-25

스마트 제조 시스템은 많은 시스템 간의 통합이 필요한 매우 복잡한 시스템이다. 따라서 시스템의 개발 및 유지보수 활동의 복잡도를 줄이기 위해서는 표준화된 인터페이스와 조화로운 사업 프로세스가 요구된다. 이를 위해 표준화된 전문용어와 개념 정립이 필요하며, 스마트 제조 시스템의 참조 모델을 통해 개발 시 상호 운용성 및 호환성을 확보하게 해야 한다. 참조 모델은 개별적인 시스템 개발 시 공통된 기반을 제시하며, 전체 시스템의 상호 운용성 확보를 가능하게 해준다. 이를 위한 **전문용어 및 참조 모델**의 표준화 작업이 요구된다.

제품 투명성은 제품과 관련된 상세 정보의 공개를 의미한다. 예를 들면, 제품이 무엇을 포함하고 있는지, 제품이 어떻게 제조되었는지, 제품이 친환경 재료로 구성되어 있는지, 제품 생산 시 소요된 에너지는 얼마인지, 제품의 원산지는 어디인지, 지속가능성 관점에서의 관련 지표는 어떻게 되는지 등 다양한 상세 정보를 고려할 수 있다.

스마트 제조 관점에서 해당 정보는 제품 생애의 전 주기적 관리 및 서비스화에 매우 유용하며, 해당 제품을 활용하는 전문가 및 소비자들에게도 유용하게 활용될 수 있다.

스마트 제조를 위한 **수직적 통합**은 한 회사 내 모든 조직과 공정을 연결하는 통합을 의미한다. 즉, 공장의 층간 연결을 포함하여 마케팅, 영업, 고객 서비스, 구매, 재무, 인사, 품질, 연구개발 등 모든 조직 간의 디지털 데이터 흐름을 연결하는 것이다. 이를 통해 회사 전체의 모든 조직 및 공정 간의 비효율적인 업무를 제거하고 효과적인 데이터 수집 및 활용, 관리, 모니터링이 가능하게 된다.

스마트 제조를 위한 **수평적 통합**은 크게 두 가지 관점으로 생각할 수 있다. 첫 번째는 하나의 회사가 여러 사이트를 운영하고 있을 경우, 여러 사이트의 모든 시스템, 공정, 설비를 모두 연결하고 일관된 통신을 하도록 통합하는 것이다. 이를 통해 물리적으로는 여러 사이트로 분리되어 있음에도 불구하고, 마치 한곳에서 운영하는 효과를 얻을 수 있다. 최대 생산량이나 생산 적응성, 생산 협력 등을 쉽게 관리할 수 있다. 두 번째는 공급 사슬의 모든 부분을 연결하여 통합하는 것이다. 이를 통해 생산 사슬을 포함한 전 공정의 가시성, 유연성, 생산성을 향상시킬 수 있으며, 자동화 수준 또한 향상시킬 수 있다.

가상화는 가상 컴퓨터 하드웨어 플랫폼, 저장 장치, 컴퓨터 네트워크 리소스 등을 포함한 무언가의 가상 버전을 만드는 행위를 말한다. 예를 들면 서버를 가상화하여 하나의 물리적 서버에 여러 개의 서로 다른 운영체제(OS)를 동시에 실행시킬 수 있고, 저장 장치를 가상화하여 여러 개의 물리적인 저장장치를 마치 하나의 거대한 저장장치처럼 활용할 수도 있다. 이와 같은 가상화 기술은 클라우드 컴퓨팅의 기반이 된다.

하드웨어와 서버, 네트워크, 소프트웨어, 데이터 등이 얽혀 있는 스마트 제조 시스템 관점에서는 시스템의 유연성을 크게 높일 수 있는 가상화 기술이 매우 강력하게 활용될 수 있다.

모듈화는 기능의 구성이나 부품의 교환 등이 편리하도록 독립적인 모듈 단위로 설계하는 행위를 말한다. 모듈화를 통해 설계한 모듈들의 조합을 통해 다양한 기능의 시스템을 구현할 수 있다. 모듈 단위의 표준화를 통해 모듈의 재사용성을 극대화할 수 있으며, 요구사양 변경에 따른 시스템 재개발 시 시간과 투자 비용을 대폭 줄일 수 있다.

스마트 제조 관점에서는 크게 두 가지 관점으로 모듈화를 고려할 수 있다. 첫 번째는 제품의 모듈화 전략이다. 제품 설계 시 모듈화를 고려한 구조 설계를 하고, 재사용성을 극대화하여 개발 시간과 투자 비용을 최소화할 수 있다. 두 번째는 제조공정의 모듈화 전략이다. 제조공정 설계 시 모듈화를 고려한 구조 설계를 하고, 재사용성을 극대화하여 제조공정 구축 시간과 투자 비용을 최소화할 수 있다. 스마트 제조의 유연성을 높이기 위한 전략으로 모듈화는 매우 유용한 전략이다.

분산화는 한곳에 모여 있던 권한을 여러 곳으로 분산시키는 행위를 말한다. 스마트 제조 관점에서도 분산화는 매우 중요한 디자인 전략이다. 관리 관점뿐만 아니라 에너지 공급, 데이터 저장, 생산 라인, 네트워크 채널 등 모든 관점에서 분산화 전략이 요구된다. 분산화가 고려되지 않은 시스템에서는 해당 권한을 가지고 있는 장치나 기능에 문제가 발생할 경우, 전체 시스템이 동작하지 않기 때문에 리스크 관리가 불가능하다. 즉, 분산화 접근은 시스템의 위기 대응 역량을 크게 높여준다.

디지털 트윈은 가상공간상에 현실과 동일한 쌍둥이를 만들어 현실에서 발생할 수 있는 상황을 가상공간에서 시뮬레이션으로 미리 검증하는 기술이다. 디지털 트윈은 제조산업뿐만 아니라 도시설계, 항공, 에너지, 국방, 건설 등 다양한 분야에서 활용되고 있다.

스마트 제조 관점에서는 현장의 설비나 공정의 동작 및 성능 등을 가상공간의 디지털 트윈으로 사전에 검증하여 발생할 수 있는 사고나 문제점, 오동작, 불량 등을 미연에 방지하고 작동 결과를 예측할 수 있다. 최근에는 센서 데이터를 통한 실제 환경 정보와 연동하면서 디지털 트윈의 정확도가 크게 향상되고 있다. 특히, 공구나 설비, 시스템의 상태 센싱을 기반으로 유지보수 시점을 예측하여 예지보전을 수행하는 데도 활용할 수 있다. 스마트 제조에서 디지털 트윈의 활용은 비용과 시간을 대폭 절감해준다.

디지털 스레드는 회사나 제품 수명의 전 주기에 걸쳐서 데이터의 연결된 흐름을 가능하게 하는 디지털 도구나 디지털 데이터 표현의 사용으로 정의된다. 부연 설명하자면, 계획, 콘셉트, 디자인, 평가, 생산, 서비스 등 제품 수명의 전 주기에 걸쳐 디지털 도구나 디지털 데이터 표현의 사용만으로 데이터 흐름의 연결성을 보장하는 것이 중요하기 때문에 디지털 스레드 개념을 도입한 것이다. 즉, 모든 과정을 디지털 실로 꿰매듯이 연결하여 디지털 도구나 디지털 데이터 표현의 사용이 단절되는 경우가 발생하지 않게 구현하는 개념이다.

디지털 스레드의 단절, 즉 디지털 도구나 디지털 데이터 표현의 사용이 단절되는 경우에는 중간에 수작업 등이 개입된다는 의미이고, 해당 단절로 인해 단절 전후 디지털 데이터 간의 일관성 및 무결성이 보장되지 않을 수 있다는 의미이다. 이처럼 일관성이나 무결성이 보장되지 않은 상태에서 다른 부서 간 또는 다른 회사 간 협업을 진행할 경우에는 매우 치명적인 결함이 포함될 수 있다.

스마트 제조 관점에서의 디지털 스레드는 생산성 및 유연성 제고, 제품의 품질 향상에도 크게 기여하는 동시에 제품의 요구사양이나 부품 및 제어 시스템, 생산 공정 등을 역추적할 수 있는 디지털 트윈의 추적가능성을 확보해 준다.

스마트 제조의 실현 기대 효과

앞서 살펴본 증강 인자를 기반으로 스마트 제조 시스템을 디자인했을 때 스마트 제조 백서는 스마트 제조를 통한 주요 기대 효과를 다음과 같이 데이터 중심 사업 모델, 순환 제조, 모델 기반 제조, 완전 자동화 제조, 제품 개인화, 예지보전, 에지 컴퓨팅, 서비스화 등으로 제시한다.

스마트 제조는 **데이터 중심 사업 모델**이 가능하다. 데이터 중심 사업 모델은 과거의 단순 제품 판매 모델과는 달리 제품 판매 이후 제품에서 생성되는 데이터를 기반으로 판매 후 사업까지 연계하는 모델이다.

항공기 엔진 사업을 예로 들면, 과거에는 항공기 엔진을 판매하는 것이 주요 사업 모델이었고, 판매 이후에는 엔진 고장 발생 시 정비나 부품 교체 등의 애프터서비스 사업이 가능했다. 단, 애프터서비스는 정비 전문 업체도 수행할 수 있기 때문에 항공기 엔진 제조사의 전용 사업 모델로 보기에는 한계가 있었다.

하지만 항공기 엔진 설계 단계에서 엔진의 상태를 진단, 점검할 수 있는 각종 센서들을 부착하고 사물인터넷 개념을 적용하여 엔진 제조사에서 직접 엔진 실시간 모니터링 및 관리를 할 수 있는 시스템으로 구축하면서 제조사의 사업모델이 완전히 달라지게 됐다. 엔진의 물리적 위치, 작동 상황, 이상 현상, 부품의 남은 수명 등 모든 데이터가 실시간으로 수집됐고, 해당 데이터 분석을 통해 예지보전 및 최적의 유지보수 서비스 제공이 가능해진 것이다. 고장이 발생하기 전에 미리 대처할 수 있게 됐고, 해당 항공기가 내릴 공항에 미리 유지보수팀을 보내 대기시간 없는 유지보수까지 수행할 수 있게 됐다.

실제로 롤스로이스는 이와 같은 항공기 엔진 사업을 데이터 중심 사업 모델로 구축한 후 엔진 장애의 97%를 사전에 감지할 수 있게 됐고, 고객사와 엔진의 수명 전 주기에 걸친 토탈 케어 서비스를 계약했으며, 항공기 엔진 사업 매출의 50%를 해당 서비스로부터 얻게 됐다.

이와 같은 데이터 중심 사업 모델을 실현하기 위해서는 디지털 트윈, 디지털 스레드, 모듈화, 수직적 통합과 수평적 통합 등의 증강 인자가 필요하고, 사물인터넷, 시뮬레이션, 산업 보안, 인공지능, 클라우드 컴퓨팅 등의 활성화 기술 개발이 필요하다. 이러한 데이터 중심 사업 모델은 제조업의 서비스화를 가능케 하고, 제조의 고부가가치화를 이루게 한다.

스마트 제조는 **순환 제조**를 실현할 수 있다. 순환 제조는 상품의 재료나 제품을 재사용, 재생이용 또는 재활용하여 해당 제품의 수명주기를 한 번 이상 더 연장하는 순환 경제에 기반한다. 예를 들면, 노트북 컴퓨터를 중고 노트북 컴퓨터로부터 얻은 플라스틱으로 만들거나, 중고 자동차로부터 얻은 알루미늄으로 자동차 부품을 만들거나, 화학물질을 임대했다가 회수하고 다시 임대하는 경우를 생각할 수 있다. 순환 경제를 위해서는 단순 판매 사업 모델보다는 제품을 임대하고 제품의 수명주기 동안 유지보수한 후 다시 회수하여 재사용, 재생이용 또는 재활용하는 서비스 기반 사업 모델로 전환하는 것이 유리하다. 순환 경제는 지구를 보호하고 미래 세대를 위한 생존을 지원한다는 차원에서 그 규모가 확대될 것이다.

스마트 제조 관점에서 순환 제조를 실현하기 위해서는 제품의 개념을 서비스 기반 모델로 전환하고, 출고된 제품을 지속적으로 모니터링하고 회수하여 제품 수명을 연장할 수 있는 재사용, 재생이용 또는 재활용 기술이 필요하다. 이때 출고된 제품을 모니터링하고 회수하기 위해서는 기본적으로 사물인터넷 기술의 적용이 필요하다. 참고로, 최근에는 재사용이나 재생이용을 넘어 버려지는 자원에 새로운 디자인을 더하거나 용도를 바꾸어 새로운 제품으로 만드는 **새활용(upcycling)** 개념이 빠르게 확대되고 있다.

스마트 제조는 **모델 기반 제조**가 가능하다. 모델 기반 제조는 엔지니어링 영역에서 완성한 제품 설계 모델을 전 제조 영역으로 확대 적용하는 방식이다. 예를 들어, 엔지니어링 과정을 통해 완성한 제품의 디지털 3D 모델 데이터를 해당 제품의 수명 전 주기에 걸쳐 모든 활동을 위한 대표 정보로 활용하는 경우를 생각할 수 있다. 제품의 전 주기를 아우르는 공통의 디지털 모델이 존재하는 것은 생산성 및 품질을 높이고, 공정 간 또는 조직 간의 연결성 및 무결성을 확보하는 데 적합하다.

스마트 제조는 **완전 자동화 제조**를 실현할 수 있다. 완전 자동화 제조는 수많은 활성화 기술 적용으로 현장에 작업자가 전혀 없이도 100% 가동이 가능한 완전 자동화 공장의 제조를 의미한다. 완전 자동 공장은 사람이 전혀 필요 없어 현장에 조명이 불필요하며, 소등 공장 또는 캄캄한 공장이라고 부르기도 한다.

스마트 제조는 **제품 개인화**를 가능케 한다. 제품 개인화는 사람마다 개인 맞춤형으로 설계된 제품을 생산하는 접근을 의미한다. 이는 4차 산업혁명 시대가 추구하는 방향 중 하나로, 스마트 제조 관점에서 제품 개인화가 실현되기 위해서는 개인 맞춤형 생산을 적합한 시간 내에 수행할 수 있어야 한다. 즉, 적시성까지 확보되어야 진정한 제품 개인화를 실현할 수 있다. 제품 개인화는 3D 프린팅, 사물인터넷, 인공지능 등의 활성화 기술과 디지털 스레드 증강 인자 구축으로 구현할 수 있다.

스마트 제조는 **예지보전**을 가능케 한다. 예지보전은 공구나 설비, 공정 등에 있어서 장애나 고장 발생 가능성을 사전에 예측하고 선제적으로 수행하는 유지보수 활동을 의미한다. 이를 실현하기 위해서는 예지보전의 대상물에 센서 및 사물인터넷 기술을 적용하여 실시간 모니터링이 가능케 해야 한다. 또한, 해당 센서를 통해 수집되는 빅데이터에 인공지능을 적용하여 장애나 고장이 발생할 확률과 시점을 예측하는 모델을 만들어 효과성을 높이는 것이 가능하다.

스마트 제조는 **에지 컴퓨팅**의 적용이 가능하다. 에지 컴퓨팅은 실시간성 보장이 필요한 제어에 대해서 현장과 물리적으로 가까운 곳에서 데이터 처리 및 저장이 이루어지도록 구현한 분산 컴퓨팅으로, 클라우드와의 통신 장애가 발생할 경우 서비스 자체가 단절될 수 있는 치명적인 위험 상황을 방지할 수 있다. 스마트 제조의 연결성 및 클라우드 컴퓨팅, 산업 보안 등의 활성화 기술을 통해 에지 컴퓨팅 구축 및 적용이 가능하다.

스마트 제조는 제조의 **서비스화**가 가능하다. 서비스화는 제품을 단순 판매하기보다는 서비스로서의 산출물도 연계 제공하는 사업 모델로의 전환을 의미한다. 스마트 제조에서의 서비스화는 일반적으로 생산한 제품에 실시간 데이터의 분석 결과를 기반으로 한 고부가가치 서비스를 통합하여 공급하는 형태가 대부분이다. 즉, 앞서 설명한 데이터 중심 사업 모델을 기반으로 서비스화를 실현하는 경우가 일반적이다. 참고로, 제조의 서비스화가 증가하면서 서비타이제이션(Servitization)이라는 신조어도 생겨났다.

앞서 설명한 바와 같이 스마트 제조를 통해 실현할 수 있는 기대 효과는 실로 엄청나다. 이것은 제조업의 미래 방향이 스마트 제조임에 틀림없다는 점을 입증하고 있다.

2.4

3D 프린팅이
중요한 이유

스마트 제조의 핵심 활성화 기술 중 하나인 3D 프린팅은 자동화가 매우 어렵거나 불가능한 복잡한 형상을 갖는 제품의 제조공정을 디지털 전환할 수 있는 유일한 요소기술이다. 특히, 자동화 투자 대비 비용 회수가 어려운 생산 수량이 적은 제품일수록 3D 프린팅 기술은 유일한 솔루션이다. 최근 대량생산 제품의 시장 규모가 줄어들고 제품의 다양성 증가 및 맞춤형 제품이 증가하면서 한 제품 모델의 상품 수명을 예측하기가 더욱 어려워지고 해당 제품의 대량생산 자동화 투자에 대한 리스크 또한 높아지고 있다. 이러한 리스크를 극복하기 위해 생산의 유연성 확보에 대한 관심이 급격히 높아지고 있고, 이에 최적화된 3D 프린팅 기술이 주목받고 있다. 여기서는 3D 프린팅 기술이 중요한 이유에 대해서 보다 자세히 살펴보고자 한다.

기존 제조 방식과 3D 프린팅의 차이

3D 프린팅은 2013년 2월 미국 버락 오바마 대통령이 국정연설에서 제조업의 차세대 기술로 강조하면서 전 세계적인 관심을 받게 된 기술이다. 오바마 대통령은 '3D 프린팅이 우리가 만드는 거의 모든 것의 제조 방법을 혁신할 기술'로 언급하면서, '세계화로 인해 뒤처진 지역을 첨단 일자리의 글로벌 중심지로 만들고 제조업의 다음 혁명을 메이드 인 아메리카가 될 수 있도록' 하자고 제안했고, 이 연설은 우리나라를 포함한 전 세계 많은 나라가 3D 프린팅 기술에 관심을 갖게 만들었다.

일반적으로 형상을 갖는 물건을 제조하는 대표적인 방법은 큰 덩어리를 깎아서 만드는 절삭 가공 방법이다. 물건을 고정시키고 공구를 회전시켜 깎기(밀링), 공구를 고정시키고 물건을 회전시켜 깎기(터닝), 드릴로 구멍 뚫기(드릴링), 자르기(컷팅) 등 다양한 절삭 가공 방법이 사용된다. 형상이 너무 복잡할 경우에는 부분 형상으로 나눠 각각을 깎아서 만든 후 조립하여 완성할 수 있다.

하지만 절삭 가공만으로는 제품의 형상에 따라 버리는 부분이 너무 많고 가공 및 조립 시간 등이 오래 걸린다는 단점이 있다. 이러한 문제를 해결하기 위해 대부분 제조 공장에서는 틀을 이용한 조형 제조 방식을 함께 활용한다. 만들고자 하는 물건에 대해 미리 음각 형상으로 틀을 만들고, 해당 틀 내부에 원하는 소재를 주입하고 응고시켜 원하는 형상을 만들거나(주조, 몰딩), 해당 틀로 강하게 때리거나 눌러 만들기(단조, 스탬핑) 등 다양한 조형 공법이 사용된다. 조형 이후, 틀로는 구현이 어려운 세밀한 형상이나 홀, 정밀한 치수 등을 절삭 가공을 통해 추가로 완성하게 된다.

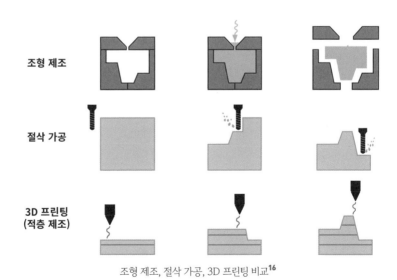

조형 제조, 절삭 가공, 3D 프린팅 비교[16]

16 이미지 출처: https://www.azom.com/article.aspx?ArticleID=17901

반면에 3D 프린팅은 조형 제조나 절삭 가공과는 다르게 재료를 아주 얇게 한 층씩 쌓아 올려 원하는 3차원 형상의 물건을 제작하는 방식이다. 이렇게 한 층씩 쌓아 올려 형상을 만들다 보니 기존의 조형 제조나 절삭 가공으로는 제작이 불가능했던 형상도 제조할 수 있게 되고, 제품 설계 단계에서 형상 자유도 극대화를 통해 제품의 경량화나 일체화, 고성능화 등의 새로운 혁신까지도 이끌어낼 수 있게 된다. 이러한 적층 방식의 제조 기술을 전문용어로 적층 제조(Additive Manufacturing)라고 하며, 일반인에게는 3D 프린팅으로 더 많이 알려져 있다.

3D 프린팅 기술에 주목하는 이유

3D 프린팅이 주목받는 이유는 크게 두 가지다. 첫 번째는 동일한 설비와 제조공정으로 서로 다른 형상의 제품을 디지털 3D 모델 변경만으로 자유롭게 생산할 수 있는 유연생산이 가능하기 때문이고, 두 번째는 기존 제조 방식으로는 제작 자체가 불가능한 형상을 아무런 제약 없이 만들어낼 수 있기 때문이다.

1) 유연생산

4차 산업혁명 시대로 접어들면서 제조 분야에서는 소품종 대량생산에서 다품종 소량생산 및 개인 맞춤 생산으로 빠르게 전환되고 있다. 이는 생산 단계에서도 고객의 니즈를 최대한 고려하기 위한 변화다. 제조 분야에서 이러한 변화의 추세를 반영하기 위해 필요한 가장 중요한 키워드는 생산 유연성이다. 즉, 이미 구축된 생산 라인에서 최대한 다양한 제품을 만들어낼 수 있어야 한다는 의미다.

대량생산에 목·금형과 같은 틀을 이용하면 낭비되는 재료를 줄이고 제품의 제작 시간을 획기적으로 줄일 수 있지만, 틀 기반 제조 방식은 점차 증가하는 다품종 또는 개인 맞춤형에 대한 요구에 대응이 거의 불가능하다. 틀 제작으로 초기에 높은 투자 비용과 제작 시간이 소요되고, 한 번 틀을 제작하고 해당 제품을 위한 생산설비를 구축하면 다른 제품 생산을 위한 생산라인 교체에 추가로 많은 비용과 시간이 소요되기 때문에 다품종 및 개인 맞춤형과는 상극의 관계에 있다.

반면, 3D 프린팅 기술은 3D 모델 디지털 파일과 3D 프린터만 있으면 목·금형과 같은 틀을 제작하지 않고도 원하는 형상의 제품을 만들 수 있다. 즉, 틀 제작을 위한 초기 투자 비용 및 제작 시간이 필요 없고, 생산해야 하는 제품의 종류가 바뀌어도 생산설비 변경 없이 3D 모델 디지털 파일만 변경하면 된다. 3D 프린팅 기술은 현존하는 제조 기술 중 가장 생산 유연성이 높은 범용 기술이며, 최근 증가하는 다품종 및 개인 맞춤형 생산에 대응 가능한 최적의 기술이다. 4차 산업혁명 시대로 접어들수록 제조 분야에서 가장 궁합이 잘 맞는 기술이 바로 3D 프린팅 기술이다.

2) 기존 제조 방식의 한계 극복

3D 프린팅 기술에 주목해야 하는 또 다른 이유는 기존 제조 방식으로는 불가능했던 형상의 한계를 극복할 수 있기 때문이다. 기존의 목·금형 틀을 기반으로 하는 조형 방식은 제작할 수 있는 형상의 한계가 명확하다. 형상이 조금만 복잡해도 분할하여 조립하지 않고는 제작이 불가능하고, 틀에서 제품을 빼낼 수 있는 단순한 형상만 한 번에 제작 가능하다. 생산성은 포기하고 형상의 자유도를 높이기 위해 절삭 가공만으로 제작하더라도 제품의 내부나 절삭 공구가 닿을 수 없는 부위는 원하는 형상으로 가공할 수 없다.

3D 프린팅은 기존의 제조 방식과 비교하면 만들 수 있는 형상의 자유도가 매우 높다. 형상의 복잡도가 높더라도 한 층씩 쌓아 올리는 적층 제조 관점에서는 단순 형상이나 큰 차이가 없기 때문에 제품의 일체화나 내부의 원하는 형상까지도 모두 제작이 가능하다.

이와 같이 3D 프린팅 기술로 제조 가능한 형상의 한계가 극복되면 설계 단계에서의 혁신이 가능해진다. 제품의 설계 단계에서 형상 제약이 사라진다면 제품의 일체화 및 경량화 설계를 자유롭게 할 수 있고, 형상 최적화 설계를 통해 제품의 성능을 극대화할 수 있다. 이를 통해 제품의 부가가치 및 친환경성 또한 크게 높일 수 있다.

위상 최적화 경량 설계를 통해 3D 프린팅 제작한 모터바이크 프레임[17]

자동차 부품 경량화를 위한 알루미늄 경량 격자 구조 연구[18]

금속 3D 프린팅 출력물 예시 (좌) 20개 부품을 1개로 일체화하고 무게를 25% 줄인 GE사의 LEAP 엔진 연료 노즐[19] (우) 독일 Cellcore사가 설계하고 SLM Solutions사가 3D 프린팅한 내부 자체 쿨링 구조를 갖는 일체화 로켓 추력 챔버[20]

17 이미지 출처: EOS(https://www.eos.info/en/3d-printing-examples-applications/mobility-logistics/automotive-industry-3d-printing)

18 출처: https://3dprinting.com/tips-tricks/3d-printed-lattice-structures/

19 출처: GE(https://www.ge.com/additive/stories/new-manufacturing-milestone-30000-additive-fuel-nozzles)

20 출처: https://blog.naver.com/fusiontechnology/222026906288

최근 3D 프린팅 기술의 빠른 발전으로 제조 형상의 제약이 없어지면서 위상 최적화나 격자 구조를 통한 부품의 경량화 설계를 포함하여 여러 부품을 하나로 통합하는 일체화 설계, 냉각 채널을 고려한 내부 형상 최적 설계 등 적층 제조 특화 설계[21]가 빠르게 확산되고 있다. 적층 제조 특화 설계를 통해 3D 프린팅 기술이 각 산업의 새로운 혁신을 이끄는 데 있어 기폭제 역할을 하고 있다.

3D 프린팅 시장의 규모

3D 프린팅 기술이 처음 등장한 1980년대 말 이후부터 현재까지 3D 프린팅의 전 세계 시장 규모는 매우 가파르게 성장하고 있다. 3D 프린팅 시장은 보통 3D 프린터와 재료, 소프트웨어 및 AS용 부품 등을 모두 포함하는 3D 프린팅 제품 시장과 3D 프린터의 출력물로 공급하는 3D 프린팅 서비스 시장으로 구분한다. 두 가지 시장 규모가 구분 집계되기 시작한 1993년부터 2021년까지 29년간 연평균 성장률은 각각 18.9%와 20.4%로 매우 높다. 3D 프린팅 전체 시장으로는 29년간 연평균 19.7% 성장했고, 최근 11년간(2010년~2021년)을 집계해 보면 연평균 성장률은 24.9%(제품 22.8%, 서비스 26.6%)로 더욱 높아진다.

2021년 3D 프린팅 전체 시장 규모는 약 19조 원으로, 최근 11년간의 연평균 성장률로 미래 시장 규모를 예측해보면 2030년에는 그 시장 규모가 약 150조 원에 이를 것으로 예상된다. 보수적으로 판단하여 지난 29년간의 연평균 성장률로 예측해 보더라도 2030년 시장 규모는 약 100조 원으로 예상된다. 참고로, 2020년은 코로나19의 영향으로 인해 3D 프린팅 시장의 연간 성장률(7.5%)이 2019년 성장률(21.2%) 대비 크게 둔화됐던 점을 감안하면,

---

21 적층 제조 특화 설계(Design for Additive Manufacturing, DfAM)는 적층 제조만으로 제작이 가능한 적층 제조에 특화된 형상 설계를 말한다.

3D 프린팅 시장은 앞서 예상한 것보다 더욱 빠르게 확대될 것이다. 실제로 2021년 성장률은 19.5%로 다시 빠른 회복세를 보이고 있다.

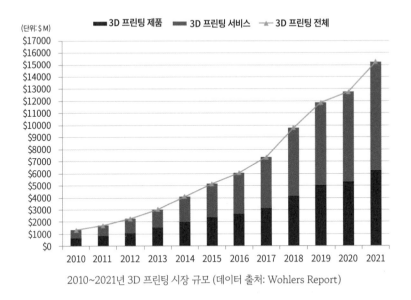

2010~2021년 3D 프린팅 시장 규모 (데이터 출처: Wohlers Report)

3D 프린팅 시장 규모의 확대는 곧 3D 프린팅과 연관성이 높은 제조업에 가장 많은 영향을 미칠 것이라는 점을 예상할 수 있다. 즉, 소품종 대량생산에서 점차 다품종 생산 또는 개인 맞춤형 생산이 증가하게 될 것이다. 또한, 제조업 이외의 다른 산업으로도 3D 프린팅 기술이 빠르게 침투하고 있는 추세를 볼 때 3D 프린팅 시장의 확대는 다양한 산업의 혁신 활동을 더욱 가속화할 것이다.

국내 3D 프린팅 산업의 현실

전 세계적으로 3D 프린팅 산업이 급속도로 성장하고 있는 반면, 국내에서는 3D 프린팅 산업의 성장이 매우 더딘 상황이다. 가장 큰 이유는 소품종 대량생산 위주의 양산 중심으로 형성되어 있는 국내 제조산업의 특성상 시제품 개발에서 출발한 3D 프린팅 기술이 양산 솔루션으로는 부족하다고 판단하기 때문이다. 시제품 개발에는 일부 활용하고 있지만, 양산품 생산에 적용하기에는 이르다는 평가가 많다.

국내 3D 프린팅 산업이 다음 단계로 성장하지 못하는 대표적인 이유는 다양한 소재 대응의 한계, 출력 속도 및 크기의 한계, 고비용으로 인한 생산 원가 상승 문제, 양산 공정 기술 개발 투자 부재 등이 있다.

3D 프린팅 기술이 여러 분야로 확산 적용되기 위해서는 다양한 소재를 사용할 수 있어야 하지만, 현재 국내에서는 대부분 플라스틱 소재 위주로 출력이 이루어지고 있다. 또한, 많은 경우 3D 프린팅 출력 속도와 크기가 양산품 생산에 적용하기에는 부족하다고 판단한다. 산업용 3D 프린터의 높은 가격과 사용 재료의 고비용 구조도 생산 원가를 맞추기에는 한계가 있다. 이러한 상황이다 보니 3D 프린팅 기술을 활용한 양산 공정 기술 개발 투자에도 소극적이게 되면서 국내 3D 프린팅 산업 발전의 선순환 구조가 형성되지 못하고 있다.

하지만 전 세계적으로 3D 프린팅 산업의 규모가 가파르게 성장하고 있고, 소재 또한 다양해지고 있으며, 출력 속도와 크기가 증가하고, 장비의 가격과 재료 비용도 눈에 띄게 낮아지고, 양산 공정에 투입되는 3D 프린팅 솔루션이 증가하고 있는 점 등을 고려할 때 근시일 내에 3D 프린팅 산업이 제조업의 한 축으로 자리 잡을 것이라는 점은 쉽게 예측 가능하다.

냉정하게 분석해보면, 유독 국내에서만 3D 프린팅 산업이 제자리걸음인 보다 근본적인 이유는 기초 체력에 해당하는 기반 기술 역량과 부가가치 창출 역량이 부족하기 때문이다. 3D 프린팅이 혁신 기술로 활용되기 위해서는 제품의 설계 단계에서부터 반영돼야 하는데, 고난도 기술 영역일수록 국내에서 직접 기본 설계부터 진행하는 제품은 아직도 극히 드물다. 제품의 기본 설계부터 진행하지 않고서는 3D 프린팅 기술의 강점을 극대화하는 것은 한계가 있다. 또한, 양산품 생산에 3D 프린팅 기술을 적용하기 위해서는 그에 맞는 새로운 공정 기술 솔루션을 개발해야 하지만, 공정에 필요한 핵심 장비와 소재, 소프트웨어 등을 주로 해외 기술에 의존하고 있는 현 상황에서는 최적의 자체 공정 기술 솔루션을 개발하는 것이 쉽지 않다.

국내 제조업이 이제까지는 기반 기술과 부가가치 창출 역량이 부족해도 양산품 대량생산을 통해 큰 매출을 만들 수 있었지만, 점차 생산기지가 선진국으로 다시 돌아가는 리쇼어링이나 인접국으로 생산라인을 분산시키는 니어쇼어링 등이 가속화되고 전 세계적으로 스마트 공장 구축이 빠르게 확산되는 상황을 고려할 때 현재와 같은 국내 제조업 모델로는 지속가능성을 보장할 수 없다.

오히려 성장기에 있는 3D 프린팅 기술을 발판 삼아 설계 역량을 강화하고 장비, 소재, 소프트웨어 등을 포함한 공정 핵심 기술 및 솔루션을 자체 개발하여 경쟁력을 높이는 기회로 활용하는 전략이 필요하다.

적층 제조 특화 설계

3D 프린팅 기술은 기존 제조 방식과는 달리 한 층씩 얇게 쌓아 올리는 방식으로 제조 형상의 제약이 없다. 이러한 3D 프린팅의 특성을 살리고 기존의 한계를 극복하기 위해서는 제품의 설계 단계부터 이를 고려해야 한다. 기존의 설계는 기존의 제조 방식으로 만들 수 있는 형상과 제약 사항만 고려한 것이기 때문에 3D 프린팅의 특성과 장점이 전혀 반영되어 있지 않다. 3D 프린팅의 특성과 장점을 살리고 기존 설계의 한계를 극복할 수 있는 적층 제조에 특화된 설계 방법이 바로 적층 제조 특화 설계(DfAM)다.

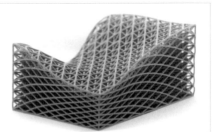

| (a) 위상최적화 경량화 | (b) 격자구조 경량화 |

(c) 부품 일체화(35개 → 1개) 　　(d) 냉각채널 최적화

적층 제조 특화 설계(DfAM) 사례[22]

　주요 DfAM 설계 사례로는 골격 형상의 위상 최적화를 통한 경량화 설계, 격자구조 적용을 통한 경량화 설계, 여러 부품을 하나로 통합하는 일체화 설계, 내부를 비우는 중공형 설계, 내부에 냉각 채널을 추가하는 냉각 구조 최적 설계, 소재와 형상을 동시에 고려하는 소재−형상 최적 설계, 이종 소재 최적 설계, 최소 분할 몰드 설계, 하이브리드 몰드 설계, 최적 성능 형상 설계, 비정형 구조물 설계 등 매우 다양하다.

　DfAM 설계 기반 3D 프린팅이 많은 관심을 받는 이유는 기존의 엔지니어링 방법으로는 절대로 도달할 수 없는 비약적인 발전을 이루어 낼 수 있기 때문이다. 3D 프린팅이 제조공정의 표준으로 자리 잡고 DfAM 설계가 보편화되는 시기가 되면, 모든 산업의 혁신 속도는 급가속 될 것임을 쉽게 예상할 수 있다.

22 출처: (a) http://merain.kr/page/sub_03_02.php.

　(b) https://gigglehd.com/gg/hard/10676926.

　(c) http://www.amenews.kr/news/view.php?idx=38719#.

　(d) https://fusiontech.co.kr/slm3dprinter/?q=YToxOntzOjEyOiJrZXl3b3JkX3R5cGUiO3M6MzoiYWxsIjt9&b−
　　　mode=view&idx=4474752&t=board

직접 3D 프린팅과 간접 3D 프린팅

3D 프린팅은 만들고자 하는 물건을 범용 장비로 단순한 공정을 거쳐 직접 제작한다는 관점에서 시작됐기 때문에 보통은 최종 제품을 직접 3D 프린팅한다는 개념이 강하게 형성돼 있다. 하지만 이러한 고정관념은 3D 프린팅 기술을 시제품 제작 위주로 활용하고 양산에는 소극적이게 만든다.

자동차 한 대를 생산하려면 수만 개의 부품이 필요하고, 각 부품은 다양한 양산 공정 뿌리 기술을 이용하여 제작된다. 자동차를 직접 3D 프린팅으로 한 번에 제작하는 것은 현재 기술로는 불가능하고, 또한 수만 개의 모든 부품을 직접 3D 프린팅으로 각각 현재의 품질과 가격 수준에 맞게 제작하는 것도 불가능하다. 즉, 기존의 뿌리 기술에 최적화되어 있는 설계도와 제조공정도를 가지고 제품이나 부품을 직접 3D 프린팅 공정만으로 대체하려는 접근은 전혀 유효하지 않다.

기존의 뿌리 기술들은 수백 년 이상 거쳐 최적화됐고, 특히 주조는 수천 년 이상의 역사를 가진 기술이다. 이제 40년 남짓한 역사를 가진 3D 프린팅 기술이 모든 분야에서 기존 뿌리 기술을 대체할 수는 없다. 3D 프린팅도 하나의 강력한 뿌리 기술로 간주하고, 해당 기술이 최적으로 활용될 수 있는 영역을 발굴하여 적용하는 접근이 필요하다. 최근 우리나라 정부에서 「뿌리4.0 경쟁력 강화 마스터플랜」을 발표하면서 기존의 6대 뿌리 기술(주조, 금형, 소성가공, 용접, 열처리, 표면처리)에 3D 프린팅, 사출 · 프레스, 정밀 가공, 엔지니어링 설계, 산업지능형 SW, 센서, 로봇, 산업용 필름 및 지류 등 8개 기술을 추가하여 14대 뿌리 기술로 확장한 것도 이와 같은 맥락으로 해석할 수 있다.

3D 프린팅을 14대 뿌리 기술 중의 하나로 생각하면, 최종 제품을 직접 3D 프린팅해야만 한다는 고정관념에서 벗어날 수 있다. 즉, 최종 제품을 직접 3D 프린팅할 수도 있지만, 최종 제품을 제작하는 과정 중에 3D 프린팅을 활용하는 간접 3D 프린팅 방식을 고려할 수도 있다. 최종 제품을 제작하기 위한 몰드를 3D 프린팅하거나, 몰드를 만들기 위한 원형 모델을 3D 프린팅하는 등의 접근 방법도 생각할 수 있다. 간접 3D 프린팅은 직접 3D 프린팅의 문제점인 소재의 한계를 극복할 수 있고, 최종 제품의 크기나 생산 속도의 한계도 극

복할 수 있다. 3D 프린팅 비용을 포함한 제품 생산 비용도 크게 낮출 수 있을 뿐만 아니라, 기존 공정과의 하이브리드 형태로 양산 공정 기술을 최적화할 수도 있다. 즉, 직접 3D 프린팅이 가지고 있는 한계나 문제점들은 간접 3D 프린팅 접근을 통해 대부분 해결 가능하며, 기존 공정 기술과의 하이브리드 접근을 통해 그 적용 범위를 더욱 확대할 수 있다.

(a) 제품 소형·경량화 설계

(b) 소재-형상 최적 설계

(c) 몰드 일체화 설계

(d) 주조방안 탕구 형상 최적 설계

간접 3D 프린팅 활용 DfAM 설계 사례[23]

시제품 제작 시에는 직접 3D 프린팅을 활용하는 것이 유리하지만, 양산품 생산 공정에 적용할 경우에는 간접 3D 프린팅 또는 기존 공정 기술과의 하이브리드 방식으로 적용하는 것이 훨씬 유리하다. 직접 3D 프린팅 기술만 고려할 경우에는 적용 가능한 범위가 좁지만, 간접 3D 프린팅이나 하이브리드 방식까지 고려하면 그 적용 범위가 매우 넓어진다.

---

23 이미지 출처: (a) Rexroth사 GIFA2019 전시물 사진 (b) 삼영기계 피스톤 크라운 설계 사례 (c) https://3dprintingindustry.com/news/voxeljet-phenolic-direct-binding-sand-printing-ceramic-37109/ (d) "Novel sprue designs in metal casting via 3D sand-printing" 논문

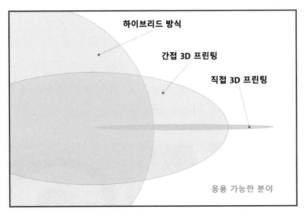

하이브리드 방식

간접 3D 프린팅

직접 3D 프린팅

응용 가능한 분야

3D 프린팅 기술 적용 방식에 따른 응용 가능 범위의 차이

3D 프린팅 기술의 응용 분야

3D 프린팅 기술은 매우 빠른 속도로 발전하고 있으며, 이제는 다양한 산업에서 사례 발굴과 적용 검증 단계를 지나 양산 단계로 진입하고 있다. 가장 보편적인 플라스틱 소재에서 점차 금속, 모래, 세라믹, 석고, 콘크리트, 고무, 탄소 소재, 나무, 바이오 소재, 식용 재료 등 3D 프린팅이 가능한 다양한 소재가 개발되면서 그 응용 분야는 빠르게 확대되고 있다. 현재 기준으로 자동차, 기계, 조선, 철도, 발전, 방산, 항공우주 등의 제조 산업을 포함하여 건축, 게임·콘텐츠, 조형물, 문화예술, 문화재, 화장품, 바이오, 푸드, 패션 등 다양한 분야로 그 적용 범위가 빠르게 확대되고 있으며, 다양한 소재 개발이 지속적으로 이어지고 있어 응용 분야의 확대는 더욱 가속화될 것이다.

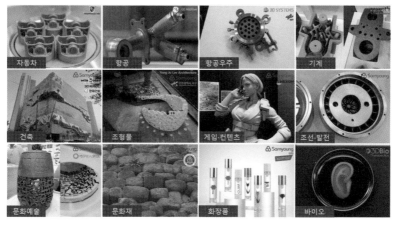

3D 프린팅 기술의 다양한 응용 분야

이제는 원하는 가구도 3D 프린팅으로 제작할 수 있고, 음식이나 화장품, 옷이나 건축물도 3D 프린팅으로 제작이 가능한 시대가 됐다. 2020년 뉴욕에서는 3D 프린팅으로 지어진 집이 세계 최초로 판매가 시작됐고, 2021년 네덜란드 암스테르담에서는 세계 최초로 금속(스틸) 3D 프린팅으로 만들어진 보행자 전용 다리가 개통됐다. 2020년 국내에서도 3D 프린팅 기술을 적용하여 제작한 비정형 커튼월이 백화점 시공에 세계 최초로 적용됐고, 3D 프린팅으로 생산한 에센스 화장품이 세계 최초로 발표되기도 했다.

뉴욕에서 세계 최초로 판매를 시작한 3D 프린팅 하우스[24]

24   출처: MLSLI https://en.techrecipe.co.kr/posts/13007

암스테르담에서 세계 최초로 개통한 금속 3D 프린팅 도보교 (출처: 임페리얼 칼리지 런던)

국내에서 세계 최초로 시공된 백화점 비정형 커튼월 외관 및 샌드 3D 프린팅 기술로 제작된 각기 다른 형상을 갖는 내부의 스마트 노드

국내에서 세계 최초로 개발된 양산형 화장품 3D 프린터 및 해당 장비로 생산한 3D 프린팅 화장품 (출처: MBC 뉴스데스크)

3D 프린팅을 통한 단계별 혁신

3D 프린팅 기술이 등장한 배경은 새로운 제품 개발 기간을 획기적으로 단축시키면서 동시에 적은 초기 투자 비용으로 적은 수량의 제품을 생산할 수 있는 유연성을 확보하기 위함이었다. 기술의 발전 속도가 빨라지면서 신제품의 시장 출시를 선점하는 것이 가장 중요한 경쟁력이 됐기 때문이다. 즉, 3D 프린팅 기술은 신속성을 중심으로 한 시제품 개발 혁신에서 출발했다.

3D 프린팅 기술의 1단계 혁신 영역이 시제품 개발이라면, 2단계는 생산 공정 혁신이다. 3D 프린팅의 유연성과 높은 제조 형상 자유도는 기존의 여러 단계를 거치는 생산 공정을 단순화하는 데 최적이다. 3D 프린팅을 통한 생산 공정 수 단축 및 일체화 생산 등을 통해 양산품의 생산성 및 품질을 혁신적으로 향상시킬 수 있다.

다음으로 3단계는 제품 설계 혁신이다. DfAM 설계를 통한 경량화, 일체화, 기능성 증대 및 성능 최적화, 심미성 극대화 등 기존 제조 방식으로는 구현이 불가능했던 형상을 자유롭게 설계할 수 있다.

마지막 4단계는 사업 모델 혁신이다. 제조 단계를 3D 프린팅 기반 범용 공정 기술로 플랫폼화하고, 제조 플랫폼에 연구개발 및 디자인 단계와 더 나아가 영업 및 고객관리 단계까지 통합한다면, 원스톱 제조 플랫폼 서비스 구축이 가능하다. 또한 해당 플랫폼 서비스를 통해 제조업의 사업 모델 혁신을 이룰 수 있다. 즉, 미래에는 3D 프린팅 기술을 통한 4단계 혁신을 통해 제조업의 고부가가치화 및 사업영역 확대 전략이 요구된다.

3D 프린팅이 우리의 일상에 미치는 영향

현재 3D 프린팅 시장은 높은 연평균 성장률로 급성장하고 있어, 제조업을 포함한 많은 산업에 이미 큰 영향을 미치고 있다. 특히 높은 유연성과 형상 설계 자유도는 각 분야에서 새로운 혁신을 만들어내기에 충분한 동력이다. 이는 관련 산업의 기업체 입장에서는 매우 큰 변화일 것이고, 동시에 소비자 입장에서노 큰 변화를 제감하게 될 것이다.

3D 프린팅 기반 혁신을 통해 우리가 사용하는 제품들은 점차 가벼워지면서 에너지 소비량이 낮아지고, 기능성과 성능은 높아지면서 친환경성은 더욱 강화될 것이다. 생산되는 제품의 종류가 많아지면서 소비자 입장에서는 제품 선택의 폭이 넓어질 것이다. 또한, 점차 원스톱 제조 플랫폼 서비스가 증가하면서 온라인으로 나만의 맞춤형 주문이 가능해질 것이다. 동시에 현재 집집마다 프린터가 있고 원하면 언제든지 인쇄물을 만들 수 있는 것처럼, 미래에는 3D 프린터도 집집마다 보유하게 될 수도 있다. 품질은 조금 떨어지겠지만 간단한 물건은 바로바로 개인이 직접 3D 프린팅으로 만들 수 있게 될 것이다. 물론 고품질의 물건이 필요한 경우에는 원스톱 제조 플랫폼 서비스를 활용할 수 있을 것이다.

마지막으로 3D 프린팅 기술에 대한 우려의 목소리도 있다. 2013년 미국의 한 업체가 총기를 3D 프린팅으로 제작할 수 있는 3D 모델 파일을 인터넷에 올렸고, 순식간에 10만 명 이상이 다운로드 받은 사건이 있었다. 누구나 도면과 3D 프린터만 있으면 제작이 가능하기 때문에 나쁜 의도를 갖고 총기를 만들 경우에는 사회적으로도 큰 문제가 발생할 수 있다. 하지만 이는 3D 프린팅 기술의 문제라기보다는 기술을 활용하는 사람의 문제고, 기술이 악용될 수 있는 시나리오에 대해서는 법적 견제 시스템을 마련하여 대응해야 할 것이다.

2.5

현실의
쌍둥이 디지털 트윈

디지털 트윈은 스마트 제조의 효과를 실현하기 위해 필요한 핵심 증강 인자 중 하나다. 특히, 궁극적인 지향점인 제조의 온라인 서비스화는 디지털 공간상에서 제조 현장을 똑같이 구현한 디지털 트윈의 고려 없이는 달성이 어렵다. 여기서는 현실의 쌍둥이 디지털 트윈에 대해서 더 자세히 살펴보자. 참고로, 독일의 인더스트리 4.0에서 말하는 사이버물리시스템(CPS)도 개념적으로는 디지털 트윈과 동일한 기술이다.

디지털 트윈이 필요한 이유

최근 실제 물리적 공간이 디지털 가상공간에서 완전히 동일하게 보이고 두 공간이 네트워크로 연결되어 상호 간 연동되는 디지털 트윈의 중요성이 더욱 높아지고 있다. 디지털 트윈을 통해 설비를 직접 가동하지 않고도 시뮬레이션으로 사전 검증을 할 수 있을 뿐만 아니라, 원격지에서도 실제 공간을 실시간 모니터링하거나 제어하는 것이 가능하다. 실제 물리적 공간을 직접 가동하여 교육하는 것이 불가능한 상황에서는 디지털 트윈을 통한 교육도 가능하고, 특히 스마트 공장에서 매우 중요한 설비의 예지보전 기능 구축에도 활용할 수 있다. 또한, 디지털 트윈은 제조업의 서비스화 플랫폼 구축을 위해서도 꼭 필요한 요소기술이다.

디지털 트윈으로 실제 부품이나 제품, 설비를 디지털 가상공간에서 동일하게 구현할 수 있고, 설비들이 연결된 연속된 프로세스를 구현할 수도 있다. 더나아가 연속된 프로세스와 주변 환경을 모두 포함한 전체 시스템을 디지털 트윈으로 구현할 수도 있다. 디지털 트윈의 구현 범위는 무조건 모든 물리적 공간을 완전히 동일하게 구현할 필요는 없고, 디지털 가상공간에서 실제 물리적 공간을 그대로 실현할 필요가 있는 부분을 중심으로 디지털 트윈으로 구현하게 된다.

참고로, 디지털 트윈 개념은 2000년대 초반 제조업에서 출발했지만, 그 이후 우주산업을 포함한 도시설계, 항공, 에너지, 국방, 건설 등 다양한 분야로 빠르게 확산되어 왔다. 디지털 트윈의 단어는 매우 직관적인 표현이어서 현재는 모든 분야에서 사용되는 보편적인 기술 용어로 인식되고 있다.

디지털 트윈이 스마트 제조에서 주로 활용되는 용도로는 크게 다섯 가지를 생각할 수 있다. 첫 번째는 가상 시뮬레이션을 위한 용도, 두 번째는 실시간 모니터링 및 제어를 위한 용도, 세 번째는 설비의 예지보전을 위한 용도, 네 번째는 교육 목적의 용도, 그리고 마지막 다섯 번째는 제조 후 유지보수 서비스 제공을 위한 용도다.

가상 시뮬레이션 용도의 디지털 트윈은 실제 시스템을 사용하는 대신 디지털 가상공간에서 실제 시스템의 동작을 그대로 모사하여 사전 검증 및 분석에 활용한다. 과거에는 실제 시스템과 동일한 물리적 시스템을 실험용으로 추가 제작하여 사전 검증 및 분석에 사용했지만, 이러한 접근은 많은 비용과 시간이 소요되는 한계가 있었다. 하지만 가상 시뮬레이션이 가능해지면서 비용을 크게 절감하게 되었을 뿐만 아니라, 사전 검증 및 분석에 소요되는 시간을 대폭 줄이는 효과까지 얻게 됐다. 또한, 설계 단계에서도 미리 가상 시뮬레이션을 통해 단시간에 최적의 조건을 도출할 수 있게 됐다.

실시간 모니터링 및 제어 용도의 디지털 트윈은 실제 시스템의 실시간 상황을 디지털 가상환경에서 쉽게 확인하고 제어하는 데 활용한다. 실제 물리적 환경에서는 실시간으로 시스템의 상태나 값의 변화, 프로세스의 흐름 등을 한눈에 확인하는 것은 쉽지 않다. 하지만 디지털 트윈을 활용할 경우에는 디지털 공간에서 실시간으로 원하는 정보나 상황을 시각적으로 쉽게 확인할 수 있다. 또한, 원격지에서 디지털 트윈을 통해 실제 환경에 가지 않고도 시스템의 실시간 모니터링 및 제어가 가능하고, 여러 사이트에서 동시에 다자간 협업 업무에도 활용할 수 있다.

설비의 예지보전 용도의 디지털 트윈은 디지털 가상환경에서 실제 설비의 실시간 모니터링 데이터를 기반으로 설비의 상태 진단이나 향후 설비의 잠재적 고장 발생 여부나 부품의 교체 주기 등을 예측하는 데 활용할 수 있다. 잠재적 고장 발생 가능성이 감지된 경우에는 해당 고장을 미연에 방지하는 선조치를 취할 수 있으며, 부품의 교체 주기가 도래하기 전에 미리 교체 작업 일정을 선제적으로 수립하여 대응할 수 있다. 이러한 설비의 예지보전은 생산의 휴지기간 발생이나 대량의 품질 불량 사태를 미연에 방지하여 양산의 잠재적 대규모 손실을 근본적으로 막을 수 있다.

교육 용도의 디지털 트윈은 디지털 가상환경에서 실제 설비 없이도 실제 시스템을 운용하는 것과 동일한 체험을 통해 시스템 운용 교육을 실시하는 데 활용할 수 있다. 작고 저가의 설비인 경우에는 실제 시스템을 활용한 운용 교육 진행이 가능하지만, 규모가 방대하고 고가인 설비일수록 실제 설비를 이용한 운용 교육은 거의 불가능하다. 디지털 트윈을 활용한 운용 교육은 작업자가 해당 시스템을 익숙하게 운용할 수 있을 때까지 디지털 가상환경에서 반복적인 연습을 수행할 수 있고, 잘못된 조작에 대한 시스템의 반응까지도 경험해볼 수 있다. 예로 신축 대형 발전소가 있다고 가정할 경우, 실제 발전소 시스템을 통해 해보고 싶은 조작을 다 해볼 수는 없을 것이고, 교육용으로 실제 시스템을 사용할 수도 없을 것이다. 이때 실제 시스템과 쌍둥이인 디지털 트윈이 있다면, 아무런 제약 없이 운용 교육 및 사전 가동 테스트를 수행해볼 수 있다.

제조 후 유지보수 서비스 제공을 위한 용도의 디지털 트윈은 제조하여 판매한 시스템에 대한 실시간 상태 모니터링 및 예측 기능의 제공을 통해 AS 서비스 관리 및 운용에 활용할 수 있다. 시스템 설계 시 실시간 상태 모니터링 및 예측에 필요한 센서 추가를 통해 고객이 시스템을 사용할 때 실시간으로 센싱 데이터를 모니터링하고 분석하여 다양한 미래 상황을 예측하고 어떠한 문제가 발생하기 선에 선제적 유지보수가 가능한 예지보전 서비스를 제공할 수 있다. 이러한 서비스는 제조업 입장에서는 새로운 AS 서비스 사업모델을 통한 고부가가치화 전략으로 활용할 수 있다.

앞으로는 스마트 공장뿐만 아니라 모든 분야에서 디지털 트윈을 통한 사전 검증 및 분석, 실시간 모니터링 및 제어, 설비의 예지보전, 사전 교육, 제조 후 유지보수 서비스 제공 등이 보편화될 것이다.

디지털 트윈의 수준 및 요소기술

디지털 트윈은 실제 제품이나 설비, 프로세스, 시스템 및 환경 등을 가상환경에서 시각화하고 시뮬레이션하는 과정이 필요하다. 이때 실제와 완전히 동일한 3차원 시각화를 반드시 구현해야 하는 것은 아니다. 구축하고자 하는 디지털 트윈의 용도에 따라 그에 적합한 시각화 수준을 설정하여 구현하면 된다. 예를 들어, 생산설비 간에 흐르는 제품의 수량만을 모니터링한다면 2차원 시각화만으로도 충분하다. 하지만 설비 내의 중요 부품에 대한 위치에 따른 마모 상태를 실시간 모니터링해야 하는 상황이라면 실제 장비 내부의 해당 부품에 대한 마모 상태의 3차원 시각화가 필요할 것이다. 참고로, 시각화뿐만 아니라 기능 및 정확도 등의 관점에서도 디지털 트윈의 구현 수준은 필요에 맞게 결정하는 것이 필요하다.

디지털 트윈 구현에 필요한 요소기술로는 모델링과 시뮬레이션, 시각화, 동기화, 원격제어 등이 있다. 구현하고자 하는 실제 시스템의 디지털 쌍둥이를 만들기 위해서는 원하는 수준으로 시스템을 모델링해야 한다. 원하는 수준의 동작을 시뮬레이션하기에 최적인 구조로 모델링할 수 있는 기술이 필요하고, 해당 모델을 기반으로 실제 시스템의 동작과 일치하는 시뮬레이션 기술이 필요하다. 또한, 사용자가 쉽게 인지할 수 있는 시각화 기술과 실제 시스템과 디지털 트윈 시스템을 정확히 일치시키는 동기화 기술, 그리고 디지털 트윈에서 실제 시스템을 원격으로 안전하게 제어하는 기술 등이 필요하다.

과거에는 모델링 및 시뮬레이션, 그리고 시각화와 동기화 기술의 수준이 높지 않아 디지털 트윈과 실제 시스템 간의 차이를 줄이는 데 한계가 있었지만, 최근에는 해당 기술의 발전으로 실제 시스템의 동작과 거의 일치하는 수준의 디지털 트윈 구현이 가능해지고 있다.

사물인터넷과 디지털 트윈

제조 현장의 디지털 전환 수준을 높이기 위해서는 다양한 센서를 갖는 사물인터넷의 확대 적용이 필요하다. 실제 환경과 동일하게 동작하고 반응하는 디지털 트윈을 구축하기 위해서도 사물인터넷을 통한 아날로그 환경의 디지털 변환이 반드시 필요하다. 아날로그 환경과 디지털 트윈의 싱크로율이 높을수록 디지털 트윈을 통한 실시간 모니터링 및 시뮬레이션, 원격 제어 등이 현장에서의 관리 및 제어와 차이가 없게 된다. 이때 아날로그 환경과 디지털 트윈 간의 싱크로율을 높이기 위해서는 최적의 센서 기반 사물인터넷 기술이 함께 구현되어야 한다. 실제 시스템과 디지털 트윈 간의 차이가 없어지게 되면 관리 및 제어 관점에서 공간의 제약이 사라지게 되어 공장의 생산성이나 시스템의 가동률 등을 크게 높일 수 있다. 즉, 사물인터넷은 완전한 디지털 트윈을 실현하는 핵심 요소기술이다.

디지털 트윈 적용 사례

디지털 트윈을 산업에 성공적으로 적용하여 활용하는 기업으로 GE 디지털이 있다. GE 디지털은 자동차를 포함한 제조 공장, 항공, 발전, 제약, 오일&가스, 수자원, 식음료 등 다양한 산업에서 디지털 트윈 기반의 디지털 전환 솔루션을 공급하고 있으며, 특히 제조업의 서비스화를 위한 디지털 전환을 선도하고 있다.

GE 디지털이 미국의 남부 캘리포니아에 위치한 스팀 터빈에 대해 구축한 디지털 트윈 사례를 살펴보자. 원격지에서도 디지털 트윈을 통해 스팀 터빈의 동작을 3차원 모델로 실시간 확인할 수 있고, 지속적으로 수집한 데이터를 기반으로 디지털 트윈이 분석한 스팀 터빈의 상태를 확인할 수 있다. 또한, 스팀 터빈에서 가장 민감한 로터의 마모 발생 여부를 실시간으로 파악할 수 있으며, 해당 마모가 시스템에 어떤 영향을 미치는지 분석해준다. 또한, 마모를 줄이기 위한 응력 저감 조치 방법을 제안하여 사용자가 적절한 조치를 취할 수 있게 도와준다.

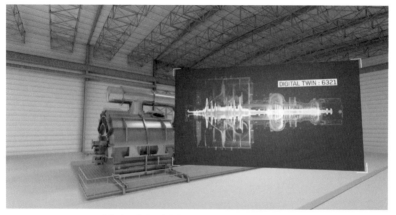

(a) 남부 캘리포니아에 설치된 스팀 터빈의 디지털 트윈

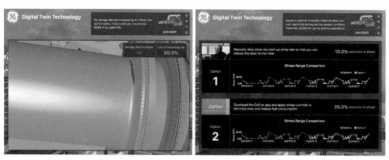

(b) 터빈 로터의 마모 위치 및 손상 예측 화면   (c) 응력 낮추기 위한 조치 2가지 옵션 제시 화면

GE 디지털의 스팀 터빈에 대한 디지털 트윈 적용 사례[25]

25 출처: https://www.youtube.com/watch?v=2dCz3oL2rTw&t=5s

GE 디지털은 자사의 디지털 트윈 솔루션을 통한 디지털 전환으로 다음의 5가지 효과를 얻을 수 있다고 제시한다. 1) 실시간 모니터링, 시뮬레이션 및 제어를 통해 시스템의 안정성 및 가용성을 향상시킬 수 있다. 2) 시스템 및 프로세스 관련 사고를 줄이고 계획되지 않은 다운타임[26]을 방지하여 직원의 건강 및 안전을 포함한 환경 및 비즈니스 목표에 대한 리스크를 낮출 수 있다. 3) 고장이 발생하기 전에 문제를 예측하고, 미리 부품을 주문하고, 생산에 영향을 미치지 않는 시간에 수리를 계획하여 유지 보수 비용을 절감할 수 있다. 4) 시스템 및 프로세스의 성능에 대한 실시간 분석으로 제품의 품질을 보장하여 맞춤 생산이나 공급망에 미치는 영향을 최소화하여 생산성을 극대화할 수 있다. 5) 업계의 전문 지식이나 사용하기 쉬운 툴, 또는 업계에서 필요로 하는 실시간 분석 솔루션으로 활용하여 가치 실현 시간을 단축할 수 있다.

항공기 엔진 분야에서는 롤스로이스(Rolls-Royce)가 디지털 트윈을 통한 지능형 엔진 서비스를 성공적으로 구축하여 운영하고 있다. 현재 전 세계적으로 13,000개 이상의 항공기 엔진을 공급하여 운용하고 있다. 수백 개의 센서를 가진 엔진으로부터 초당 수백 개의 데이터가 캡처되어 비행당 0.5GB의 방대한 양의 데이터가 수집되어 클라우드에 저장되고, 인공지능 기계학습을 통해 데이터 분석 및 성능 모델링이 실시간으로 수행된다. 2021년까지 롤스로이스는 수집한 엔진 데이터 분석을 통해 이미 2,200만 톤의 탄소 배출량을 줄이고, 조종사에게는 비행기를 더 잘 비행하는 방법에 대한 지침을 제공했으며, 유지보수용 부품 재고 관리에 대한 최적화에도 성공했다고 한다. 비행 중에 데이터 분석을 통해 유지보수 및 부품 교체 여부 등을 판단하고, 도착 예정인 공항에서 바로 해당 조치를 취할 수 있도록 정비팀 및 해당 부품을 미리 준비하여 시간지연 없는 유지보수를 수행할 수 있다.

---

26 다운타임은 기계나 컴퓨터 시스템이 작동하지 않는 시간을 말한다.

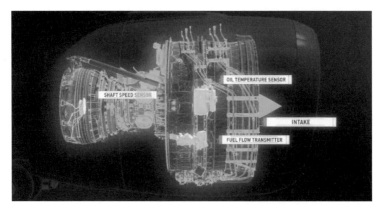

수백 개 센서를 장착한 롤스로이스 항공기 엔진의 3차원 디지털 트윈[27]

　롤스로이스는 이러한 클라우드 기반 디지털 트윈 서비스를 통해 고객의 비행기가 지상에서의 계획하지 않은 휴지시간의 발생을 최소화하고 불필요한 유지보수를 없애도록 돕는 것을 궁극적인 목표로 한다. 비행기가 어떤 이유로든 이륙하지 못하면, 수십 개의 연결편에 영향을 미치고 수백 명의 승객에게 영향을 미치며, 항공편의 경로 변경으로 더 많은 탄소가 배출된다.

　롤스로이스에서 구축한 디지털 트윈은 운용 중인 모든 항공기 엔진의 현 위치 및 상태를 각각 실시간으로 모니터링할 수 있고, 엔진 데이터 및 날씨와 같은 환경 데이터 분석을 통한 상황인지 기반의 운항 조건(운항 경로나 고도 등) 변경 추천이 가능하고, 엔진의 자가 진단 기능을 통해 유지보수가 필요한 항목을 분석하여 제시할 수 있고, 비행 중 데이터 분석을 통해 다음 도착지에서 수행해야 할 최적의 유지보수 항목을 제시할 수도 있다. 즉, 실시간 엔진 데이터를 통한 디지털 트윈 서비스를 통해 탄소 배출량 저감을 포함한 항공기의 계획하지 않은 휴지시간 발생을 줄일 수 있고, 불필요한 유지보수 및 부품의 낭비도 막을 수 있다.

27　출처: https://www.youtube.com/watch?v=ikq2VyzWoX0

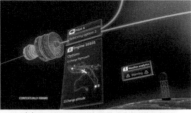

(a) 각 엔진의 현 위치 및 실시간 상태 모니터링 (b) 날씨 분석을 통한 운항 조건 변경 추천

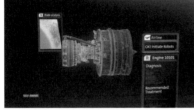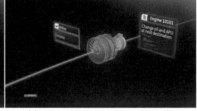

(c) 자가 진단을 통한 블레이드 보수 진행 추천 (d) 다음 도착지에서의 유지보수 항목 제시

롤스로이스 항공기 엔진의 클라우드 기반 디지털 트윈 활용 사례[28]

2021년 현재 롤스로이스의 디지털 트윈 서비스를 통해 계획되지 않은 비행기의 휴지시간 발생을 이미 5% 이상 줄였고, 유지보수 시점의 예측 모델링을 통해 유지보수 주기를 50% 이상 늘렸으며, 예비 부품의 재고량을 획기적으로 줄였다고 한다.

제조업 중 디지털과는 가장 거리가 먼 뿌리산업에서 디지털 트윈을 활용한 사례도 있다. 삼영기계는 주조산업의 디지털 전환을 위해 수작업 제거가 거의 불가능한 일련의 몰드 제작 공정을 3D 프린팅 기술로 통합 구현할 수 있는 하이브리드 주조공정 기술을 개발했고, 이를 실현할 수 있는 샌드 3D 프린터 장비를 개발했다. 동시에 샌드 3D 프린터의 상태를 실시간 모니터링하고 제어할 수 있는 3차원 디지털 트윈을 성공적으로 개발하여 적용했다.

---

28 출차: https://www.youtube.com/watch?v=9CcbYQ5QA70

(a) 바인더 분사 방식 샌드 3D 프린터

(b) 샌드 3D 프린터의 3차원 디지털 트윈

(c) 샌드 3D 프린터의 내부 사진

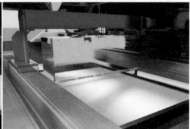

(d) 샌드 3D 프린터 디지털 트윈의 내부 모습

바인더 분사 방식 샌드 3D 프린터의 3차원 디지털 트윈 (출처: 삼영기계)

삼영기계 샌드 3D 프린터의 디지털 트윈은 크게 세 가지 기능을 제공한다. 1) 프린팅하고자 하는 3D 모델을 실제 장비에 입력하기 전에 디지털 트윈의 시뮬레이션 기능을 통해 장비의 동작을 사전에 검증하는 데 활용할 수 있다. 해당 파일에 오류가 있는지, 해당 파일을 프린팅할 때 3D 프린터 장비는 어떻게 동작하는지 등을 미리 확인해볼 수 있다. 2) 장비에 장착된 다양한 센서의 데이터와 장비의 실시간 상태 데이터를 수집하여 에지 서버에 저장하고, 디지털 트윈은 해당 데이터를 기반으로 실시간 원격 모니터링 및 제어가 가능하다. 장비의 실시간 동작 상태를 시각적으로 확인하고, 문제 발생 시 오류 및 경고 상황을 실시간으로 파악할 수 있다. 3) 디지털 트윈을 장비 운용 교육 용도로 활용할 수 있다. 샌드 3D 프린터는 고가이고 운용 테스트 한 번에 많은 재료가 소모될 뿐만 아니라, 양산 생산 중인 장비를 교육 용도로 활용하기에는 어려움이 많다. 실제 장비의 쌍둥이인 디지털 트윈을 이용할 경우, 실제 장비를 사용하는 것과 정확히 똑같은 운용 교육을 진행할 수 있다.

샌드 3D 프린터 디지털 트윈의 3차원 시뮬레이션 사례 (출처: 삼영기계)

추가로 MES와의 연동을 고려한 디지털 트윈을 통해서는 연속 생산을 위한 3D 프린팅의 원격 제어 및 컨베이어를 따라 프린터 장비에 잡박스가 자동으로 입출되는 전후 공정에 대한 실시간 모니터링 및 원격 제어에까지 활용이 가능하다. 또한, 모바일에서도 실시간 모니터링이 가능한 모바일 앱 형태의 디지털 트윈도 함께 구축했다. 이러한 디지털 트윈은 3D 프린터 장비 및 연계 공정 설비의 유지보수 서비스를 위한 실시간 모니터링 솔루션으로도 활용이 가능하다.

스마트 제조 로드맵과 디지털 트윈

지속가능한 스마트 제조를 실현하기 위해서는 유연생산과 생산성, 품질 혁신, 친환경성 등을 고려한 각 공정별 자동화, 전체 제조공정의 단순화 및 최적화, 그리고 제조공정의 지능화 등이 필요하다. 이때 한 번에 완벽한 스마트 제조 시스템을 구축할 수 없기 때문에 단계적 접근이 필요하다.

스마트 제조 구축을 위한 로드맵 전략의 예로, 1단계는 유연성을 고려한 디지털 제조공정 구축, 2단계는 공간의 제약을 없애는 디지털 트윈 환경 구축, 3단계는 실시간 대응 가능한 무인화 시스템 구축, 마지막 4단계는 원스톱 맞춤형 서비스가 가능한 온라인 제조 플랫폼 구축으로 구분하여 완성할 수 있다. 보다 큰 관점에서는 1단계 디지털화, 2단계 스마트화, 3단계 서비스화의 접근이 가능하다. 이때, 원스톱 맞춤형 서비스 구축을 위해서는 반드시 무인화 시스템 구축이 선행되어야 하고, 무인화 시스템을 위해서는 디지털 트윈 환경이 꼭 필요하다. 즉, 디지털 트윈은 제조업의 서비스화를 이루는 데 있어 꼭 필요한 핵심 요소기술이다.

디지털 유연생산과 디지털 트윈 환경, 그리고 무인화 시스템의 단계적 구축을 통해 마지막으로 온라인 원스톱 맞춤형 제조 서비스 플랫폼을 완성하게 되면, 궁극적으로는 해당 플랫폼을 통해 개인별 맞춤 생산이 자유로워지면서 초개인화 시대를 앞당기는 데 기여하게 될 것이다.

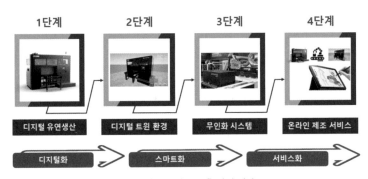

스마트 제조 플랫폼 구축 단계 예시

Part 2 요약

✔ 21세기에 들어서 시장의 세계화, 지역화, 개인화가 동시에 펼쳐지면서 소품종 대량 생산 중심의 산업이 점차 다품종 소량생산 및 개인 맞춤생산 형태로 확대되고 있다. 이러한 변화에 대처하기 위해서는 생산의 유연성 확보, 생산성 및 품질 혁신, 사업모델 혁신, 그리고 친환경 대응이 필요하다.

✔ 3차 산업혁명 시기에는 각 제조공정별 자동화만을 고려했다면, 4차 산업혁명 시기에는 제조공정별 자동화만을 고려할 경우 많은 한계를 갖는다. 동시에 전체 제조공정의 최적화 및 지능화, 그리고 예지보전까지 고려해야 4차 산업혁명이 추구하는 완전한 스마트 공장 구축이 가능하다.

✔ 산업의 와해성 혁신은 세 가지 구성 요소인 활성화 기술, 증강 인자, 효과(Effects)로 설명할 수 있다. 와해성 혁신을 가능하게 만드는 기술을 와해성 혁신 기술이라고 하며, 성숙도가 충분히 높아 상용화 수준에 도달한 와해성 혁신 기술을 활성화 기술이라고 한다.

✔ 스마트 제조의 활성화 기술로는 로봇, 사물인터넷, 3D 프린팅(적층 제조), 시뮬레이션, 증강현실, 블록체인, 인공지능, 산업 보안, 연결성, 클라우드 컴퓨팅 등이 있으며, 증강 인자로는 전문용어 및 참조 모델, 제품 투명성, 수직적 통합, 수평적 통합, 가상화, 모듈화, 분산화, 디지털 트윈, 디지털 스레드 등이 있다. 스마트 제조의 실현 기대 효과로는 데이터 중심 사업 모델, 순환 제조, 모델 기반 제조, 완전 자동화 제조, 제품 개인화, 예지보전, 에지 컴퓨팅, 서비스화 등이 있다.

✔ 산업계에서 적층 제조로 명명하는 3D 프린팅은 현존하는 제조 방식 중 생산 유연성이 가장 높은 기술이다. 다품종 생산 및 개인 맞춤생산에 대응이 가능하며, 기존의 제조방식으로는 불가능한 임의의 형상 제작이 가능하다. 국제 표준에서는 3D 프린팅 공정 기술을 총 7가지 유형(BJ, DED, ME, MJ, PBF, SHL, VPP)으로 분류한다.

✔ 3D 프린팅을 양산 공정 기술로 적용할 경우, 직접 3D 프린팅뿐만 아니라 간접 3D 프린팅 및 기존 기술과의 접목을 통한 하이브리드 방식까지 고려할 때 효과적인 솔루션을 확보할 수 있다.

✔ 제품의 경량화, 일체화, 중공형 설계를 통한 3D 프린팅 제작은 그 성능 및 파급효과가 매우 크다.

✔ 스마트 제조 관점에서의 디지털 트윈은 주로 디지털 가상환경에서의 시뮬레이션, 실시간 모니터링 및 원격 제어, 설비의 예지보전, 가상환경 기반 교육, 그리고 제조 후 유지보수 서비스 제공 등을 위한 용도로 활용된다.

[더 깊이 이해하기]

∞

3D 프린팅 기술

제조업을 포함한 많은 산업에서 와해성 혁신을 주도하고 있는 3D 프린팅 기술은 비교적 짧은 역사를 가졌음에도 불구하고 빠른 발전을 거듭하고 있다. 3D 프린팅 기술을 보다 깊이 이해하기 위해 해당 기술의 역사와 유형에 대해 자세히 살펴보자.

3D 프린팅 기술의 역사

2013년 오바마 대통령의 국정 연설 이후 3D 프린팅 기술이 전 세계적으로 관심을 받게 됐지만, 실제로 3D 프린터가 처음 등장한 시기는 국정 연설 시점 보다 무려 30년 전인 1980년대다.

세상에 최초로 등장한 3D 프린터는 미국의 3D 시스템즈에서 출시한 광경 화 방식의 SLA-1 모델이다. 상기 회사의 공동 창업자인 척 헐은 광경화 방 식의 3차원 형상 제조 장치 설계를 고안하여 1984년에 특허로 출원했고, 3년 후에 해당 장치를 성공적으로 상용화했다.

3D 시스템즈에서 최초로 출시한 광경화 방식 3D 프린터 SLA-1[29]

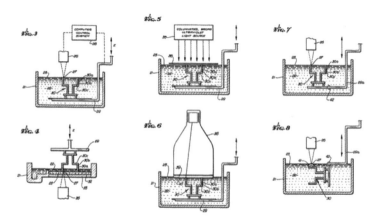

3D 시스템즈 창업자의 특허에서 제시한 광경화 방식 3차원 형상 제조 장치 도면[30]

    상용화 관점에서는 3D 시스템즈가 최초지만, 해당 광경화 적층 제조 기술에 대한 기본 아이디어는 일본 나고야시립공업연구소의 히데오 코다마 박사가 최초로 제안했다. 1981년에 발표된 코나마 박사의 '광경화 폴리머를 이용하여 3차원 플라스틱 모델을 제작하기 위한 자동화 방법' 저널 논문을 보면, 광경화 방식 3D 프린터의 기본 원리와 구성 방법이 모두 제시되어 있고, 척

---

29 출처: https://ko.3dsystems.com/our-story

30 출처: https://ko.3dsystems.com/our-story

헐의 특허 참고 자료에도 해당 논문이 명기되어 있다. 자외선을 받으면 굳는 액상 광경화성 수지를 이용하여 단면 형상을 빛으로 조사하여 만들고자 하는 형상을 한 층씩 붙여 나가는 원리다.

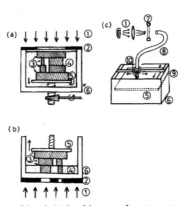

FIG. 1. Schematic sketches of three types of apparatus constructed in the present work. In this Fig. ① ultraviolet rays ② mask ③ solidified layers ④ liquid photo-hardening polymer ⑤ movable plate ⑥ receptacle ⑦ shutter ⑧ optical fiber ⑨ XY plotter and ⑩ optical lens. Exposure and shift of the movable plate is repeated in turn, and the solid model is grown on or under the plate.

1981년 히데오 코다마 박사의 저널 논문에서 제시한 광경화 방식 3차원 적층 제조 기술 개념도[31]

우리가 주변에서 3D 프린터로 가장 흔하게 볼 수 있는 FDM(Fused Deposition Modeling, 용융 적층 모델링) 방식은 1988년 스콧 크럼프가 발명했다. 딸에게 장난감을 만들어줄 쉬운 방법을 찾다가 고안하게 됐다고 한다. 글루건으로 플라스틱을 녹여 한 층씩 쌓아 올리는 방식으로, 그 원리가 간단하고 저렴하게 구현할 수 있다는 장점으로 인해 가장 널리 확산된 방식이다. FDM 방식의 3차원 제조 장치를 발명한 이후 스콧 크럼프는 아내와 함께 3D 프린터 회사인 스트라타시스를 창업하게 된다. 참고로, 스트라타시스는 현재 3D 프린터 시장 점유율 1위의 회사다.

---

31 출처: Hideo Kodama, "Automatic method for fabricating a threedimensional plastic model with photo", Review of Scientific Instruments, 52, 1770 (1981)

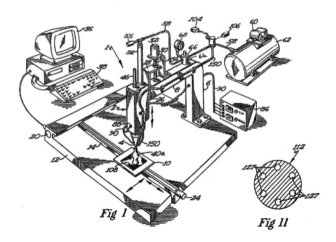

Fig 1

Fig 11

1989년 출원된 스콧 크럼프의 FDM 기술 특허 대표도[32]

사실 3D 프린팅이라는 단어는 1989년 MIT에서 특허 출원한 잉크젯 프린
트 헤드를 이용하여 분말 베드에 바인더를 분사하는 방식으로 3차원 형상을
만들어내는 기술에서 처음 사용됐다. 해당 기술의 특허 제목도 '3D 프린팅 기
술(Three-Dimensional Printing Techniques)'이었다. 분말을 얇게 한 층
깔고 잉크젯 프린트 헤드로 2차원 단면을 프린트하듯이 바인더를 분사하고,
다시 분말을 깔고 바인더 분사하는 과정을 반복하는 방식이다.

3DP(3D Printing) 또는 BJ(Binder Jetting)라고 부르는 이 방식은 3D 프
린팅이라는 단어를 처음 사용한 기술이었음에도 불구하고 초기에는 다른 방
식에 비해 확산 속도가 더딘 측면이 있었으나, 점차 적층 제조에 있어서 양산
성이 중요해지면서 현존하는 적층 제조 기술 방식 중에서 가장 속도가 빨라
최근 다시 재조명받고 있다.

32 출처: US특허 5,121,329 원문

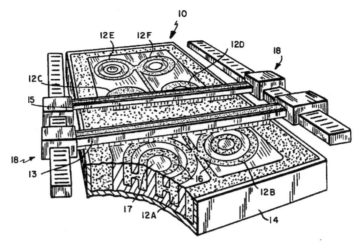

1989년 출원된 MIT의 3DP 기술 특허 대표도[33]

MIT에서 3DP 기술의 특허가 출원된 시기에 텍사스 오스틴 대학에서는 레이저로 분말을 소결하여 3차원 형상을 만드는 선택적 레이저 소결(Selective Laser Sintering, SLS) 방식의 기술이 특허로 출원됐다. SLS 방식은 현재까지도 주요 3D 프린팅 방식 중 하나로 활용된다.

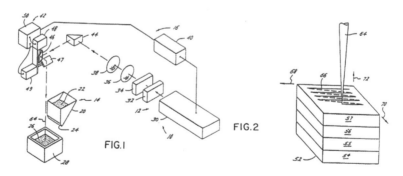

1989년 출원된 텍사스 오스틴 대학의 SLS 기술 특허 대표도[34]

---

33 출처: US특허 5,204,055 원문
34 출처: US특허 4,938,816 원문

1980년대부터 1990년대까지 3D 프린팅 원천 기술이 개발된 이후 현재까지 다양한 방식의 3D 프린팅 기술이 새롭게 개발되면서, 해당 기술은 기존 제조 방식으로는 불가능했던 3D 프린팅만의 강점을 중심으로 다양한 산업으로 빠르게 확산 적용되고 있다.

3D 프린팅 기술의 분류

적층 제조에 대한 세계 표준(ISO/ASTM 52900)은 3D 프린팅 공정 기술을 다음의 7가지 유형으로 정의하여 분류한다.

1) 바인더 분사

바인더 분사(Binder Jetting, BJ) 공정은 분말 재료를 이용하여 원하는 3차원 형상을 만들기 위해 형상에 해당되는 부위에 바인더(또는 접착제)를 선택적으로 분사하여 적층하는 제조공정 방식이다. 한 층에 대해서는 잉크젯 프린트의 원리와 동일하다고 생각하면 이해하기 쉽다. 분사하는 물질이 잉크 대신 바인더라는 점만 다르다. 한 층씩 분말 재료를 얇게 깔고 바인더를 선택적으로 분사하는 과정을 반복하여 3차원 형상의 높이까지 적층하는 공정이다. 3D 프린팅 방식 중에서 적층 속도가 가장 빠르다.

2) 에너지 제어 용착

에너지 제어 용착(Directed Energy Deposition, DED) 공정은 레이저나 전자빔 등과 같은 집속된 열원을 이용하여 적층하려는 재료와 해당 재료를 용착시키려는 지점을 동시에 용융시켜 적층하는 제조공정 방식이다. 주로 크기가 큰 금속 제품의 파손된 부분이나 마모된 부분을 보수하는 용도로 많이 사용된다.

3) 재료 압출

재료 압출(Material Extrusion, ME) 공정은 노즐을 통해 선택적으로 재료를 토출하여 적층하는 공정이다. 유동성을 가진 재료에 압력을 가하여 작은 구멍의 노즐로 재료를 밀어내 원하는 형상으로 쌓아 올린다. 노즐 밖으로 밀려 나온 재료는 시간이 지나면서 경화되어 3차원 형상을 유지하게 된다. 가장 흔하게 볼 수 있는 FDM 방식이 이 범주에 속한다. 주로 고체 상태의 필라멘트로 재료를 공급하고, 노즐 내부에서 열을 가하여 유동성을 갖게 만든 후 압출하여 적층한다.

4) 재료 분사

재료 분사(Material Jetting, MJ) 공정은 적층하고자 하는 재료를 액상으로 분사한 후 경화시켜 적층하는 방식이다. 바인더 분사 방식과 마찬가지로 분사 관점에서는 잉크젯 프린트 원리와 동일하다고 보면 된다. 다만, 분사하는 액상 재료가 바인더가 아닌 적층 재료라는 점이 차이가 있다. 주로 광경화성 수지나 왁스 등과 같은 액상 재료를 사용하며, 광경화성 수지의 경우에는 분사 직후 자외선램프로 경화시키는 과정을 거치고, 왁스의 경우에는 적층되는 플레이트를 저온으로 유지하여 냉각 고화시키는 과정을 추가한다. 액상 재료에 색상을 넣으면 컬러 프린트도 가능하다.

5) 분말 베드 융해

분말 베드 융해(Powder Bed Fusion, PBF) 공정은 바인더 분사 방식에서와 마찬가지로 적층하고자 하는 분말 재료를 얇게 깔고 고밀도 에너지원을 이용하여 형상에 해당되는 부위만 선택적으로 소결 또는 용융시켜 적층하는 방식이다. 분말 적층과 선택적 소결 또는 용융 과정을 반복하여 3차원 형상을 만든다. 고밀도 에너지원으로는 주로 레이저나 전자빔 등을 사용한다. 특히, 금속 3D 프린팅 방식으로 많이 활용된다.

6) 시트 적층

시트 적층(Sheet Lamination, SHL) 공정은 얇은 시트 형태로 공급되는 재료를 각 층에 해당하는 형상 데이터를 기반으로 절단한 후, 이전 층과 접착제 접합 또는 용접 등을 통해 적층하는 방식이다. 주로 종이나 금속과 같이 시트 형태로 공급 가능한 재료를 이용한다.

7) 액조 광경화

액조 광경화(Vat Photopolymerization, VPP) 공정은 통에 담겨 있는 액상 광경화성 수지에 빛을 선택적으로 조사하여 한 층의 형상이 이전 층에 붙어 경화되게 적층하는 방식이다. 액상 재료로는 주로 자외선(UV) 광경화성 수지를 사용하고, 이전 층과의 경계면에 자외선 레이저 빔을 직접 선택적으로 조사하거나 초소형 거울로 이루어진 2차원 어레이를 픽셀 단위로 제어할 수 있는 DMD(Digital Micromirror Device)를 이용하여 동시에 2차원 평면을 선택적으로 조사하는 방식 등으로 경화하여 적층한다.

적층 공정 유형	공정 개요	적층 재료 유형	상용화 기술
Binder Jetting	분말 베드+바인더 분사	분말(폴리머, 샌드, 세라믹, 금속 등)	BJ/3DP, IPP
Directed Energy Deposition	집속된 열원+용착 재료 공급	분말 또는 선재(금속)	EBDM, DED, LPF, LMD, LENS
Material Extrusion	압출 노즐+유동성 재료	필라멘트 또는 유동성 재료(폴리머 등)	FDM, DDM
Material Jetting	재료 분사+경화 메커니즘	액상(폴리머, 왁스 등)	MJ, MJP, PolyJet
Powder Bed Fusion	분말 베드+고밀도 에너지원 소결/용융	분말(금속, 폴리머 등)	PBF, SLS, SLM, EBM, DMLS, SHS
Sheet Lamination	시트 절단+시트 접합/용접	시트(종이, 금속 등)	LOM, UC
Vat Photopolymerization	액상 광경화성 수지+ 광 조사/경화	액상(광경화성 수지)	SLA, DLP

ISO/ASTM 52900 표준에 따른 7가지 3D 프린팅 공정 유형별 특징

지속가능한 지구를 위한
탄소중립

3.1

탄소중립은
선택이 아닌 필수다

　지구는 지금 온난화 현상으로 지속가능성에 대한 위기가 고조되고 있다. 지구온난화가 생각보다 심각해 미래의 지구에 사람이 계속 살 수 있을지 장담하기 어려운 상황으로 치닫고 있다. 지구 온난화의 주범은 온실가스이며, 온실가스 중 이산화탄소가 가장 큰 비중을 차지한다. 전 세계는 지금 탄소중립을 선언하고 이산화탄소를 줄이기 위한 전 지구적 노력을 시작했다. 탄소중립 선언 배경을 이해하기 위해서는 먼저 기후변화에 대해 알아야 한다.

기후변화

　지구 곳곳에서 이상 기후 현상이 심화되고 발생 빈도가 매우 높아지고 있으며, 극지방의 빙하가 녹아 전 세계 해수면이 지속해서 높아지고 있다. 미국 NASA에 따르면 1994년 이래로 매년 약 4천억 톤의 빙하가 사라지고, 1979년 이후 북극 해빙 범위가 10년마다 13%씩 줄어들고 있으며, 1993년 이래로 해수면은 매년 3.4mm씩 높아지고 있다.

빠르게 녹고 있는 캐나다 로키 산맥의 애서배스카(Athabasca) 빙하지역

(a) 1987년 10월 12일

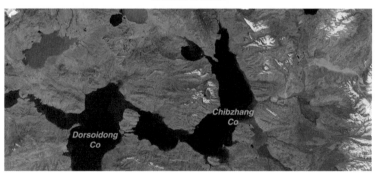

(b) 2021년 10월 9일

많은 양의 빙하가 녹아 면적이 크게 넓어진 티베트 고원의 호수[1].
위에서부터 (a)1987년, (b)2021년의 모습.

1 출처: 미국 NASA(https://climate.nasa.gov/images-of-change?id=778#778-melting-glaciers-enlarge-lakes-on-tibetan-plateau)

195

더욱 심각한 것은 최근 들어 이상 기후 심화로 인해 전 세계적으로 피해가 급승하고 있다는 것이다. 2021년 여름, 캐나다는 극심한 폭염으로 인해 수많은 사상자가 발생했고, 특히 브리티시 컬럼비아주의 리튼 마을은 47.9℃라는 역사상 유례없이 기록적인 온도까지 상승했다.

2021년 기후변화로 인해 발생한 전례 없는 자연재해 –
(왼쪽 위부터 시계방향으로) 캐나다의 극심한 폭염[2], 폭우로 인한 유럽의 홍수[3],
캘리포니아 딕시(Dixie) 대형 산불[4], 폭우로 인한 중국의 홍수[5]

비슷한 시기인 2021년 7월 12일에는 독일과 벨기에를 중심으로 1천 년 만의 기록적인 폭우가 쏟아지면서 대홍수가 발생했고, 160여 명이 사망하고 1,300여 명이 실종되는 등 심각한 인명 피해가 발생했다.

같은 해 7월 17일부터는 중국의 허난성을 중심으로 사상 유례없는 폭우가 쏟아졌고, 수백 명이 사망하고 149만 명이 긴급 이주했다. 약 4만 채의 집이 붕괴되고 수십만 채의 집이 심각한 피해를 입었다.

2 출처: CBC 뉴스
3 출처: Bruno Fahy/AFP/Getty Images
4 출처: Noah Berger/AP
5 출처: https://phys.org/news/2021-07-china.html

최근 미국 캘리포니아 지역에서 해를 거듭할수록 더욱 큰 규모로 발생하는 대형 산불도 가뭄이 심화되는 기후변화가 원인으로 밝혀지고 있다. 2018년 11월 8일 시작된 캘리포니아 북부 나파밸리 산불은 3주간이나 지속되면서 85명이 사망하고 600여 명이 실종됐다. 2020년 여름에는 이상 고온과 허리케인에 의한 대기 불안정으로 12,000여 개의 번개가 떨어지면서 미국 서부 곳곳에서 수십 건의 대형 산불이 동시다발적으로 발생했다. 인명 피해와 재산 피해 또한 매우 컸다. 2021년 7월 14일에는 캘리포니아 북부에서 대형 산불이 시작되어 3개월 이상 지속됐으며, 불에 탄 면적은 서울의 6.5배인 $3,900km^2$에 달한다.

최근 전 세계에 걸쳐 급증하는 이상 기후 현상에 따른 자연재해를 볼 때 현재와 같은 속도로 지구온난화가 심화된다면 앞으로 지구의 지속가능성은 보장되지 못할 가능성이 농후하다. 지금의 기성세대에게는 상관없는 문제일 수도 있지만, 어린 자녀 세대에게는 미래의 생존이 걸린 문제다.

2018년 12월 폴란드 카토비체에서 열린 제24차 유엔기후변화회의[6]에서 기후변화 활동가로 활동 중인 스웨덴의 열다섯 살 소녀 그레타 툰베리가 한 연설은 기성세대에게 각성의 메시지를 전달한 것으로 유명하다. 우리 자손이 지구에서 안전하게 살아갈 수 있게 하려면 기성세대는 지금 당장 기후변화의 원인을 제거하는 데 최선의 노력을 다해야 한다는 점은 자명하다.

"You say you love your children above all else, and yet you are stealing their future in front of their very eyes."

(당신은 당신의 아이들을 다른 무엇보다도 사랑한다고 말하지만, 당신은 그 아이들의 눈앞에서 그들의 미래를 훔치고 있습니다.)

- 그레타 툰베리(2018년 12월 4일)

---

6 유엔기후변화회의: UN Climate Change Conference

2018 유엔기후변화회의에서 연설 중인 그레타 툰베리[7]

교토의정서

기후변화에 대한 전 세계 활동은 1988년 세계기상기구[8]와 유엔환경계획[9]이 공동으로 '기후변화에 관한 정부 간 협의체' IPCC[10]를 설립하면서 시작됐다. 현재 195개국이 회원국으로 가입되어 있으며, 전 세계 수천 명의 과학자가 참여하고 있다. IPCC가 설립된 목적은 정책 입안자에게 기후변화와 영향, 그리고 미래의 잠재적 리스크에 대한 과학적 평가를 정기적으로 제공하고, 적응 및 완화 옵션을 제시하기 위해서다.

전 세계 과학자들이 참여하여 1990년에 첫 발간한 IPCC 평가보고서를 통해 기후변화를 막기 위해서는 전 지구적 노력이 필요하다는 공감대가 형성됐고, 1992년 유엔환경개발회의[11]에서 154개국이 모여 유엔기후변화협약[12] 설립에 서명했다. 이것은 이산화탄소를 비롯한 각종 온실가스를 제한하고 지구 온난화를 막기 위한 국제 협약이다.

---

7 출처: https://www.youtube.com/watch?v=VFkQSGyeCWg
8 세계기상기구: World Meteorological Organization(WMO)
9 유엔환경계획: United Nations Environment Programme(UNEP)
10 IPCC: Intergovernmental Panel on Climate Change
11 유엔환경개발회의: UN Conference on Environment and Development(UNCED)
12 유엔기후변화협약: UN Framework Convention on Climate Change(UNFCCC)

1995년 제2차 IPCC 평가보고서가 발간된 이후, 1997년 12월 일본 교토에서 열린 제3차 유엔기후변화회의에서 160여 개국 대표들이 모여 줄다리기 협상 끝에 국가별 온실가스 감축량을 규정하기로 합의했다. 이것이 선진국들이 온실가스 삭감 목표에 최초로 합의한 **교토의정서**다.

교토의정서에 따르면, 선진국은 온실가스 방출 총량을 2008년부터 2012년까지 1990년 대비 평균 5.2% 감축하는 것으로 규정했다. 미국 7%, 유럽연합(EU) 8%, 일본, 캐나다, 헝가리, 폴란드 6%, 크로아티아 5% 등의 감축 의무가 각각 부과됐다. 하지만 당시 개발도상국이었던 우리나라를 포함한 중국, 인도 등은 감축 대상에서 제외됐다.

문제는 시작하기도 전인 2001년 미국이 교토의정서를 탈퇴했다는 점이다. 당시 전체 온실가스의 25%를 배출하던 미국이 감축 의무를 저버리면서 세계 각국으로부터 맹비난을 받았다. 또한, 가장 많은 온실가스를 배출하던 중국과 인도는 개발도상국이라는 이유로 포함되지도 않았다는 문제가 있었다. 이로 인해 2011년에는 캐나다, 2012년에 일본과 러시아가 각각 탈퇴하면서 사실상 그 의미가 퇴색했다. 이처럼 기후변화 대응 문제는 각 나라의 상황과 이해관계로 인해 의무 규정을 정하는 것이 쉽지 않다는 점을 보여줬다.

파리협정

교토의정서 체제가 끝난 이후 전 세계가 기후변화에 대한 공감대를 또 한번 형성한 시점은 불과 얼마 전이다. 2014년 제5차 IPCC 평가보고서가 발간된 이후 과학적으로도 기후변화의 심각성이 보다 명확해지면서 다시 한번 전 지구적 협의가 진행됐다. 2015년 12월 프랑스 파리에서 열린 제21차 유엔기후변화회의에서 195개국이 모여 모든 국가가 온실가스 감축에 노력하기로 합의하면서 기후변화에 대한 각국의 분위기가 달라지기 시작했다. 파리협정은 2016년 11월 모든 비준을 마무리하면서 국제법으로서 효력이 발효됐다.

파리협정에서는 지구의 평균온도 상승을 산업화 이전(1850~1900년) 대비 2℃ 아래로 유지하고, 1.5℃ 이내로 억제한다는 목표를 설정했다. 감축 목표를 국가별로 특정했던 교토의정서와는 달리, 각국이 온실가스 감축 목표를 스스로 정하고 실천하게 했고, 이행 결과는 국제사회가 공동으로 검증하는 방식을 채택했다.

하지만 2017년 6월 미국의 트럼프 대통령이 파리협정 탈퇴를 선언하고 2020년 11월 공식 탈퇴하면서 다시 교토의정서의 전철을 밟는 것이 아닌가 했지만, 2021년 1월 바이든 대통령 당선 직후 다시 파리협정 복귀를 위한 행정명령에 서명하면서 일단락됐다.

IPCC 지구온난화 1.5℃ 특별보고서

IPCC는 제21차 유엔기후변화회의의 요청에 따라 지구의 평균온도 상승 1.5℃ 목표의 영향 및 감축 경로 등을 평가하는 특별보고서를 작성했다. 해당 보고서는 2018년 인천에서 열린 IPCC 총회에서 최종 승인 후 공개됐다.

IPCC의 특별보고서는, 인간 활동은 산업화 이전과 대비하여 지구의 온도 상승을 약 1℃ 유발시켰고 최근의 지구 온도 상승 추세는 10년당 0.2℃ 수준으로 분석했다. 이러한 추세가 지속된다면 2030~2052년 사이에 1.5℃를 초과할 것으로 전망했다.

또한, 파리협정에 따라 각 나라가 제출한 감축 목표에 따른 탄소 배출량은 2100년까지 지구의 평균온도 상승을 1.5℃로 제한하기 위한 잔여 탄소배출 총량(carbon budget)을 크게 초과한다고 진단했다. 각 나라의 감축 목표를 그대로 따른다면 2100년에는 지구의 평균온도가 산업화 이전 대비 3℃ 상승할 것으로 예상했다.

2100년까지 1.5℃로 제한하기 위해서는 2030년까지 2010년 대비 이산화탄소 배출량을 최소 45% 감축해야 한다고 권고했고, 2050년까지 지구 전체의 이산화탄소 배출량이 넷 제로[13]가 돼야 한다고 권고했다. 동시에 메탄, 에어로졸 등의 온실가스 감축 필요성도 언급했다.

참고로, 기후변화협약에 따라 국제적으로 관리되는 온실가스는 총 7종으로 이산화탄소(CO_2), 메탄(CH_4), 아산화질소(N_2O), 불화탄소(PFC), 수소화불화탄소(HFC), 육불화유황(SF_6), 삼불화질소(NF_3)를 포함하며, 우리나라에서는 삼불화질소를 제외한 6종의 온실가스를 법으로 규정하고 있다.

전체 온실가스 배출량 중에서 이산화탄소가 차지하는 비율이 73%로 월등히 높기 때문에 이산화탄소를 지구온난화의 주범으로 간주한다. 이산화탄소는 화석 연료를 태울 때 가장 많이 발생한다. 참고로, 가솔린(C_8H_{18})과 디젤($C_{12}H_{26}$)의 분자식을 보면 탄소(C)가 주렁주렁 달려있는데, 이를 태우면 수많은 탄소에 산소(O_2)가 달라붙으면서 다량의 이산화탄소(CO_2)가 방출되는 것이다. 따라서 탄소가 다량으로 농축되어 있는 화석 연료의 사용을 줄이는 것을 최우선 과제로 생각하는 것이다.

특별보고서에서는 지구의 상승 온도가 1.5℃일 경우와 2.0℃일 경우의 주요 영향을 비교했다. 고유 생태계 및 인간계에 대해서는 1.5℃일 경우 높은 위험, 2.0℃일 경우 매우 높은 위험을 예상했고, 해수면 상승은 1.5℃에서는 0.26~0.77m인 반면, 2.0℃에서는 0.30~0.93m를 예상했다. 산호초의 소멸은 1.5℃에서는 70~90%의 위험이 예상되는 데 반해, 2.0℃에서는 99%의 위험도를 예상했고, 서식지 절반 이상이 감소할 확률은 1.5℃에서는 곤충 6%, 식물 8%, 척추동물 4%인 데 반해, 2.0℃에서는 곤충 18%, 식물 16%, 척추동물 8%로 예상했다. 기후 영향과 빈곤에 취약한 인구 규모는 상승온도에 따라 증가하여 2.0℃에서 2050년까지 최대 수억 명 증가할 것으로 예상했다. 북극 해빙의 완전 소멸 빈도는 1.5℃에서는 100년에 한 번 발생하지만 복원 가능한 반면, 2.0℃에서는 10년에 한 번 발생하고 복원도 어려울 것으로 예상했다. 즉, 보고서에 따르면 지구의 상승 온도 1.5℃는 우리가 절대로 넘겨서는 안 될 임계치로 볼 수 있다.

---

13 넷 제로(net zero)는 배출되는 온실가스 양과 흡수되는 온실가스 양이 서로 같아 결과적으로는 배출이 0인 상태를 의미한다.

IPCC 6차 평가보고서

2021년 8월 IPCC는 6차 평가보고서 중 제1 실무그룹 보고서를 승인하고 해당 보고서를 공개했다. 해당 보고서에 따르면, 지구의 평균 온도 상승이 1.5℃에 도달하는 시점은 2021~2040년 사이가 될 가능성이 매우 크다. 이는 지난 지구온난화 1.5℃ 특별보고서에서 분석했던 도달 시점보다도 무려 10년이나 앞당겨진 수치다. 다시 말해, 지금부터 온실가스 배출을 크게 줄이지 않으면 2100년까지 지구의 온도 상승을 1.5℃로 억제하는 것은 불가능하다는 것이다. 이제는 기후변화 대응이 선택이 아닌 지구의 지속가능성 보장을 위한 최우선 과제가 된 것이다.

6차 평가보고서에 따르면, 최근 기후변화는 전 지구적으로 광범위하고 빠르게 진행되고 있으며 그 정도는 더욱 심해지고 있다고 설명한다. 기후 변화는 이미 지구상의 모든 거주 지역에 영향을 미치고 있으며, 극한 이상 기후 현상은 전적으로 인간의 영향에 기인한다는 것을 과학적으로 입증하고 있다.

해당 보고서의 서기 1년부터 2020년까지 관측된 지구 지표의 평균온도 변화를 보면, 산업화 이후인 1900년경 전후로 급격히 상승했음을 확인할 수 있다. 산업화 이전까지는 지구 평균 온도 변화가 0.5℃를 넘은 적은 단 한 번도 없었다. 이는 인간의 영향이 주요 인자임을 명확히 보여주는 결과다. 2020년 현재 지구 평균온도는 산업화 이전 대비 1.09℃ 상승한 상태다.

IPCC 6차 평가보고서에서는 미래의 사회경제상에 따른 5가지 시나리오를 제시하고, 각 시나리오별로 연간 이산화탄소 배출량을 예상했다. 각 시나리오는 인구, 경제, 토지 이용, 에너지 사용 등을 고려한 공통사회경제경로(Shared Socio-economic Pathway, SSP)로 정의했고, 온실가스 최저배출(SSP1-1.9), 저배출(SSP1-2.6), 중배출(SSP2-4.5), 고배출(SSP3-7.0), 최고배출(SSP5-8.5) 시나리오 각각에 대해서 온도변화를 예측했다.

지금부터 당장 화석연료 사용을 중단하고 재생에너지 기반 친환경으로 경제성장을 꾀하는 최저배출 시나리오, 현재의 배출량을 유지하다가 2050년경부터 온실가스를 줄이기 시작하는 중배출 시나리오, 온실가스 감축의 노력 없이 지금보다 더 배출량을 늘려 고속성장을 추구하는 최고배출 시나리오 등으로 구분하고 있다. 참고로, 시나리오 명칭 SSPx–y에서 y자리의 숫자는 2100년 시나리오에 기인하는 인간 활동이 대기에 미치는 복사강제력[14]의 대략적인 수준을 나타낸다.

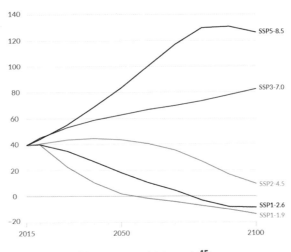

(a) 연간 CO_2 배출량(단위 GtCO$_2$/년[15])

시나리오	2021-2040		2041-2060		2081-2100	
	추정치	가능범위	추정치	가능범위	추정치	가능범위
SSP1-1.9	1.5℃	1.2~1.7℃	1.6℃	1.2~2.0℃	1.4℃	1.0~1.8℃
SSP1-2.6	1.5℃	1.2~1.8℃	1.7℃	1.3~2.2℃	1.8℃	1.3~2.4℃
SSP2-4.5	1.5℃	1.2~1.8℃	2.0℃	1.6~2.5℃	2.7℃	2.1~3.5℃
SSP3-7.0	1.5℃	1.2~1.8℃	2.1℃	1.7~2.6℃	3.6℃	2.8~4.6℃
SSP5-8.5	1.6℃	1.3~1.9℃	2.4℃	1.9~3.0℃	4.4℃	3.3~5.7℃

(b) 단기·중기·장기 지구 온도변화 예상

~~~◇~~~

14 복사강제력은 지구복사에너지 균형의 변화를 나타내는 지표로, 단위면적당 대기 에너지 흐름의 변화를 의미한다. 양의 값은 지구온난화를 의미하고, 음의 값은 지구냉각화를 의미한다.

15 단위 'GtCO$_2$/년'은 연간 CO_2 배출량의 단위로, Gt는 기가(Giga) · 톤(ton)을 의미한다. 1기가톤은 1x10^{9}톤으로 10억 톤에 해당한다.

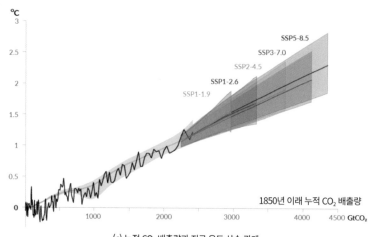

°C

(c) 누적 CO₂ 배출량과 지구 온도 상승 관계

시나리오별 (a) 연간 CO₂ 배출량, (b) 단기·중기·장기 지구 온도변화 예상,
(c) 누적 CO₂ 배출량과 지구 온도 상승 관계[16]

시나리오별 연간 CO_2 배출량을 보면, 최저배출 시나리오(SSP1–1.9)는 2050년경 CO_2 배출량이 0인 넷 제로 수준에 도달하고, 2100년 기준으로 지구 온도변화는 1.5℃ 수준을 달성하는 것으로 예측됐다. 하지만 저배출 이상의 시나리오에서는 모두 2100년 기준으로 지구 온도 변화가 1.5℃를 넘을 것으로 예측됐다. 최고배출 시나리오(SSP5–8.5)는 2100년 4.4℃ 수준까지 온도가 높아질 수 있어 지구의 지속가능성을 보장할 수 없는 것으로 봤다. 즉, 지구의 지속가능성 확보를 위한 1.5℃ 이내를 보장하려면 지금부터 당장 신속하게 대규모로 온실가스 배출량을 줄이지 않으면 안 된다는 결론이다.

특히, 지구의 온도 상승은 누적 이산화탄소 배출량과 비례 관계에 있기 때문에 넷 제로 수준에 도달하기 전까지는 지속해서 온도가 상승할 수밖에 없다. IPCC 보고서에 따르면 지구 온도 상승을 1.5℃로 제한하기 위해서는 누적 이산화탄소 배출량을 반드시 3,000GtCO₂ 이내로 보장해야 하며, 넷 제로 이후에는 마이너스 배출량을 통해 누적 이산화탄소 배출량을 지속해서 줄이는 과정이 필요하다.

[16] 출차: IPCC 6차보고서 제1실무보고서 정책입안자를 위한 요약서

탄소중립 2050

2100년까지 지구 온도변화를 1.5℃ 이내로 만들기 위해서는 최저배출 시나리오(SSP1−1.9)를 따르는 방법밖에는 없는 상황이고, 해당 시나리오를 현실화하기 위해서는 2050년까지 CO_2의 순 배출량이 0인 탄소중립을 달성해야만 한다. 참고로, 순 배출량은 배출량에서 흡수량을 뺀 양을 의미한다.

하지만 지금 이 순간에도 지구의 CO_2 농도는 빠르게 증가하고 있다. 지구의 과거 CO_2 농도 데이터를 보면, 1950년을 기준으로 지난 80만 년간 300ppm을 넘은 적이 단 한 번도 없었지만, 1950년경을 기점으로 CO_2 농도가 수직 상승하는 것을 확인할 수 있다.

2°Institute의 데이터에 따르면, CO_2 농도는 1910년에 300ppm을 넘어선 이후 2000년에 366ppm, 2010년에 389ppm을 거쳐 2022년 8월 21일 현재 무려 417ppm을 기록하고 있다. 즉, 80만 년간 유지되던 지구의 CO_2 농도가 불과 지난 100년간 약 40%나 급상승한 것이다.

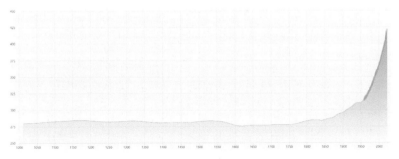

1000년부터 현재까지의 대기 중 CO_2 농도(ppm)[17]

우리나라 기상청에서 실측한 안면도, 고산, 울릉도, 독도 각 지역의 월평균 CO_2 농도 데이터에서도 CO_2의 증가 추세를 뚜렷이 확인할 수 있다. 참고로, 안면도의 2020년 12월 CO_2 농도는 423.6ppm이다.

───○───

17 출처: https://www.2degreesinstitute.org/

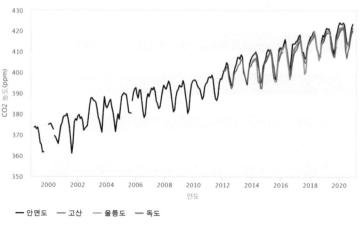

국내 CO$_2$ 월평균 농도 (출처: 대한민국 기상청)

지구의 지속가능성 확보를 위해서는 전 지구적으로 2050년까지 탄소중립을 달성하여 CO$_2$ 농도의 증가세를 감소세로 전환해야만 하는 상황으로, 이를 위한 기술 개발과 투자, 전 지구적 노력이 필요한 시점이다.

국가별로는 2022년 3월 현재 59개국이 탄소중립을 선언했고, 우리나라를 포함한 유럽연합, 미국, 영국, 프랑스, 일본 등 39개국이 2050년을 탄소중립 목표연도로 설정했다. 탄소중립을 현재 법제화로 강력하게 추진하고 있는 나라는 우리나라를 포함하여 독일, 스웨덴, 포르투갈, 캐나다, 덴마크, 스페인, 프랑스, 영국, 헝가리, 아일랜드, 일본, 뉴질랜드, EU 등 총 14개국이다. 국가나 지역 단위뿐만 아니라 각 도시나 기업이 스스로 탄소중립 목표를 선언하고 달성하기 위한 노력도 빠르게 확산 전파되고 있다.

목표	국가	주요 국가	법제화	정책문서화	선언/서약
2030	2	몰디브, 바베이도스		2	
2035	1	핀란드		1	
2040	3	오스트리아, 아이슬란드, 앤티가 바부다		3	
2045	3	독일, 스웨덴, 포르투갈	3		

목표	국가	주요 국가	법제화	정책문서화	선언/서약
2050	39	EU, 미국, 영국, 프랑스, 일본, 한국, 이태리 등	11	18	10
2053	1	터키		1	
2060	8	중국, 브라질, 러시아, 사우디, 우크라이나 등		4	4
2070	1	인도			1
미지정	1	싱가포르		1	
합계	59		14	30	15

탄소중립 선언 국가 현황[18]

탄소배출 현황

2019년 기준, 온실가스 중에서 화석연료 연소 시에 배출되는 이산화탄소(CO_2)가 73%로 단연 가장 높은 비율을 차지한다. 농축산 및 폐기물로부터 배출되는 메탄(CH_4)이 19%로 두 번째로 높다. 즉, 이산화탄소와 메탄이 전체 온실가스의 92%로 대부분을 차지한다.

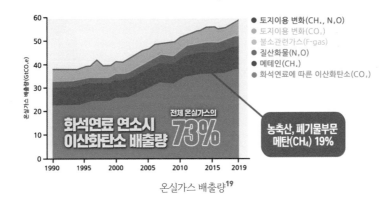

온실가스 배출량[19]

---

18 데이터 출처: https://zerotracker.net/ (2022년 3월 6일자 데이터 참조)

19 출처: https://www.youtube.com/watch?v=GRBDO47ylzY

온실가스 중에서 가장 높은 비율을 차지하는 화석연료에 의한 이산화탄소 배출량을 살펴보면, 산업화 이전인 1750년의 전 세계 이산화탄소 배출량이 9.3백만 톤에서 2020년 348억 톤으로 270년간 무려 3,722배나 증가했다. 특히, 연도별 배출량 데이터를 살펴보면 1950년을 기점으로 가파르게 상승하고 있는 것을 확인할 수 있다.

2020년 기준으로 대륙별 화석연료 연소 및 시멘트 생산에 의한 이산화탄소 배출량은 아시아(58.3%), 북아메리카(16.6%), 유럽(14.2%), 아프리카(3.8%), 남아메리카(2.9%), 오세아니아(1.3%) 순이다. 국가별 배출량은 중국이 30.6%로 단연 높고, 미국(13.5%)과 인도(7.0%)가 그 뒤를 잇는다. 상위 3개국의 배출량은 전 세계 배출량의 50%를 넘어선다. 또한, G20 국가의 배출량은 전 세계 배출량의 77%를 차지한다. 우리나라는 배출량 5.9억 톤(1.7%)으로 배출량이 9번째로 많은 나라다.

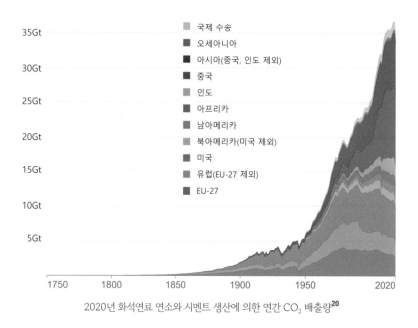

2020년 화석연료 연소와 시멘트 생산에 의한 연간 CO_2 배출량[20]

[20] 출처: Global Carbon Project, https://ourworldindata.org/co2-and-other-greenhouse-gas-emissions

대륙	CO_2 배출량(백만톤)	비율	비고
아시아	20,317	58.4%	중국 53%, 인도 12%
북아메리카	5,775	16.6%	미국 82%
유럽	4,946	14.2%	EU 53%, 러시아 32%
아프리카	1,326	3.8%	남아공 34%
(국제운송)	1,004	2.9%	
남아메리카	994	2.9%	브라질 47%
오세아니아	444	1.3%	호주 88%
합계	34,807	100.0%	

(a) 대륙별

국가	CO_2 배출량(백만톤)	비율
중국	10,668	30.6%
미국	4,713	13.5%
인도	2,442	7.0%
러시아	1,577	4.5%
일본	1,031	3.0%
독일	644	1.9%
사우디아라비아	626	1.8%
한국	598	1.7%
인도네시아	590	1.7%
캐나다	536	1.5%
브라질	467	1.3%
남아공	452	1.3%
터키	393	1.1%
호주	392	1.1%
멕시코	357	1.0%
영국	330	0.9%
이탈리아	304	0.9%
프랑스	277	0.8%

국가	CO_2 배출량(백만톤)	비율
스페인	209	0.6%
아르헨티나	157	0.5%
G20 합계	26,760	76.9%
G20 외 국가들	8,047	23.1%
전 세계	34,807	100.0%

(b) 국가별

2020년 화석연료 연소와 시멘트 생산에 의한 CO_2 배출량[21]

중국, 미국, 인도의 CO_2 배출량이 전 세계 배출량의 50%를 넘고, 우리나라를 포함한 G20 국가의 배출량이 무려 77%에 달하지만, 이로 인한 기후변화는 전 지구적으로 발생하고 있고, 특히 CO_2 배출량이 거의 없는 후진국에서 기후변화에 의한 피해가 훨씬 더 크게 발생하고 있다는 점은 우리에게 시사하는 바가 크다. 이는 탄소중립이 왜 전 지구적 노력이 필요한 문제인지, 그리고 선진국과 개발도상국이 특히 책임감을 가지고 탄소중립을 이루기 위해 앞장서야 한다는 사실을 잘 설명해준다.

2021년 기준으로 화석연료별 CO_2 배출량 데이터를 보면, 석탄에 의한 배출량이 40.5%로 가장 높고, 석유 31.7%, 가스 21.1%, 시멘트 4.8%, 기타 2% 순이다. 화석연료에 의한 전 지구적 배출량은 364억 톤이다. 화석연료 중에서는 석탄과 석유를 중심으로 사용량을 줄이는 것이 시급한 상황이다.

참고로, 2020년 화석연료에 의한 CO_2 배출량은 2019년 대비 5% 낮아졌는데, 이는 COVID-19 팬데믹에 의한 일시적 현상으로, 2021년 다시 4.6% 상승했다.

---

21 데이터 출처: Global Carbon Project, https://ourworldindata.org/co2-and-other-greenhouse-gas-emissions

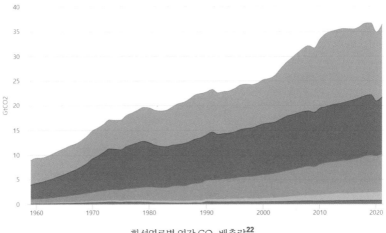

화석연료별 연간 CO$_2$ 배출량[22]

화석연료에 의한 CO$_2$를 포함한 전체 온실가스에 대한 분야별 배출 데이터를 보면, 에너지(전기, 열, 수송 등) 분야에서의 배출이 73.2%로 압도적으로 많다. 다음은 농업이나 축산업, 임업, 토지 이용 등의 분야에서의 배출(18.4%), 산업용 공정에서의 직접 배출(5.2%), 폐기물에서의 배출(3.2%) 순이다.

가장 많은 온실가스 배출이 일어나는 에너지 부문에서의 상세 분야별 데이터를 살펴보면, 산업 분야 24.2%, 빌딩 분야 17.5%(거주용 10.9%, 상업용 6.6%), 수송 분야 16.2%(도로 11.9%, 항공 1.9%, 선박 1.7%, 철도 0.4%, 파이프라인 0.3%) 순으로 온실가스가 배출되고 있다.

22 출처: Carbon Brief, https://www.carbonbrief.org/global-co2-emissions-have-been-flat-for-a-decade-new-data-reveals

분야별 온실가스 배출 비율[23]

에너지 73.2%

발딩 17.5%
(거주용 10.9%
상업용 6.6%)

산업 24.2%
(철강 7.2%
석유화학 3.6%
화학, 비철금속 0.7%
기계 0.5%
푸드, 담배 1.0%
폐지, 인쇄 0.6%
기타 산업 10.6%)

수송 16.2%
(도로 11.9%
항공 1.9%
선박 1.7%
철도 0.4%
파이프라인 0.3%)

기타 연료 연소
(바이오매스 / 원자력 등) 7.8%

화석연료 발전 시 누출 5.8%

농업, 어업 1.7%

가축, 분뇨 5.8%

농업용 토양 4.1%

작물 태우기 3.5%

산림 지대 2.2%

농업, 임업, 토지이용 18.4%

하수 처리 1.4%

시멘트 3.0%

화학 석유화학 2.2%

페기물 3.2%

산업 공정 5.2%

폐기물 1.9%

폐수 1.3%

우리나라의 온실가스 배출량은 2018년 기준으로 에너지 분야 86.9%, 산업공정 분야 7.8%, 농업 분야 2.9%, 폐기물 분야 2.3%로 총 7.28억 톤이다. 우리나라는 전 세계의 분야별 배출량과는 조금 다르게 에너지 분야의 배출량이 13.7%나 더 높다. 산업에서의 온실가스 배출량은 에너지 내에서의 산업 분야와 산업공정 분야를 합쳐 전체 배출량의 35.8%를 차지하고, 수송 분야와 건물 분야의 배출량은 각각 전체 배출량의 13.5%와 7.2%를 차지한다.

---

23 데이터 출처: https://ourworldindata.org/emissions-by-sector

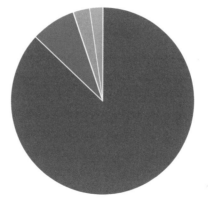

■ 에너지 86.9%   ■ 산업공정 7.8%   ■ 농업 2.9%   ■ 폐기물 2.3%

우리나라의 분야별 온실가스 배출 비율[24]

2050년까지 탄소중립을 달성하기 위해서는 분야별 온실가스 배출량을 고려한 효과적인 전략 수립이 필요하다. 에너지 전환을 포함하여 저탄소 기술 개발, 에너지 효율 증대, 온실가스 제거를 위한 혁신 기술 개발, 폐기물 재활용 확대, 그리고 우리의 행동 변화 유도 등을 동시에 추진해야 한다.

탄소중립을 이루기 위한 방법

2050년까지 탄소중립을 이루기 위해서는 현재의 온실가스 배출량을 줄이고, 이미 배출된 온실가스를 포집하여 제거함과 동시에 지구 환경에 의한 온실가스의 흡수량을 늘리는 작업이 필요하다.

온실가스 배출량을 줄이는 방법으로는 온실가스 배출이 없는 재생에너지로 전환하는 방법이 가장 바람직하고, 신에너지나 저탄소 기술을 이용하여 탄소 배출 저감을 실현할 수 있다. 이와 같은 기술혁신과 함께 에너지 사용량을 줄일 수 있는 행동 변화를 유도하여 온실가스 배출량을 줄이는 것 또한 반드시 병행돼야 한다.

24 데이터 출처: 「국가온실가스통계」 통계정보보고서(2018), 환경부

이미 발생한 온실가스를 포집하고, 활용·저장을 통해 탄소를 제거하는 탄소포집·활용·저장[25](이하 CCUS) 기술을 이용해서도 탄소를 줄일 수 있다. 포집한 탄소를 압축하여 해양 지층에 직접 저장하거나 포집한 탄소를 광물 탄산화, 화학적 전환, 생물학적 전환 등을 통해 처리할 수 있다.

자연환경은 온실가스의 흡수원이다. 산림이나 해양, 갯벌, 습지, 초지 및 녹지 등은 우수한 탄소 흡수원으로 작용한다. 자연환경을 통한 탄소 흡수량을 높이기 위해서는 자연환경의 인위적인 훼손을 방지하고, 산림 재해를 예방하고 최소화하기 위한 기술 개발이 필요하다. 또한, 해양 생태계를 보호하고, 갯벌이나 습지, 초지, 녹지 등을 보호 및 확대 조성하여 탄소 흡수원을 확충하려는 노력이 필요하다.

탄소중립을 위한 대부분의 방법은 상당한 규모의 투자가 수반되고, 장기적이고 체계적인 기술개발 전략이 요구되며, 정부를 포함한 산업계, 학계, 연구 분야, 민간분야 등 모든 구성원이 함께 노력해야만 이룰 수 있다.

탄소중립 위한 방법

배출량 저감			탄소포집활용저장(CCUS)		흡수원 확충
에너지 전환	산업 저탄소화	고효율화	탄소 포집·저장 (CCS) (포집·압축 후 깊은 지하에 저장)	탄소 포집·활용 (CCU) (포집·압축 후 연료·화학·건축자재·바이오 분야 등에 활용)	자연환경 훼손 방지 및 보호
재생에너지	철강·시멘트	건물·수송			산림 재해 예방·방지 기술개발
신에너지	석유화학	농축수산			갯벌·습지·초지·녹지 확대 조성
행동변화 유도	산업공정	자원순환			

탄소중립을 이루기 위한 방법 예시

탄소배출 전망

전 세계의 인구 및 경제 성장에 의한 활동은 지속해서 증가하므로 에너지 소비량은 증가할 수밖에 없다. 따라서 2050년까지 탄소의 순 배출량이 제로인 탄소중립을 달성하기 위해서는 매우 도전적인 노력이 필요하다. 2020년

25 탄소포집·활용·저장: Carbon Capture, Utilization and Storage(CCUS)

현재 전 세계 에너지의 80%가 화석연료로 만들어진다는 사실을 고려하면 과연 2050년에 탄소중립을 달성할 수 있을지 강한 의구심이 들지만, 탄소중립은 지속가능한 지구를 위해 반드시 달성해야 할 의무적 목표다.

2021년 국제에너지기구[26](이하 IEA)는 「Net Zero by 2050: A Roadmap for the Global Energy Sector」 보고서를 통해 에너지 관점에서의 탄소중립 2050 시나리오 전략을 로드맵으로 제시했다. 세계 인구는 2020년 78억 명에서 2050년 97억 명으로 증가하고, 2050년 세계 GDP는 2020년 대비 200% 이상의 경제성장을 이룰 것이라는 예측을 기반으로 시나리오를 전개했다.

IEA 보고서에 따르면, 총에너지 공급량은 2019년 약 600EJ[27] 대비 2050년 약 540EJ로 오히려 줄어든다. 인구는 30억 명 증가하고 경제 규모는 3배 이상으로 확대됨에도 불구하고 총에너지 공급량이 줄어드는 이유는 에너지 강도[28]가 매년 감소하기 때문이다. 에너지 강도는 전기화를 포함하여 에너지 및 재료 효율성 기회 늘리기, 행동 변화를 통한 에너지 사용량 줄이기, 전통적인 바이오 에너지 사용 탈피를 위한 노력 등의 조합으로 낮출 수 있다.

2020년 기준, 화석연료에 의한 에너지 공급은 오일(30%), 석탄(26%), 천연가스(23%)를 포함하여 약 80%를 차지한다. IEA 보고서의 탄소중립 시나리오 로드맵에 따르면, 2050년 총에너지 공급은 화석연료 22%, 신재생에너지 67%, 원자력 에너지 11%로 크게 바뀐다. 단, 2050년이 되어도 화석연료 에너지가 완전히 사라지지 않는 이유는 항공이나 중공업, 공장 등 화석연료를 대체하기가 어려운 분야가 있기 때문이다. 다만, 화석연료를 사용하더라도 CCUS 기술을 이용한 탄소포집이 요구된다.

탄소 배출량 저감 조치는 에너지 효율화, 전기화, 재생에너지, 수소 및 수소 기반 연료, 바이오에너지, CCUS 기술, 행동 변화 등을 모두 적용해야 한다. IEA 보고서는 2020년에서 2030년까지 에너지 소요 관점에서 CO_2 배출

[26] 국제에너지기구: International Energy Agency(IEA)
[27] EJ는 엑사줄(Exa-Joules)의 약자로, 10^{18}줄(Joules)을 나타낸다.
[28] 에너지 강도는 GDP 단위 생산에 사용되는 에너지의 양을 의미한다.

량이 24% 증가하지만 저감 조치로 50%를 줄여야 하고, 2030년에서 2050년 까시 CO_2 배출량이 주가로 51% 증가하지만 저감 조치로 총배출량 100%를 모두 줄여야 함을 제시한다. 이는 매우 도전적인 목표로 전 지구적인 노력이 반드시 필요하다.

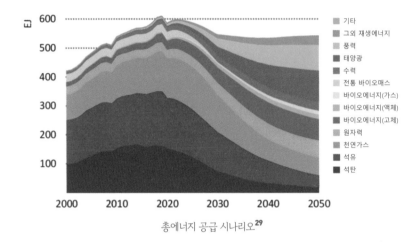

총에너지 공급 시나리오[29]

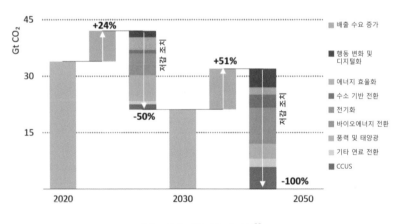

저감 조치에 의한 배출량 감소[30]

29 출차: IEA의 「Net Zero by 2050」 보고서
30 출차: IEA의 「Net Zero by 2050」 보고서

RE100

RE100은 'Renewable Electricity 100'의 약자로 사업을 영위하는 데 필요한 에너지를 재생 전기 100%로 사용하겠다는 글로벌 기업 재생에너지 이니셔티브다. RE100의 가장 큰 목적은 글로벌 기업들이 자발적으로 나서서 기후변화를 막는 것이다. 2021년까지 RE100 전체 멤버 전기 소비량의 45%가 이미 재생 전기일 정도로 재생에너지로의 전환은 빠르게 이루어지고 있다.

2022년 4월 10일 기준으로 359개의 기업이 가입했으며, 구글, 마이크로소프트, 스타벅스, 나이키, 코카콜라, BMW, 애플, HP, 이베이, 레고, 비자, 3M, 인텔, 에어비앤비, 화이자 등 우리가 아는 글로벌 기업 대부분은 가입을 완료했다. 우리나라는 2020년에 SK하이닉스, SK텔레콤, ㈜SK, SK머티리얼즈, SK실트론, SKC가 처음 가입했고, 2021년에는 LG에너지솔루션, 아모레퍼시픽, 한국수자원공사, 고려아연, KB금융그룹, 미래에셋증권, SK아이이테크놀러지, 롯데칠성음료, 2022년에는 인천국제공항이 가입하여 4월 10일 기준으로 회원사는 총 15개다.

우리나라 기업이 RE100을 주목해야 하는 이유는 회원사 스스로 사용하는 에너지만이 아닌 회원사의 공급망에 포함된 협력사까지 모두 고려하여 RE100을 적용한다는 점이다. 대표적인 예로, 애플은 2018년 4월에 이미 데이터 센터 및 본사, 전 세계의 모든 애플 매장이 100% 청정에너지에 의해 가동되고, 총 23개의 협력업체도 애플 제품을 청정에너지 100%로 생산할 것을 약속했다고 발표했다. 2020년 7월에는 부품 조달부터 서비스 제공에 이르는 전 사업 활동에서 2030년까지 탄소중립을 달성하겠다고 선언했다. 이제 애플에 부품을 공급하기 위해서는 2030년까지 모든 협력사가 탄소중립을 달성해야만 한다. BMW도 배터리 셀을 공급하는 협력사에 100% 재생에너지를 활용할 것을 요구하고 있다. 수출로 먹고사는 우리나라 기업들에게는 RE100이 선택이 아닌 필수가 되고 있다.

3.1 _ 탄소중립은 선택이 아닌 필수다

100% 재생에너지로 전력 공급받는 애플의 쿠퍼티노 본사 (출처: 애플)

배출권거래제와 탄소국경세

유럽연합은 지구 온난화 문제를 해결하기 위해 2005년부터 배출권거래제를 시행했다. 배출권거래제는 온실가스를 배출하는 발전소, 공장 및 각종 시설을 대상으로 연 단위 허용 배출량을 할당하고, 해당 사업장의 온실가스 배출량을 평가하여 남거나 부족한 배출량에 대해 상호 간의 거래를 허용하는 제도다. 유럽연합은 대상 사업장에 대한 배출 할당량을 지속해서 낮춰가고 있다. 배출권거래제는 유럽연합의 주요 기후 정책으로 작동하며 그동안 온실가스 배출량 감소에 큰 효과를 거뒀다.

2021년 7월에는 탄소중립 2050을 달성하기 위해 1990년 대비 2030년의 배출량을 55% 감축한다는 도전적인 '핏–포–55(Fit–for–55)' 패키지 정책을 발표했다. 해당 패키지 정책에는 유럽연합 내의 공장이 배출량 규제를 피해 다른 지역으로 이전하는 '탄소누출'을 막기 위한 '탄소국경조정 메커니즘[31]'도 포함됐다.

---

31 탄소국경조정 메커니즘: Carbon Border Adjustment Mechanism

탄소국경조정 메커니즘은 유럽연합으로 유입되는 제품 중에서 유럽연합 밖의 지역에서 생산한 제품에 대해 생산 과정 중 발생한 온실가스 배출 비용을 지불하도록 한 제도다. 이것은 탄소 배출량을 줄이기 위해 많은 투자를 하고 있는 유럽연합 내의 기업을 보호하기 위한 장치이기도 하다. 탄소배출 규제가 약한 국가의 기업들은 상대적으로 적은 투자 비용으로 인해 더 높은 가격경쟁력을 갖기 때문이다. 온실가스 배출이 많은 품목인 철강, 시멘트, 전력, 알루미늄, 비료 등이 우선 적용 대상이지만, 점차 확대될 것으로 전망된다. 탄소국경세의 기반이 될 탄소국경조정 메커니즘은 2021년 12월에 다시 발표된 개정안에 따라 2024년까지 계도 기간을 거쳐 2025년부터 본격 시행될 예정이다.

유럽연합의 탄소국경세는 수출로 먹고사는 우리나라에 시사하는 바가 매우 크다. 우리나라도 2020년 10월 탄소중립 2050을 발표했고, 2015년부터 배출권거래제를 시행하고 있지만, 실질적인 배출량 감축 성과는 미흡한 실정이다. 앞으로 탄소 배출량 감축에 힘을 쏟지 않으면 우리나라 기업들의 수출경쟁력은 급격히 낮아질 것이다. 이미 당면한 탄소국경세 문제를 해결하려면 정부의 효과적인 탄소중립 정책을 통한 빠른 에너지 전환과 함께 저탄소 기술 및 CCUS 기술을 통한 탄소 배출량 감축이 매우 시급하다.

3.2

지구 살리기에
꼭 필요한 신재생에너지

탄소중립 2050 달성을 위해 가장 많은 양의 온실가스를 줄여야 하는 분야는 전체 배출량의 73%를 차지하는 에너지 영역이다. 특히 우리나라 에너지 영역의 온실가스 배출량은 무려 87%를 차지한다. IEA의 탄소중립 시나리오에 따르면, 현재 에너지 공급의 80%를 차지하는 화석연료를 2050년까지 22%로 줄이고 신재생에너지 비율을 67%까지 끌어올려야 한다. 이 시나리오는 탄소중립 달성에 있어서 신재생에너지가 얼마나 중요한 역할을 하는지 잘 설명해 준다.

신재생에너지는 신에너지와 재생에너지를 모두 포함하는 표현이다. 신재생에너지에 대한 상세 구분은 나라별로 조금씩 차이가 있지만, 여기서는 우리나라의 신재생에너지법을 기준으로 재생에너지와 신에너지를 각각 알아보자.

재생에너지

우리나라의 신재생에너지법 제2조는 재생에너지를 다음과 같이 정의한다. 햇빛·물·지열·강수·생물유기체 등을 포함하는 재생 가능한 에너지를 변환시켜 이용하는 에너지로서, 태양에너지, 풍력, 수력, 해양에너지, 지열에너지, 생물자원을 변환시켜 이용하는 바이오에너지 및 재생폐기물에너지를 말한다. 즉, 시간이 지남에 따라 자연적으로 보충돼 재생이 가능한 자원을 기반으로 하는 에너지를 의미한다.

재생에너지 중에서 태양에너지는 거의 무한정 활용할 수 있는 양이 지구로 유입된다. 독일항공우주센터(DLR)의 2007년 발표 자료에 따르면, 지구 전 대륙으로 유입되는 태양에너지 일조량은 전 세계 1차 에너지 소비량(2004년 기준)의 무려 1,800배에 달한다. 태양에너지 다음으로 풍력에너지는 200배, 바이오에너지는 20배, 지열에너지는 10배, 해양에너지는 2배, 수력에너지는 1배 순이다. 즉, 이론상으로는 재생에너지만으로도 전 지구적으로 사용하는 에너지를 충분히 공급하고도 남는다. 2021년 기준으로 전 세계 전기 발전량의 28%가 재생에너지를 기반으로 한다.

특히, 태양에너지와 풍력에너지가 거의 무한하다는 점은 전 세계적으로 태양광 발전과 풍력에너지 발전에 많은 투자가 이루어지는 이유를 쉽게 설명한다. 참고로, 태양에너지를 활용하는 기술은 크게 태양광 발전과 태양열 기술로 구분할 수 있다. 두 가지 모두 태양에너지로부터 기인하지만 서로 다른 기술이다.

1) 태양광 발전

태양광(solar photovoltaic, PV) 발전은 태양전지를 이용하여 태양광을 직접 전기로 변환하는 방식이다. 태양전지의 최소 단위인 반도체 셀이 빛을 흡수하면 광전효과에 의해 자유전자와 자유정공이 생기면서 전류가 흐르는 원리를 이용한다. 하나의 셀에서 나오는 전압은 매우 작기 때문에 수많은 셀을 직렬로 연결하여 높은 전압을 출력하는 모듈(패널) 형태로 제작한다. 태양광 발전소는 수많은 태양광 패널을 어레이 형태의 시스템으로 연결하여 고용량의 전기를 만들어낸다.

태양광 셀은 적용 소재에 따라 실리콘계, 화합물계, 유기계, 유/무기계로 구분되는데, 현재 생산되는 태양광 모듈의 95% 이상이 실리콘계다. 실리콘계 모듈은 높은 효율, 낮은 가격, 긴 수명으로 시장에서 주류가 됐다. 보통 실리콘계 모듈은 25년이 지나도 80% 이상의 효율을 갖는다.

변환 효율은 태양광 발전에서 가장 중요한 지표다. 셀로 흡수된 빛 에너지 대비 출력되는 전기에너지의 비율로 계산한다. 현재 가장 많이 사용되는 실리콘계 태양광 모듈의 변환 효율은 이론상 32%가 최대로 알려져 있으나, 대부분의 생산 제품은 18~23% 수준이다. 하지만 많은 연구자들이 에너지 변환 효율을 높이면서도 생산 원가는 낮출 수 있는 기술을 확보하기 위해 끊임없이 연구개발하고 있다.

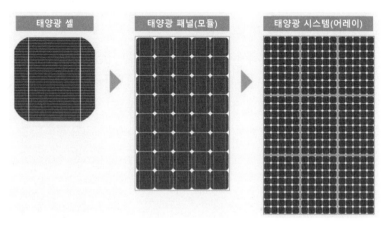

태양광(PV) 셀, 패널, 시스템의 예[32]

미국의 국립재생에너지연구소(NREL)는 1976년부터 현재까지 다양한 태양전지 셀 기술의 변환 효율에 대해 확인된 가장 높은 연구 결과 데이터를 수시로 업데이트하여 공개하고 있다. NREL의 최신 데이터에 따르면, 상용화된 단결정 실리콘 태양전지 기준으로는 2017년 일본 카네카(Kaneka)사의 효율인 26.6%[33]가 가장 높다.

최근에는 천연광물인 페로브스카이트(Perovskite)가 실리콘 다음의 태양전지 소재로 주목받고 있다. 페로브스카이트 태양전지는 실리콘 대비 가격이 싼 데다 가볍고 얇고 유연해 전 세계의 많은 연구기관에서 차세대 태양

32 출처: https://www.energy.gov/eere/solar/articles/pv-cells-101-primer-solar-photovoltaic-cell
33 출처: https://www.nrel.gov/pv/cell-efficiency.html

전지 솔루션으로 연구 중이다. 실리콘 대비 낮은 변환 효율이 해결 과제였으나 최근 25.8%까지 기술 개발에 성공하면서 상용화 가능성이 크게 높아졌다. 2022년 1월 현재 세계 최고 수준의 기록은 우리나라 UNIST의 연구팀이 보유하고 있다.

태양광 발전이 재생에너지 중에서도 높은 비중을 차지하는 만큼 태양전지 효율에 대한 기술 발전 및 상용화는 탄소중립 2050을 달성하는 데 있어서 매우 중요하다.

지붕에 태양광 발전 시스템 설치한 테슬라 기가팩토리4 (출처: 테슬라)

전 세계 태양광 발전 누적 설치 용량 추이를 살펴보면 2010년경부터 가파르게 상승하여 2021년 기준 발전 용량 843GW를 넘어섰고, 2017년 이후 중국이 유럽연합의 발전 용량을 추월했다. 참고로, 2020년 기준 태양광 발전 누적 설치 용량은 중국이 306GW로 가장 높고, 미국 94GW, 일본 74GW, 독일 58GW, 인도 49GW, 이탈리아 23GW, 호주 19GW, 한국 18GW 순이다. 우리나라 설치 용량은 전체의 2.1% 수준이다.

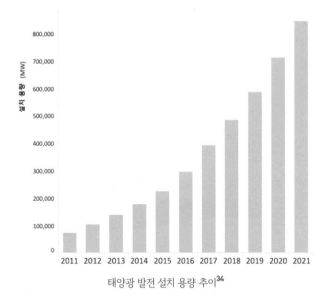

태양광 발전 설치 용량 추이[34]

2022년 기준으로 세계에서 가장 큰 태양광 발전소는 중국 롱양샤 댐의 수력발전소에 하이브리드 형태로 건설된 용량 850MW의 태양광 발전소다. 무려 4백만 개의 태양광 패널이 27km² 면적에 설치됐다. 참고로, 서울시 관악구의 면적은 29.6km²다. 또한, 아랍에미리트의 수도인 아부다비에는 더 큰 용량인 938MW의 태양광 발전소가 건설 중이다.

세계에서 가장 큰 롱양샤 댐 태양광 발전소[35]

34 출처: https://www.irena.org/solar

35 출처: https://earthobservatory.nasa.gov/images/89668/longyangxia-dam-solar-park

2) 태양열에너지

태양광(PV) 발전이 태양 빛을 직접 전기에너지로 변환하는 기술이라면, 태양열(Concentrated Solar Power, CSP) 기술은 태양복사에너지를 집열기를 통해 열에너지로 변환해 열에너지를 직접 이용하거나 축열기에 저장 후 필요시 사용하는 기술이다. 물론 태양열의 경우에도 집광을 통해 열에너지로 전기를 발전하는 방식도 가능하다.

대부분의 태양열 시스템은 건물의 난방이나 온수 공급용으로 활용된다. 시스템 구성은 집열기와 축열조, 열교환기 및 보조 보일러 등으로 이루어진다. 태양열로 집열기를 통과하는 열매체를 데워서 열에너지를 모은다. 이때 겨울에 얼지 않도록 열매체는 주로 부동액을 사용한다. 데워진 열매체의 열에너지는 열교환기를 통해 축열조의 물을 데우고, 저장된 축열조의 물은 건물의 온수나 난방으로 활용된다. 태양열 시스템은 구성이 매우 간단하다는 장점이 있지만, 계절에 따라 태양열에너지가 부족할 수 있기 때문에 보통은 보조 보일러와 함께 구축한다.

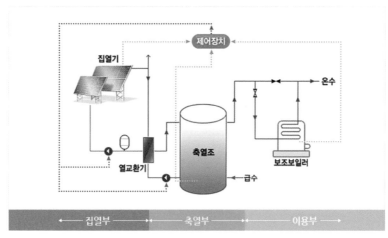

태양열 시스템의 구성 예시 (출처: 한국에너지공단 신재생에너지센터)

태양열을 이용한 전기 발전도 가능하다. 수많은 집광용 반사판을 설치하고, 반사판을 통해 집광된 태양열로 물을 데워 스팀 터빈 엔진을 돌리고, 터빈 엔진이 발전기를 돌려 전기를 만든다. 우리나라에는 대부분 태양열이 아닌 태양광 발전소기 있지만, 해외에는 태양열 발진소도 다수 건실되어 운영되고 있다.

2022년 현재 세계에서 가장 큰 태양열 발전소는 510MW 용량을 갖는 모로코의 '와르자자트 솔라 파워' 발전소다. 이곳에는 72MW의 태양광 발전소도 함께 건설되어 있어 총 582MW 규모다. 또한, 두바이에서는 더 큰 용량인 700MW 규모의 태양열 발전과 250MW 태양광 발전의 하이브리드 형태인 '누어 에너지 1' 발전소가 건설 중이다.

세계에서 가장 큰 와르자자트 태양열 발전소[36]

태양광(PV) 발전과 태양열(CSP) 발전은 각각 장단점이 있다. 발전 비용 측면에서는 태양광 발전이 싸다. 태양광 패널 단가는 지속적으로 낮아지고 있어 태양광 발전 비용은 더욱 낮아질 전망이다. 태양열 발전의 장점은 열에너지 저장 기술을 이용해 비교적 쉽고 효율적으로 에너지를 저장해둘 수 있다는

36 출처: https://twitter.com/engineers_feed/status/1125991179164749824?lang=ar-x-fm

점이다. 예를 들어, 600℃ 가까이 올라가는 용융 소금을 열매체로 사용해 에너지를 저장하면 밤이나 흐린 날씨에도 저장된 열에너지로 전기 발전이 가능하다. 반면에 태양광 발전은 대용량 배터리가 필요하기 때문에 에너지 저장이 쉽지 않다. 최근 건설되는 태양열 발전소는 두 가지 장점을 모두 살린 하이브리드 형태가 많다. 하지만 전 세계적으로 설치 용량을 보면, 2021년 기준 태양광 발전 용량 843GW 대비 태양열 발전은 6.4GW로 태양에너지 발전의 불과 0.8%에 지나지 않는다.

3) 풍력 발전

풍력 발전은 바람으로 발전기의 날개를 회전시켜 전기를 생산하는 기술이다. 풍력에너지는 자연적으로 생성되는 에너지로 지구상에서 태양에너지 다음으로 풍부한 재생에너지다. 낮에만 생기는 태양에너지와는 달리 풍력에너지는 바람만 분다면 밤과 낮의 구분 없이 이용할 수 있다는 장점이 있다. 태양광 발전의 전 세계 평균 이용률[37]은 2020년 기준 16.1%인 반면, 풍력 발전은 이용률이 25~45% 수준이다. 풍력 발전의 이용률은 장소에 따라 많게는 태양광 대비 3배 가까이 높아진다. 해상 풍력 발전의 이용률이 육상보다 상대적으로 더 높다. 2021년 기준 해상 풍력 발전의 설치 규모는 육상 풍력 대비 7% 수준이지만, 증가율은 6배다.

탐라해상풍력단지에 설치된 3MW급 풍력발전 설비 (출처: 두산중공업)

---

37 이용률(capacity factor)은 주어진 기간 동안 이론상 가능한 최대 발전량 대비 실제 발전량의 비율을 말한다. 예로, 태양광 발전은 밤에는 발전이 안 되니 이용률이 떨어지고, 풍력 발전은 바람이 불지 않는 시간으로 인해 이용률이 떨어진다.

풍력 발전의 설치 용량은 다른 재생에너지와 마찬가지로 2010년 이후 급격히 상승하고 있다. 2021년 기준 풍력 빌전의 전 세계 실지 용량은 825GW로, 843GW인 태양광 발전 용량과 비슷하다. 국가별 풍력 발전 설치 용량은 중국이 329GW로 전체의 40%를 차지한다. 다음으로는 미국 133GW, 독일 64GW, 인도 40GW, 스페인 27GW, 프랑스 19GW 순이다. 우리나라는 1.7GW로 전체의 0.2% 수준이다.

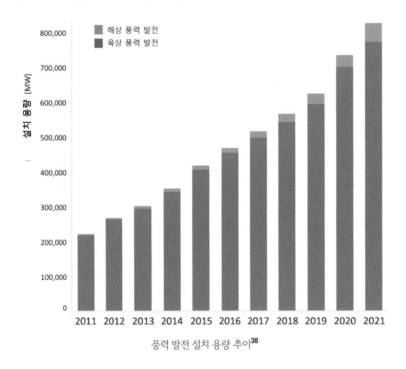

풍력 발전 설치 용량 추이[38]

2021년 기준 풍력에너지의 연간 발전량은 1,814TWh로 태양에너지의 연간 발전량인 1,023TWh보다 77% 이상 높다. 설치 용량 기준으로는 2% 적은데 반해, 연간 발전량이 오히려 크게 높은 것은 풍력 발전의 이용률이 월등히 높다는 의미다. 2021년 데이터를 기준으로 환산하면 풍력 발전의 평균 이용률은 태양에너지 발전의 약 1.8배 수준이다.

38 출처: https://www.irena.org/wind

현재 세계에서 가장 큰 풍력 발전 단지는 중국 북서부의 고비사막에 위치한 간쑤(Gansu) 풍력 발전 단지다. 현재까지 완성된 풍력 발전 용량은 8GW고, 무려 7,000기의 풍력 발전 터빈이 설치됐다고 한다. 현재도 추가 공사 중으로 20GW까지 확장을 목표로 하고 있다.

4) 수력 발전

수력 발전은 흐르는 물이 가지고 있는 에너지로 전기를 생산한다. 물이 흐르면서 터빈(수차)을 회전시키고, 다시 회전에너지를 전기에너지로 변환하는 방식이다. 가장 일반적인 수력 발전소는 댐을 건설하여 큰 저수지를 만들어 높은 위치에너지를 확보하고, 전기가 필요할 때 물을 흘려 발전하는 형태다. 물의 낙차가 크고 흐르는 물의 양이 많을수록 전력 생산량은 많아진다. 수력 발전은 저수지에 물을 가두는 것으로 에너지를 저장할 수 있고, 필요한 시점에 실시간으로 발전할 수 있다는 장점이 있다. 또한, 매년 강수량이 존재하기 때문에 자연적으로 에너지가 생성되는 재생에너지에 해당된다. 다만, 남는 전기를 이용하여 낮은 곳의 물을 높은 곳의 저수지로 끌어올리는 양수 발전도 병행하게 되는데, 이러한 양수 발전은 재생에너지로 인정하지 않는다.

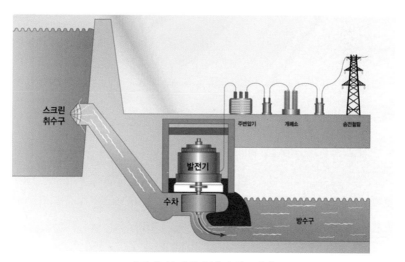

수력 발전소의 원리 (출처: 한국전력)

수력에너지는 역사적으로 인류가 가장 오래 사용해온 재생에너지로, 연간 발진량 기준으로는 현재 재생에너지 중 가장 높은 비중을 차시한다. 2021년 기준 수력의 연간 발전량은 4,206TWh로 전체 재생에너지 발전량의 54%를 차지한다. 풍력 발전량 23%, 태양에너지 발전량 13%, 나머지 재생에너지 발전량 10% 순이다. 전 세계 설치 용량 관점에서도 수력 발전은 1,230GW로 재생에너지 중에서 가장 높다. 그중 중국이 355GW로 전체 수력 발전 용량의 30%를 차지하고, 브라질 109GW, 캐나다 83GW, 미국 80GW, 러시아 51GW, 인도 47GW, 노르웨이 35GW 순이다. 우리나라는 1.8GW로 전체의 0.15%를 차지한다.

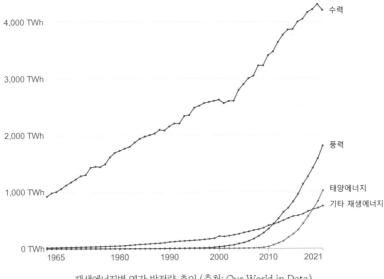

재생에너지별 연간 발전량 추이 (출처: Our World in Data)

수력 발전은 재생에너지 중에서도 온실가스 배출량이 가장 적고 발전단가도 가장 저렴한 방식이다. 이론적으로는 최우선으로 고려해야 하지만, 입지 조건의 영향이 많고, 대부분의 선진국은 입지 조건이 우수한 곳에 이미 수력 발전소 건설을 완료한 상황으로 신규 댐 건설은 쉽지 않다. 물론, 전 세계적으로는 여전히 신규 댐을 건설할 곳이 많이 남아 있다.

우리나라의 경우 신규 댐 건설은 이미 완료된 상황으로, 오래된 설비를 개선하는 정도가 남아있다. 좋은 입지 조건을 갖춘 노르웨이는 수력 발전이 전체 발전량의 90%를 차지하지만, 우리나라는 1.1%에 불과하다. 재생에너지가 아닌 양수발전을 포함해도 우리나라 발전량의 4.7%다.

최근에는 대규모 댐 건설을 통한 대수력 발전 외에도 작은 규모의 소수력 발전이 관심을 받고 있다. 기준은 나라마다 다르지만 소수력 발전에 대한 기술개발과 투자가 모든 국가에서 이뤄지고 있다. 소수력 발전은 발전 용량만 다르고 개념 측면에서는 대수력 발전과 차이가 없지만, 실제 적용 관점에서는 작은 하천이나 산의 좁은 계곡 등 다양한 곳에 설치 가능하다는 장점이 있다. 보통 소수력은 1~10MW 용량의 발전을 말한다. 해외에서는 더 작은 용량에 대해 미니수력(100~1,000KW), 마이크로수력(5~100KW), 피코수력(5KW 이하)으로 구분하기도 한다.

2012년 이후로 현재까지 세계에서 가장 큰 발전소는 중국 양쯔강의 싼샤 댐(Three Gorges Dam)에 설치된 수력 발전소다. 발전 용량은 무려 22.5GW고, 연평균 95TWh의 전기를 생산한다.

5) 해양에너지

해양에너지 발전은 해양에 흡수된 에너지를 전기에너지로 변환하는 발전 방식이다. 이때 해양에 흡수된 에너지는 크게 지구와 달, 태양의 천체 운동에 의한 에너지와 태양에너지로부터 기인한다.

천체 운동에 의한 에너지는 밀물과 썰물을 만들고 이때 발생하는 조수 간만의 차를 이용해 터빈을 돌려 발전을 가능케 한다. 가장 일반적인 형태는 바다에 방조제를 만들어 바닷물 저수지를 만들고, 방조제를 기준으로 조수로 인해 발생하는 바닷물의 높이차를 이용하는 것이다. 밀물 때는 해수면이 높아지면서 바닷물이 저수지로 들어오는 조력에 의해 발전기가 돌아가고, 썰물 때는 저수지의 높은 물이 낮아진 바다로 빠지면서 발전기가 돌아간다. 입지 조건에 따라 밀물 때만 발전을 하거나 썰물 때만 발전을 하기도 한다. 1967년 세계 최초로 완공된 240MW 용량의 프랑스 랑스 발전소는 썰물 때만 발전하는 방식이고, 2011년 완공된 세계 최대 규모인 우리나라 시화 발전소는 밀물 때만 발전하는 방식이다. 시화 발전소 용량은 254MW고, 연간 발전량은 552GWh에 달한다.

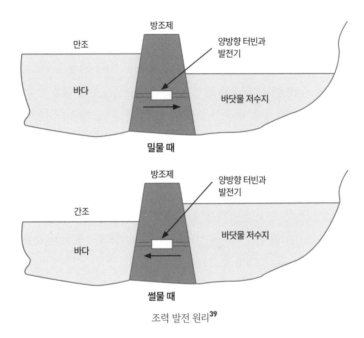

조력 발전 원리[39]

풍력이 바람을 이용하는 것처럼, 방조제를 만들지 않고 직접 조류의 흐름을 이용하는 조류 발전도 가능하다.

태양에너지로부터 기인한 해양에너지는 파도나 해류, 바다 깊이에 따른 온도 차 등을 만든다. 파도의 힘을 이용해 발전하는 방식이 파력 발전이고, 해류의 흐름을 이용해 발전하는 방식이 해류 발전이다. 또한, 해양의 표층과 심층 온도 차에 의한 열에너지로 발전하는 방식을 해수 온도 차 발전이라 한다.

39 그림 참조: https://www.electroniclinic.com/tidal-power-plant-ocean-tide-tidal-energy-power-generation/

해양에너지 발전은 매우 미미한 수준으로 조력 발전을 제외하고는 현재 초기 단계다. 2021년 기준 해양에너지의 전 세계 발전 설치 용량은 524MW로, 풍력 발전의 0.06%에 불과하다. 그중에서 99%는 조력 발전 설치 용량이다. 다만, 최근 영국에서 320MW 용량의 스완지 해역 조력 발전소 프로젝트를 추진 중이며, 총 6개의 조력 발전소 건설을 통해 총 16GW 용량을 확보할 계획이다.

◀ 밀물 때

◀ 썰물 때

영국 스완지(Swansea) 해역의 양방향 조력 발전소 프로젝트[40]

6) 지열에너지

지열에너지는 지구의 지하에서 파생되는 열에너지다. 태양열의 약 47%가 지표면을 통해 땅속에 저장되고 지표면에서 가까운 땅속의 온도는 계절에 상

---

40 출처: https://www.tidallagoonpower.com/projects/swansea-bay/

관없이 10~20℃를 유지한다. 이를 이용해 건물의 냉난방에 직접 적용하는 형태가 지열에너지 활용의 가장 흔한 형태다. 여름에는 땅속이 더 차갑고 겨울에는 땅속이 더 따뜻한 상황을 이용한다. 땅속에 매설한 파이프로 열매체를 통과시켜 여름에는 냉방, 겨울에는 난방을 가능케 한다. 이때 열매체의 흐름을 통해 열교환하는 히트펌프를 가동하기 위한 약간의 전력에너지 공급만 있으면 충분하다.

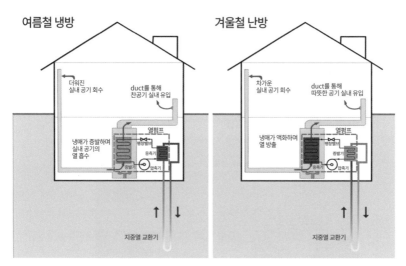

지열에너지를 이용한 냉난방 원리[41]

지열에너지는 전기 발전에도 활용된다. 태양열을 흡수하는 땅속 깊이는 10~15m 정도이고, 그 이후부터는 약 6,000℃로 추정되는 지구 중심부로 가까워질수록 땅속의 온도가 올라간다. 일반적으로 지하 10km 깊이까지는 1km당 25~30℃가량 온도가 상승한다. 즉, 깊은 땅속의 높은 열에너지를 이용해 발전이 가능하다. 하지만 깊은 땅속의 열에너지를 이용하기 위해서는 많은 투자 비용이 들기 때문에 보통은 지표에서 얼마 들어가지 않아도 높은 열에너지를 얻을 수 있는 화산지대가 지열 발전에 최적지다.

41 출처: 2020 신재생에너지 백서, 한국에너지공단

화산지대에서는 지하 2~3km 깊이에 180℃ 이상의 고온 지열 수와 증기가 존재하는데, 이를 찾아 굴착하여 뿜어져 나오는 고압의 증기로 터빈을 돌려 전기를 생산한다. 이러한 고온 열수발전이 지열 발전에서 가장 흔한 형태다.

화산지대가 아닌 경우에도 지열 발전 기술이 적용된다. 수킬로미터 깊이를 들어가도 지열수의 온도가 180℃ 이하인 경우에는 발생하는 증기의 압력이 충분하지 않아 직접 터빈을 돌리기에 적합하지 않다. 따라서 지열수 대신 끓는 점이 낮은 냉매에 지열수의 열을 전달하여 더 높은 증기압을 만들고, 이를 이용해 터빈을 돌리는 방식을 이용한다.

전 세계 지열 발전 설치 용량은 2021년 기준 15.6GW이고, 연간 발전량은 약 100TWh다. 재생에너지 발전 설비 전체 설치 용량의 0.5%고, 전체 발전량의 1.3%에 해당한다. 지열 발전은 밤낮에 관계없이 가능하기 때문에 이용률은 재생에너지 중에서 가장 높다. 2021년 기준 전 세계 평균 이용률은 무려 73%로 태양광 발전 평균 이용률의 5배가 넘는다. 전체 재생에너지 중에서 지열 발전이 차지하는 비중은 작지만, 설치 용량의 증가율은 11.2%로 낮지 않다.

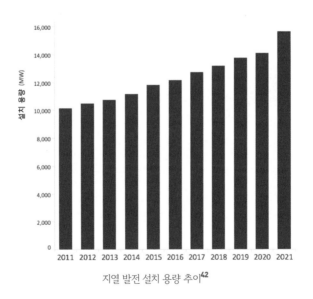

지열 발전 설치 용량 추이[42]

42 출처: https://www.irena.org/geothermal

국가별로는 미국이 3.9GW로 지열 발전 설치 용량이 가장 높고, 인도네시아 2.3GW, 필리핀 1.9GW, 터키 1.8GW, 뉴질랜드 1GW, 멕시코 0.9GW, 케냐/이탈리아/아이슬란드 각각 0.8GW 순이다. 현재 세계에서 가장 큰 지열 발전소는 미국 캘리포니아에 있는 더가이저스 지열발전단지다. 총발전 용량은 1.2GW나 된다.

더가이저스(The Geysers) 지열 발전소[43]

참고로, 화산지대인 아이슬란드는 전체 전기 발전량의 26%를 지열 발전으로 충당하고, 나머지 74%는 수력 발전으로 공급한다. 또한 모든 건물의 난방과 온수의 87%를 지열에너지로 직접 공급한다. 우리나라는 아직 지열 발전은 없고, 지열에너지를 냉난방 시스템에만 활용한다.

지역에 따라 발전을 하기에는 지열수의 온도가 충분하지 않은 경우 지열수를 직접 지역난방이나 공장, 온실, 양식 등에 활용하는 경우도 증가하고 있다. 또한, 분야별로 요구하는 온도가 다르므로 높은 온도를 필요로 하는 분야부터 먼저 에너지를 사용하고 온도가 낮아진 지열수를 점차 낮은 온도를 필요로 하는 다른 분야에서 단계적으로 사용하는 방식도 적용하고 있다.

---

43 출처: https://www.power-technology.com/projects/the-geysers-geothermal-california/

7) 바이오에너지

바이오에너지는 바이오매스를 연료로 하여 얻는 에너지를 말한다. 이때 바이오매스란 태양에너지를 통해 성장한 식물체와 이를 식량으로 하는 동물, 미생물 등의 생물유기체를 총칭한다. 바이오에너지는 바이오매스를 직접 태워서 에너지를 얻을 수도 있고, 발효나 화학반응 등을 통해 바이오연료 형태로 만든 후 사용할 수도 있다. 바이오연료는 목재 펠릿과 같은 고체 형태, 바이오디젤, 바이오에탄올, 바이오중유와 같은 액체 형태, 그리고 바이오가스와 같은 기체 형태가 있다. 바이오에너지는 휘발유나 경유와 같은 액체연료나 가스 형태로 만들어 사용할 수 있는 유일한 재생에너지로, 특히 수송용 화석연료 대체 수단으로 활용 가능하다.

일반적으로 바이오에너지에 대한 오해가 많다. 특히 바이오매스나 바이오연료를 직접 연소할 경우 다량의 탄소 배출이 발생할 것이니 재생에너지가 아니라는 오해나, 바이오에너지가 재생에너지라고 하니 탄소배출이 없을 것이라는 오해 등이 있다.

결론부터 말하자면, 바이오에너지는 재생에너지가 맞고, 바이오에너지를 이용할 때 탄소배출이 발생한다. 그러면 왜 다른 에너지원과 동일하게 탄소를 배출하는 바이오에너지를 재생에너지라고 하는지 궁금할 것이다. 그 이유는 바이오에너지를 이용할 때 발생하는 탄소는 식물이 성장하면서 광합성을 통해 대기 중의 이산화탄소를 흡수하여 만든 것이기 때문이다. 즉, 식물체로 흡수됐던 대기 중의 이산화탄소가 다시 대기 중으로 환원되는 것이기 때문에 지구 대기 관점에서 보면 추가되는 이산화탄소는 제로다. 또한, 바이오에너지는 지속해서 재생성이 가능하여 자원 고갈의 문제도 없다. 그러면 화석연료도 지구에 있던 것이니 마찬가지 아닌가 하는 의문이 들 수 있다. 하지만 화석연료는 대기 중에 있던 것이 아니고 땅속 깊이 묻혀 있던 탄소가 대기 중으로 나오는 것이기 때문에 대기 중의 이산화탄소 농도를 크게 높이고, 한 번 사용하면 고갈된다.

바이오디젤은 콩기름이나 유채기름, 폐식물기름, 해조유 등을 원료로 하여 만드는데, 그 특성이 경유와 유사하여 이미 디젤 차량용 경유의 첨가제로 사용되고 있다. 우리나라는 2006년부터 경유에 바이오디젤 0.5% 혼합 사용을 시작했고, 2015년 2.5%, 2018년 3%, 2021년 3.5% 혼합 비율을 의무화해 적용 중이다. 2030년까지 의무 비율을 5%로 상향 적용할 예정이다. 전 세계적으로 EU 7%, 미국 2~10%, 브라질 10%, 인도 20% 등 많은 나라에서 의무 혼합 비율을 적용 중이다. 참고로, 바이오디젤은 연소 시 경유와 비교하여 독성이나 기타 배출물도 현저히 적다. 다만, 경유보다 생산 비용은 높다.

바이오에탄올은 당분계나 전분계의 식물체를 원료로 발효 과정을 거쳐 추출한다. 옥수수, 사탕수수, 밀과 같은 식용 바이오매스를 원료로 하거나, 나무, 볏짚, 밀짚, 옥수수대 등의 비식용 바이오매스를 원료로 사용할 수 있다. 참고로, 식용 바이오매스를 사용해 발효시키면 보다 쉽게 바이오에탄올을 얻을 수 있지만, 원료 비용이 높고 식량자원이 줄어든다는 단점이 있다. 비식용 바이오매스는 원료 비용과 식량자원 관점에서는 유리하지만, 바로 미생물 분해가 안 되기 때문에 전처리 공정을 거쳐야 하는 단점이 있다. 바이오에탄올은 휘발유와 유사한 특성을 가지고 있어 휘발유의 첨가제로 사용되고 있으며, 우리나라는 아직 시행하고 있지 않지만 전 세계 대부분의 나라에서 이미 의무 혼합 비율을 적용 중이다. 단기간에 모든 내연기관차를 전기차로 바꿀 수 없기 때문에 바이오연료는 탄소중립 달성을 위한 과도기적 대안으로 빠르게 확산되고 있다.

바이오가스는 음식물쓰레기나 축분, 동물체 등의 유기성폐기물을 발효해서 얻을 수 있다. 발효 시 나오는 메탄가스를 에너지원으로 활용한다. 참고로, 메탄은 천연가스의 주성분이기도 하다. 앞서 언급했듯이, 바이오가스의 메탄은 천연가스의 메탄과 같은 성분이고 태우면 CO_2가 다량 발생하지만, 식물체가 광합성을 통해 대기 중의 CO_2를 흡수한 것이기 때문에 다시 대기 중으로 환원되는 것으로 보아 CO_2 증가는 없다고 보는 것이다.

나무나 볏짚 등 식물체를 직접 태우는 고체 바이오연료는 열에너지를 공급하는 보일러나 전기를 생산하는 발전기의 연료로 주로 사용된다. 해외에서는 석탄 발전소를 개조하여 목재 펠릿이나 지푸라기 등 바이오매스로 원료를 바꾸는 작업도 증가하고 있다. 석탄이나 천연가스처럼 똑같이 태우고 CO_2도 발생되지만, 지구 대기 중의 CO_2 총량은 높이지 않는다.

발전소용 목재 펠릿[44]

2021년 기준 전 세계 바이오에너지 발전 설치 용량은 143GW로, 전체 재생에너지 발전 설치 용량의 4.7%를 차지한다. 2020년 설치 용량 133GW 대비 7.8% 증가했고, 매년 지속적인 성장세를 보이고 있다. 바이오에너지 발전 유형으로는 고체 바이오연료가 69.5로 가장 높은 비중을 차지하고, 바이오가스 15%, 재생생활폐기물(유기성) 13.6%, 액체 바이오연료 1.8% 순이다. 바이오에너지의 2021년 추정 총발전량은 648TWh로 전체 재생에너지 발전량의 8.3%를 차지한다. 설치 용량 비중 4.7% 대비 발전량의 비중이 높다는 의미는 다른 재생에너지에 비해 평균 이용률이 높다는 의미다. 바이오에너지 발전의 이용률을 환산 계산하면 51% 수준으로 73%인 지열 발전 다음으로 높다.

44 출처: https://www.pressian.com/pages/articles/245303

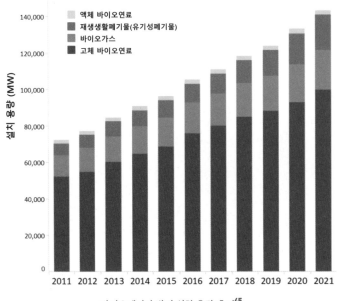

바이오에너지 발전 설치 용량 추이[45]

국가별로는 중국 29.8GW, 브라질 16.3GW, 미국 13.6GW, 인도 10.6GW, 독일 10.4GW의 용량으로 바이오에너지 발전을 운영하고 있다. 우리나라는 2.4GW 설치 용량 규모로 전체의 1.7%를 차지한다.

IEA의 탄소중립을 위한 에너지 공급 시나리오에 따르면, 2050년 전 세계 에너지 공급량 540EJ의 18.5%인 100EJ를 바이오에너지로 공급하는 것으로 제시하고 있다. 태양에너지와 풍력, 원자력, 수력이 각각 20.4%, 16.7%, 11.1%, 5.6%인 것을 감안하면 바이오에너지의 비중은 매우 높다. 또한, 현재 바이오에너지 발전의 50%는 바이오매스를 직접 연소하는 전통적인 방식을 사용하지만, 2050년에는 전통적인 방식 대신 가공된 고체·액체·가스 형태의 바이오연료를 사용하는 현대식 발전 설비로 대부분 전환될 것이다. 탄소중립 2050 달성을 위해서는 우리나라도 바이오에너지에 대한 관심과 투자를 전략적으로 높여가야 한다.

───〰───

45 출처: https://www.irena.org/bioenergy

신에너지

우리나라 신재생에너지법 제2조의 정의에 따르면, 신에너지는 기존의 화석연료를 변환시켜 이용하거나 수소 · 산소 등의 화학 반응을 통해 전기 또는 열을 이용하는 에너지로서, 수소에너지, 석탄을 액화 · 가스화한 에너지 및 중질잔사유[46]를 가스화한 에너지 등을 말한다.

신에너지는 재생에너지와 다르게 재생 가능한 자원이 아닌 기존의 유한한 자원에 신기술을 적용하여 새로운 에너지원으로 만들어 사용하는 형태다. 우리나라에서는 수소에너지나 석탄을 액화 · 가스화한 에너지를 대표적인 신에너지로 보고 있다. 참고로, 수소에너지는 에너지 운반체(energy carrier)로서 세계적인 관심을 받고 있지만, 석탄 액화 · 가스화 에너지는 결국 화석연료를 사용하기 때문에 논란도 많은 상태다.

신에너지 없이 재생에너지만으로 대응하면 가장 좋겠지만, 현실적으로 재생에너지만으로는 모든 에너지 수요에 대응할 수 없고, 태양에너지나 풍력에너지의 불규칙한 변동성[47] 대응이나, 에너지의 수송 및 저장, 활용 관점에서도 기술적 어려움이 많아 신에너지의 고려가 필요하다. 특히, 에너지 해외 의존도가 매우 높은 우리나라는 에너지 안보 차원에서 재생에너지뿐만 아니라 신에너지를 포함한 다각적인 에너지 전략이 필요하다.

여기서는 수소에너지, 연료전지, 그리고 석탄가스화 에너지에 대해 조금 더 자세히 알아보자.

1) 수소에너지

수소에너지를 고려하기 시작한 것은 1970년대다. 1차 석유 파동을 겪으면서 지역적으로 편중이 심하고 매장량이 유한한 화석연료로부터 탈피하여 지

---

46 중질잔사유: 원유를 정제하고 남은 최종 잔재물로 감압증류 과정에서 나오는 감압잔사유, 아스팔트와 열분해 공정에서 나오는 코크, 타르 및 피치를 일컫는다. (https://www.index.go.kr/unify/idx-info.do?idxCd=4293)

47 태양이 뜰 때나 바람이 불 때만 발전이 가능하여 발생하는 변동성을 의미한다. 안정적인 에너지 공급을 위해서는 이러한 재생에너지의 불규칙한 변동성을 흡수할 수 있어야 한다.

속가능한 대체에너지 자원이 필요하다는 인식이 생겼고, 이에 적합한 에너지원으로 수소가 관심을 받기 시작했다.

수소를 에너지원으로 활용하는 다양한 산업과 시장을 만들어내는 수소경제를 구현하기 위해 많은 나라가 적극적인 투자 및 개발을 수행 중이고, 우리나라도 2005년 친환경 수소경제 구현 마스터 플랜을 시작으로 2018년부터 본격적인 수소경제 활성화 정책을 추진 중이다.

수소에너지를 이해하기 위해서는 먼저 수소에 대한 이해가 필요하다. 우리가 화학 시간에 배운 주기율표상의 원자 번호 1번이 수소 원소(H)다. 지구상에서 가장 가벼운 원소면서도 질량 기준으로 우주의 75%를 구성하고 있는 가장 흔한 원소로 알려져 있다. 지구 면적의 70% 이상을 차지하는 물(H_2O)을 포함하여 수소 원소가 없는 물질을 찾기 힘들 정도다. 즉, 거의 무한정한 자원으로 볼 수 있다.

이러한 수소가 에너지원으로 사용되는 형태는 두 가지로 생각할 수 있다. 하나는 화석연료를 사용하는 것처럼 수소를 직접 태워 에너지를 얻는 방법이고, 두 번째는 물을 전기 분해할 때 수소와 산소가 발생하는 원리를 역이용하여 수소와 산소의 화학적 반응을 통해 전기가 발생하는 연료전지를 이용하는 방법이다.

과거에는 자동차 제조사들이 수소를 직접 태우는 수소엔진 차를 개발했지만, 최근에는 대부분 업체가 수소엔진 차는 중단하고 연료전지와 모터를 이용한 수소연료전지차를 개발하여 출시하고 있다. 수소엔진은 기존의 휘발유나 디젤 엔진 구조를 거의 그대로 활용할 수 있다는 장점이 있지만, 수소엔진 효율이 30% 수준으로 수소연료전지의 효율인 60% 대비 절반 수준에 그친다. 즉, 동일한 양의 수소로 이동할 수 있는 거리가 2배나 차이가 난다. 더욱이 수소연료전지는 지금도 연구개발을 통해 효율이 지속해서 증가하고 있다. 이러한 이유로 이제는 수소를 직접 연소시키는 방식은 대부분 사라지고, 연료전지를 이용한 전기 생성 방식이 대세를 이루고 있다. 물론, 현재 기준으로 수소연료전지 시스템이 엔진보다 가격은 훨씬 비싸다. 시스템 가격은 앞으로 해결해야 할 숙제 중 하나다.

야마하-도요타 수소V8엔진(좌)과 현대 넥쏘 수소연료전지시스템(우)

앞서 설명한 이유로, 현재 수소를 에너지원으로 사용하는 방식은 수소연료전지 기반의 전기에너지 생성 방식이라고 가정해도 무방하다. 연료전지에 수소(H_2)와 산소(O_2)를 공급하면 전기에너지와 열이 발생하고, 부산물로 물(H_2O)이 나온다. 즉, 화석에너지와는 달리 수소로 전기에너지를 만드는 데 CO_2가 전혀 발생하지 않고 다른 유해한 물질도 발생하지 않는다. 또한, 현재 연료전지의 효율은 60%를 넘어섰고, 화학 반응 시 발생하는 열에너지까지 직접 이용한다면 전체 에너지 효율은 80%를 넘는다. 이러한 이유로 수소를 고효율 친환경 청정에너지라고 부르는 것이다.

하지만 여기서 수소에너지에 대한 오해가 있다. 수소가 온실가스 배출이 전혀 없는 고효율의 청정에너지라면 재생에너지도 필요 없이 모든 에너지를 수소에너지로 대체하면 되지 않냐는 오해다. 수소가 가장 흔한 원소임은 틀림없지만, 대부분의 수소는 다른 원소들과 강하게 결합된 형태로 존재하기 때문에 수소만 분리해내기 위해서는 많은 에너지가 필요하다. 즉, 우리 주변에서 수소(H_2)를 쉽게 구할 수 없기 때문에 직접 만들어야 한다. 공기 중에도 수소는 0.00005%밖에 없다. 수소는 석탄이나 석유, 천연가스, 태양광, 풍력, 바이오매스, 지열, 수력, 원자력 등과 같이 오랜 세월 동안 자연적으로 형성된 1차 에너지가 아니다.

수소를 직접 만드는 가장 쉬운 방법은 물을 전기 분해하는 것이다. 물에 전기에너지를 가하면 물이 수소와 산소로 분해되고, 이때 수소를 포집하여 저장할 수 있다. 여기서 다시 한번 의문이 생긴다. 수소를 만들기 위해서 전기에너지를 사용한다면 무슨 소용인가 하는 점이다. 수소를 만들기 위해서 전기에너지를 사용하고, 다시 수소에너지를 사용하기 위해서 연료전지를 통해 전기를 생성하여 선기에너지로 사용한다면, 에너지를 변환할 때마다 에너지 손실이 발생하는데, 수소를 거치지 않고 바로 전기에너지를 사용할 때와 비교하여 비효율적인 것이 아닌가 하는 점이다. 실제로 에너지의 활용 효율 관점에서는 비효율적인 것이 맞다.

참고로, 물에 전기에너지를 가하여 수소로 변환하는 과정의 효율은 60~80% 수준이고 연료전지에 수소를 넣어서 전기를 만들어내는 효율은 현재 40~60% 수준이니, 결국 전기를 직접 사용하면 100%를 모두 사용할 수 있는 것을 수소로 바꾸었다가 다시 전기로 바꾸면서 전체 효율이 25~50% 수준으로 떨어지는 것이다. 전기를 직접 사용하면 되는데 왜 수소를 만들고 다시 전기로 바꿔 50~75% 이상의 에너지를 버리느냐고 이야기하는 사람도 많다. 물론 전기를 배터리에 저장했다가 사용해도 에너지 손실이 발생하지만, 전체 효율은 60~70% 이상으로 수소 대비 2배가량 높다. 실제로 자동차의 경우, 배터리 전기차가 수소연료전지를 이용한 수소전기차보다 훨씬 더 큰 시장을 형성하고 있고, 배터리 전기차가 친환경 자동차의 사실상 표준을 주도하고 있다. 하지만 현실을 고려하면 상황에 따라 수소를 사용하는 것이 유용한 경우도 많다.

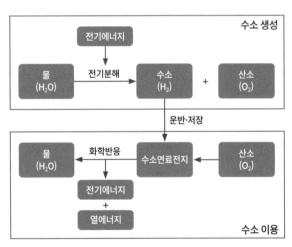

전기분해를 통한 수소 생성과 연료전지를 통한 수소 이용 원리

전기는 실시간성이 뛰어나지만 저장이 어렵다. 발전하여 생성된 전기를 바로 사용하는 것이 가장 효율적이지만, 사용하고 남은 전기를 추후 수요가 많을 때 사용하려면 배터리가 필요하다. 배터리 기술의 발전에 따라 에너지 저장 밀도가 증가하고는 있지만, 여전히 많은 양의 전기를 저장하기 위한 대용량 배터리는 체적이 크고 고가다. 즉, 에너지 저장 관점에서는 용량이 증가할수록 고압으로 압축하여 저장할 수 있는 수소가 유리하다. 그래서 승용차는 배터리 전기차가 유리한 점이 많지만, 트럭은 수소전기차가 유리하다. 또한, 근거리 에너지 전달에는 전기가 유리하지만, 송전선을 설치할 수 없는 원거리는 수소가 유리하다. 대륙 간에 바다를 건너 배로 운송할 경우에는 암모니아(NH_3)와 같은 화학적 저장을 하기도 한다. 더 많은 양을 저장하기 위해서는 액체 형태가 유리한데, 수소는 끓는점이 영하 252.9℃로 극저온을 유지해야 하기 때문에 끓는점이 영하 33.34℃로 비교적 운송이 용이한 암모니아를 이용하는 것이다. 운송한 이후에는 암모니아에서 다시 수소를 추출하여 사용한다. 이처럼 수소에너지는 저장 및 운송이 용이하고, 전기에너지를 대신하여 무공해 고효율 에너지원으로 활용할 수 있다.

수소를 어떻게 생성하는지에 따라 그린수소, 그레이수소, 블루수소로 구분한다. 현재 대부분의 수소는 화석연료로부터 생산되는 그레이수소다. 석유화학 공정이나 제철 공정 중에 부수적으로 나오는 부생수소와 천연가스로부터 추출한 추출수소 등이 이에 해당된다. 그레이수소는 화석연료를 이용하여 수소를 생산한 것이기 때문에 친환경과는 거리가 멀다. 즉, 그레이수소를 에너지원으로 사용한다면 화석연료를 사용하는 것과 같다. 이때 그레이수소를 생산하는 과정에서 발생하는 CO_2를 탄소 포집 및 저장 기술을 이용해 대기 중의 이산화탄소 농도 증가를 차단한 경우를 블루수소라 한다. 환경 측면에서는 그레이수소보다는 블루수소가 바람직하지만, 궁극적으로는 물을 전기 분해하여 수소를 얻을 때 인가되는 전기는 재생에너지만을 사용하는 그린수소를 사용하는 것이 친환경 수소에너지 전략의 목표다.

우리나라는 그레이수소를 일부 생산하고 있지만, 탄소 포집 및 저장 기술을 이용해 블루수소로 전환해야 하고, 재생에너지의 비율이 높지 않아 그린수소 생산은 현실적으로 쉽지 않다. 따라서 수소경제를 활성화하기 위해서는 대량의 그린수소를 해외에서 수입해야 한다는 점이 걸림돌이다.

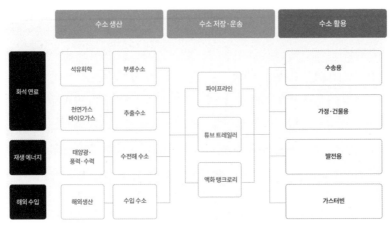

수소경제 가치사슬 (출처: 현대모터그룹)

전 세계적으로도 현재 생산되는 대부분의 수소는 그레이수소로, 블루수소나 그린수소로의 전환까지는 갈 길이 멀다. 하지만 IPCC나 IEA의 탄소중립 시나리오에서 수소가 중요한 역할을 할 것이라고 예상한 것을 보면 수소경제가 빠르게 활성화될 것이라는 점을 알 수 있다.

IEA의 보고서에 따르면, 2020년 전 세계 에너지 수요 410EJ 대비 2050년에는 에너지 효율 증가 및 전기화 등으로 340EJ 수준으로 감소할 것으로 예상했는데, 이때 수소에 의한 에너지 소비는 약 10% 수준인 33EJ로 예상했다. 또한, 2050년의 수소 사용량은 2020년 대비 약 6배나 증가할 것으로 봤다. 암모니아를 포함한 수소의 주요 사용 분야는 선박 및 대형 트럭, 중화학공업 그리고 항공용 합성연료 등으로 예상했다. 탄소중립을 달성하기 위해서는 전기화의 확대가 가장 중요한데, 전기를 다시 연료화할 수 있는 친환경 수단으로는 배터리를 제외하고는 수소가 거의 유일하다. 즉, 배터리 적용이 어려운 분야일수록 수소의 활용이 증가하게 될 것이다.

2) 연료전지

연료전지(Fuel Cell)는 수소(H_2)와 산소(O_2)를 연료로 하여 전기화학반응을 통해 전기를 발생시키는 장치다. 이때 산소는 공기 중에 충분히 있기 때문에 주변의 공기를 정화하여 얻고, 수소는 별도의 연료 형태로 공급한다. 연료전지는 수소와 산소의 반응을 통해 전기와 열, 그리고 깨끗한 물만 생산되고 다른 유해한 물질은 전혀 발생하지 않기 때문이 청정한 친환경 기술로 평가받는다. 수소를 에너지원으로 하는 수소경제를 구축하는 데 있어서 연료전지는 꼭 필요한 장치다. 화석연료를 사용하기 위해 엔진이 필요한 것과 같은 개념이다.

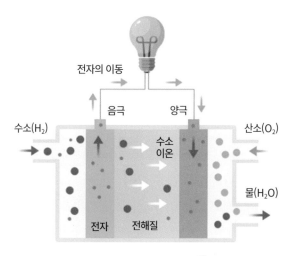

연료전지의 구조와 동작 원리[48]

연료전지는 연료극(음극)과 전해질막, 그리고 공기극(양극)으로 이루어진 셀(cell)이 기본 단위를 이룬다. 하나의 셀에서는 미약한 전류가 나오기 때문에 많은 셀을 적층하여 높은 전류를 출력하는 연료전지를 만든다. 수소(H_2)를 연료극으로 넣어주면 연료극의 촉매층에서 수소이온(H^+)과 전자(e^-)가 분리된다. 분리된 전자는 도선을 통해 외부로 이동하고 수소이온은 전해질막을 거

---

[48] 출처: https://energium.kier.re.kr/sub020203/articles/view/tableid/energyrevolution/id/3694

쳐 공기극으로 전달된다. 외부로부터 넣어준 산소가 공기극에 도달한 수소이온과 도선을 거쳐 돌아온 전자와 다시 결합하여 물(H_2O)과 열을 생성하게 된다. 이때 도선을 통해 이동한 전자가 바로 연료전지를 통해 생성된 전류, 즉 전기에너지가 되는 것이다.

연료전지의 전기 발전 효율은 35~60% 수준으로, 기존의 석탄 발전보다는 높고 가스 발전과는 유사하다. 하지만 연료전지는 깨끗한 물(H_2O) 이외에는 석탄이나 가스 이용 시 발생하는 이산화탄소, 질소산화물(NO_x), 황산화물(SO_x), 분진(PM) 등의 유해가스 배출이 거의 없다. 발전 시 발생하는 소음도 절반 이하 수준이다. 또한, 연료전지에서 발생하는 열에너지까지 모아 활용할 경우에는 80~95%의 높은 에너지 효율을 달성할 수 있다.

연료전지는 발전용, 가정·건물용, 수소전기차 등이 주요 활용 분야로, 2019년 기준으로 현재는 발전용 및 가정·건물용 연료전지 시장이 가장 크다. 참고로, 현재의 발전용 또는 가정·건물용 연료전지는 수소 공급을 위한 인프라가 구축되어 있지 않기 때문에 연료처리장치를 추가하여 천연가스(CH_4)로부터 수소(H_2)를 추출하여 사용하는 방식이 대부분이다. 하지만 미래에는 승용차 및 상용차, 버스 등을 포함한 수소전기차를 중심으로 연료전지 시장이 재편될 것이라는 예상이 지배적이다.

현재 세계 최대 규모의 연료전지 발전소는 우리나라의 신인천빛드림 수소연료전지 발전소다. 발전 용량은 79MW이고, 발전 시 발생하는 열을 이용하여 난방용 온수 공급도 병행하고 있다. 발전을 위한 연료는 액화천연가스(LNG)를 사용한다. 화석연료를 사용하지만 기존의 연소 기반 가스 발전 대비 이산화탄소 배출량은 40%가량 낮고, 질소산화물과 황산화물은 거의 발생하지 않는다. 발전 효율은 50%에 가깝고, 열 생산까지 고려하면 전체 효율은 80% 수준으로 매우 높다. 다만, 설치 비용과 생산 단가가 여전히 높다는 단점은 극복해야 할 사안이다.

세계 최대 규모의 신인천빛드림 연료전지 발전소 (출처: 한국남부발전)

가정·건물용 연료전지도 마찬가지로 수소 추출 및 전기 발전 과정에서 발생하는 열은 물을 데우는 용도로 활용하고, 연료전지를 통해 발전한 전기는 건물 내에서 활용한다. 정격출력 1kW인 국내 제품의 에너지효율은 현재 85%(발전효율 35%, 열효율 50%) 수준을 보이고 있다.

3) 석탄가스화

석탄을 포함한 화석연료를 전혀 사용하지 않는 것이 지구온난화 및 대기오염 문제를 해결하기 위한 최선의 방법이지만, 단기간에 화석연료 사용을 중단하는 것은 현실적으로 불가능하다. 화석연료 중에서도 가장 비중이 높은 석탄화력발전을 줄이고 액화천연가스(LNG) 복합발전을 늘리는 추세도 온실가스 및 대기오염 문제를 개선하기 위한 접근 중 하나다. 하지만 경제성 측면에서는 석탄이 LNG 대비 훨씬 저렴하기 때문에 석탄을 활용하면서도 환경 문제를 개선할 수 있는 기술을 개발하려는 시도가 진행 중이다.

석탄을 직접 태우면 많은 대기오염 물질이 발생하기 때문에 석탄을 고온·고압 상태에서 합성천연가스로 변환한 뒤 해당 가스로 터빈을 돌려 전기를 생산하는 석탄가스화복합발전[49](이하 IGCC)이 현재 진행 중인 주요 기술이다. IGCC발전은 기존의 석탄화력발전 대비 발전 효율이 높고, 질소산화물이나 황산화물, 분진 등의 대기오염 물질 배출이 크게 적다는 장점이 있다. 하지만 여전히 석탄을 사용하기 때문에 가장 근본적인 온실가스 배출이 많다는 점이 논쟁을 불러일으키고 있다.

참고로, 현재 우리나라도 실증사업으로 건설한 태안IGCC발전소가 가동 중이다. 해당 IGCC발전소의 운영 자료에 따르면, 발전 효율은 48%로 우리나라 화력발전소 평균 40%보다 높고, 대기오염물질 배출량은 석탄화력발전 대비 16% 수준으로 크게 낮고, LNG복합발전과 비교해도 66% 수준으로 낮다. 하지만 가장 중요한 온실가스 배출량은 석탄화력발전 대비 79% 수준이지만, LNG복합발전과 비교하면 186%로 거의 2배가량 높다. IGCC발전 기술이 석탄화력발전과 비교하여 우세한 점이 많지만, 아직 시작 단계이기 때문에 건설 비용도 LNG복합발전 대비 크게 높아 차라리 LNG복합발전소를 건설하는 것이 낫다는 주장과 대립 중이다. IGCC발전 기술이 더욱 발전하여 건설 비용과 온실가스 배출량을 더욱 낮출 수 있다면 앞으로 석탄가스화 신에너지에 대한 관심도 더욱 높아질 것이다.

기존의 노후화된 석탄화력발전소를 저비용으로 IGCC발전소로 개조할 수 있다면 온실가스 및 대기오염물질 저감에 큰 도움이 될 것이다. 또한 석탄가스화 과정에서 수소 추출이 가능한데, 이때 추출한 수소를 이용하여 연료전지를 통해 발전하는 석탄가스화연료전지[50] 발전 기술까지 연계한다면 석탄을 연료로 발전효율을 60%까지 끌어올릴 수 있을 것이다.

---

49 석탄가스화복합발전: Integrated Gasification Combined Cycle(IGCC)

50 석탄가스화연료전지: Integrated Gasification Fuel Cell(IGFC)

3.3

탄소를 직접 포집·저장·활용하는 CCUS 기술

CCUS는 탄소 포집 후 저장[51](이하 CCS) 기술과 탄소 포집 후 활용[52](이하 CCU) 기술을 모두 아우르는 표현으로, 이산화탄소를 인위적으로 포집한 후 압축하여 깊은 땅속이나 해저 지층에 저장하거나 다른 용도로 활용하는 기술을 말한다. 탄소중립을 이루는 가장 좋은 방법은 화석연료를 사용하지 않고 재생에너지만을 사용하여 CO_2 배출을 없애는 것이지만 현실적으로는 불가능한 시나리오다. 즉, CO_2 배출을 원천적으로 차단하는 것은 불가능하기 때문에 배출되는 CO_2를 다시 포집하여 대기 중에 확산되는 것을 막는 기술에 많은 관심이 집중되고 있다.

2020년 IEA의 「Energy Technology Perspectives 2020: Special Report on Carbon Capture Utilisation and Storage」(이하 CCUS 특별보고서)에 따르면, 2019년 기준 34Gt의 CO_2 배출량을 전 세계가 최선을 다해 줄이더라도 2050년 기준으로 여전히 가동 중인 기존의 발전 설비나 산업 시설로부터 8Gt의 CO_2 배출이 남아있을 것으로 예상했다. 화석연료 기반의 기존 설비를 하루아침에 없앨 수 없기 때문에, 대신 해당 설비로부터 배출되는 CO_2를 포집하여 깊은 지하에 저장하거나 다른 용도로 활용하는 방법으로 CO_2 배출량을 줄이는 대안을 찾고 있다.

---

51 탄소 포집 후 저장: Carbon Capture and Storage(CCS)

52 탄소 포집 후 활용: Carbon Capture and Utilization(CCU)

CCUS 특별보고서에서는 CCUS의 개념을 다음과 같이 제시한다. 먼저 포집 설비를 이용하여 CO_2 포집 후 고농도로 압축하고, 파이프라인이나 배로 압축된 CO_2를 저장 장소 또는 활용할 수 있는 플랜트로 수송한다. 육지나 바다의 깊은 지층으로 CO_2를 주입하여 영구적으로 저장하거나 수송된 CO_2를 새로운 화학제품이나 합성연료, 건축재료 등을 만드는 데 필요한 공급 원료나 부재료로 활용한다.

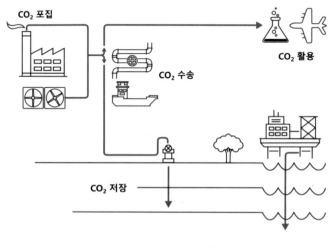

CCUS 기술 개념도[53]

CCUS 기술은 1970년대에 미국에서 처음 개발됐지만, 더딘 발전을 거듭하다가 최근 들어서야 관심이 재점화됐다. 2020년 현재 대규모로 가동 중이거나 개발 중인 CCUS 설비는 총 65곳 정도이고, 가동 중인 설비와 개발 중인 설비의 CO_2 포집량은 각각 연간 40Mt와 90Mt 수준으로 미미하다. 현재 대규모로 가동 중인 CO_2 포집 분야는 산업과 발전 분야가 각각 94%와 6%이지만, 현재 개발 중인 곳은 산업과 발전 분야가 각각 50%로 발전 분야에 대규모 CCUS 기술 도입이 더욱 빠르게 적용되고 있음을 알 수 있다.

53 출처: IEA의 「Energy Technology Perspectives 2020: Special Report on Carbon Capture Utilisation and Storage」 보고서

탄소 포집 후 저장(CCS)

CO_2 포집 유형은 크게 세 가지로 구분할 수 있다. 첫 번째는 화석연료를 사용하는 설비나 산업 설비에서 발생하는 CO_2를 포집하는 유형이고, 두 번째는 대기로부터 직접 CO_2를 포집하는 유형이고, 마지막 세 번째는 바이오에너지를 사용하는 설비에서 발생하는 CO_2를 포집하는 유형이다. 각각의 유형별로 특징을 살펴보면 다음과 같다.

첫 번째 유형은 지하에 매장되어 있는 화석연료를 사용하면서 배출되는 CO_2나 화학, 철강, 시멘트, 연료생산 등 산업 설비에서 배출되는 CO_2를 포집하여 지하에 저장해 대기 중의 CO_2 농도가 증가하지 않게 하는 방식이다. 이때 배출되는 CO_2를 빠짐없이 포집할수록 넷 제로에 근접하게 된다. 물론 이때 포집한 CO_2를 저장하지 않고 다른 용도로 활용한다면 활용하는 과정에서 다시 추가로 CO_2가 일부 발생하여 배출될 수 있다. 본 유형의 대표적인 사례로는 캐나다에 위치한 사스크파워 석탄화력발전소가 있다. 약 1.7조 원의 막대한 비용을 들여 석탄화력발전소 3호기를 연간 1Mt의 CO_2를 포집할 수 있는 CCS 설비를 장착한 친환경 발전소로 개조했다. 이때 포집된 CO_2는 화산과 지진이 없고 여러 층의 단단한 돌로 이루어진 검증된 깊은 지하에 저장되고 상시 모니터링된다. 3호기는 개조 후 2014년에 재가동했다.

석탄화력발전소에 CCS 기술을 적용한 사스크파워(SaskPower) 전경[54]

54 출처: https://www.powermag.com/wp-content/uploads/2014/10/Fig-1-BoundaryDam.jpg

두 번째 유형은 대기 중의 공기를 빨아들여 공기 내에서 CO_2를 추출하여 포집하는 방식이다. 이때 포집한 CO_2를 지하에 저장할 경우에는 첫 번째 유형의 넷 제로에 근접하는 효과와는 다르게 대기 중의 CO_2 농도를 줄이는 효과를 얻는다. 참고로, 이 유형은 직접공기포집및저장(Direct Air Capture+Storage, DAC+S) 기술로 명명하기도 한다. 탄소 저감 측면에서는 매우 바람직한 접근이지만, 문제는 대기 중의 CO_2 밀도가 높지 않기 때문에 CO_2 포집에 많은 비용이 든다는 점이다. 즉, 포집 비용을 낮추는 기술 및 새로운 부가가치를 창출하기 위해 포집한 CO_2를 원료로 한 저탄소 연료나 새로운 제품을 만드는 기술 등의 개발이 관건이다. 본 유형의 대표적인 사례로는 스위스 업체인 클라임웍스에서 개발하여 아이슬란드에 설치한 세계 최초의 대규모 DAC+S 플랜트인 올카가 있다. 연간 최대 4천 톤의 CO_2를 포집하여 석화 과정을 거쳐 일종의 돌 형태로 지하에 저장한다. 2021년 9월 완공하여 가동을 시작했다.

아이슬란드에 설치된 세계 최초 대규모 직접공기포집및저장 플랜트인 올카(Orca) 전경
(출처: Climeworks)

세 번째 유형은 바이오에너지를 사용하면서 배출되는 CO_2를 포집하는 방식이다. 바이오에너지는 주로 바이오매스나 바이오연료를 태우는 형태로 에너지를 사용하는데, 이때 화석연료와 마찬가지로 CO_2가 발생한다. 하지만 바이오에너지는 화석연료와 달리 재생에너지이기 때문에 원래 대기 중으로부터

흡수된 CO_2가 다시 환원되는 개념이어서 CO_2가 대기 중으로 배출돼도 넷 제로를 만족한다. 따라서 CCS 기술을 적용하여 CO_2를 저장하게 되면 추가로 대기 중의 CO_2를 줄이는 효과를 얻는다. 이러한 기술을 특히 BECCS[55]로 명명하기도 한다. 다만, 바이오매스 중 숲에서 자란 목재를 에너지원으로 사용하는 경우는 재생에너지에서 제외해야 한다는 환경 단체들의 주장에 따라 바이오에너지의 CO_2 배출량 셈법에 다소 논란이 있는 상황이다. 이것은 삼림 벌채를 통해 바이오매스를 생산할 경우, 대기 중으로부터 상시 CO_2를 흡수할 수 있는 자연 삼림 자체가 사라지기 때문이다. 해당 논란은 차치한다는 가정 하에 세 번째 유형의 대표적인 사례로는 세계 최초로 BECCS 시범 프로젝트를 적용한 영국의 드락스 발전소를 들 수 있다. 2019년부터 최초로 CCS를 시범 적용한 바이오에너지 발전을 가동하여 하루에 1t의 CO_2를 포집했고, 2020년에는 두 번째 시범 프로젝트 설비에서 하루에 0.3t의 CO_2 포집을 추가했다. 현재는 2027년까지 전체 바이오에너지 발전소 4기 중 하나에 상용화 수준의 CCS 설비를 구축하고, 2030년까지 발전소 2기에 추가로 CCS를 적용하는 프로젝트를 진행 중이다. 포집한 CO_2는 파이프라인을 통해 약 100km 떨어진 해저 지하에 저장할 예정이다. 드락스는 2030년까지 넷 제로를 넘어 탄소 네거티브(흡수) 회사가 되는 것을 목표로 선언했다.

CCUS 특별보고서의 2070년 탄소중립 시나리오를 기준으로 2020년부터 2070년까지의 CO_2 포집 누적량 데이터에 따르면, 탄소 활용 8% 대비 탄소 저장이 92%로 대부분을 차지한다. 즉, CCS 기술이 CCU 기술 대비 탄소중립에 더 큰 역할을 하게 될 것이다. 누적 CO_2 포집량 분야 측면에서는 발전 36%, 산업 32%, 연료변환 28%, 직접공기포집 4% 순이다. 연료 측면에서는 천연가스 30%, 석탄 27%, 바이오매스 22%, 공정배출 15%, 직접공기포집 4%, 석유 2% 순이다. 이러한 CCUS 관련 예측 데이터를 보면, 탄소중립 시점까지 재생에너지로의 전환이 어려운 분야는 어느 영역이고 어떤 연료가 지속해서 사용될 것인지도 예상할 수 있다.

---

55 BECCS: Bioenergy with Carbon Capture and Storage

세계 최초로 BECCS 시범 프로젝트를 적용한 영국 드락스(Drax) 발전소의 바이오매스 돔
(출처: Drax)

탄소 포집 후 활용(CCU)

탄소중립 시점까지 누적 포집량 기준으로 대부분의 CO_2는 지하 깊은 곳에 저장되지만, 일부는 다시 새로운 부가가치 창출이 가능한 분야로 활용된다. 현재 CO_2 이용량은 연간 230Mt 수준으로, 가장 이용량이 많은 분야는 요소를 만드는 비료 산업 분야다. 연간 125Mt을 사용한다. 다음으로는 오일가스 산업에서 석유회수증진(Enhanced Oil Recovery, EOR)[56]에 연간 70~80Mt 을 사용하고 있다. 이 두 가지 분야에 포집한 CO_2를 활용하는 CCU 기술을 적용할 수 있다.

미래에 CO_2를 활용할 수 있는 새로운 분야도 연구개발 중으로, 포집한 CO_2는 합성연료, 화학제품, 건축소재, 탄소소재 등을 만드는 데 활용할 수 있다. 다만, CO_2를 활용하는 것이 항상 탄소배출을 줄이는 것은 아니다. 탄소배출 증감 여부를 판단하기 위해서는 제품의 라이프사이클을 모두 고려해야 한다. 제품에 탄소가 유지되는 기간이나 활용한 CO_2가 어디에서 왔는지, CO_2를 활용하는 과정에서 어떤 에너지가 얼마만큼 사용되는지 등을 종합적으로

---

56 석유회수증진(EOR)은 석유 채굴 시 시간이 지남에 따라 석유량이 줄어들어 내부 압력이 낮아지면서 회수율이 떨어지는 문제를 해결하기 위해 다른 물질을 인위적으로 넣어 압력을 높여 회수율을 높이는 방법을 말한다. 이때 내부 압력을 높이기 위해 물이나 CO_2 등을 고압으로 넣는다. 보통은 석유 회수율이 30% 수준이지만, EOR을 사용할 경우 60%까지 회수율을 끌어올릴 수 있다.

계산해야 한다. 예를 들어, CO_2를 활용하여 만든 제품을 사용할 때 해당 CO_2가 그대로 대기 중으로 배출된다면 애초에 활용하는 CO_2는 반드시 대기 중이나 재생에너지인 바이오에너지로부터 포집해야만 의미가 있다. CO_2로 제품을 만들 때 화석연료 에너지를 추가로 사용한다면 또 다른 CO_2 배출로 인해 의미가 없어진다. 즉, 제품의 라이프사이클을 모두 고려했을 때 의미가 있는 CCU 기술 개발이 필요하다.

1) 합성연료

CO_2를 활용하는 합성연료로는 메탄올(CH_3OH)이나 항공용 합성탄화수소(C_nH_m) 연료 등이 있다. 화석연료와 거의 유사한 에너지를 만들어낼 수 있는 합성연료를 인공적으로 만드는 것이다. 높은 에너지 밀도를 만들기 위해서는 분자 구조상에 탄소(C)가 많이 필요하기 때문에 CO_2의 탄소를 활용하여 합성할 수 있다. 합성연료의 분자식에서도 알 수 있듯이, 많은 경우 CO_2와 수소(H_2)를 활용하여 합성해낼 수 있다. 다만, 탄소중립을 이루기 위해서 CO_2는 대기 중에서 직접 포집하거나 바이오에너지 연소 시 발생하는 CO_2를 포집하여 사용해야 하고, H_2는 재생에너지를 이용한 물의 전기분해를 통해 얻어야 의미가 있다. 이렇게 만들면 합성연료 사용 시 CO_2가 발생하더라도 대기 중으로부터 온 CO_2가 다시 대기 중으로 환원되는 것이므로 넷 제로를 유지할 수 있다.

2) 화학제품

많은 화학제품이 석유계 원료를 사용하여 만들기 때문에 석유계 원료 사용에 의한 CO_2 배출을 막으려면 대체재가 필요하다. 플라스틱과 같은 고분자 제품이나 나프타, 합성가스 등 분자에 탄소를 많이 포함하고 있는 유기화학 제품을 만드는 과정에서 포집한 CO_2의 탄소를 활용할 수 있다. 제조공정에서 필요한 탄소의 100%를 포집 CO_2로 대체하기는 어렵더라도 일부를 대체할 수 있다면 탄소 배출량을 줄이는 데 도움이 될 수 있다.

3) 건축 소재

시멘트에 물을 넣어 콘크리트를 섞을 때 포집한 CO_2와 물로 만든 탄산염 이온(CO_3^{2-})을 주입하여 탄산칼슘($CaCO_3$)으로 만드는 데 활용할 수 있다. 이렇게 만든 콘크리트는 기존 제품보다 높은 압축 강도를 갖는다. 콘크리트의 성능을 높이면서 CO_2를 영구적으로 건물 벽 속에 가둘 수 있기 때문에 탄소 저감까지 가능하여 일석이조의 효과를 얻을 수 있다. 캐나다 업체인 카본큐어에 따르면, 미국 버지니아주에 시공 중인 아마존의 HQ2 건물에 포집 CO_2를 활용한 콘크리트를 사용하여 1,144톤의 CO_2를 줄였다고 한다.

포집 CO_2를 활용하여 만든 콘크리트로 시공 중인 미국 버지니아주의 아마존 HQ2 렌더링
(출처: Amazon)

4) 탄소 소재

탄소 소재는 대부분 탄소 원소만으로 구성되어 있으며, 탄소 원소 간의 결합 구조에 따라서 다이아몬드나 연필심의 흑연이 되기도 하지만, 첨단 소재인 탄소나노튜브나 그래핀, 활성탄소나 탄소섬유 등이 되기도 한다. 기술 상용화 관점에서는 아주 먼 이야기지만, 포집 CO_2로부터 첨단 탄소 소재를 합성하는 기술 개발이 진행 중이다.

넷 제로 시나리오 관점의 CCUS

2021년 9월 과학기술정보통신부 산하 한국에너지기술연구원에서 발간한 「탄소중립 기술혁신 추진전략」 보고서에서는 탄소중립 달성을 위한 10대 핵심 기술 개발 방향으로 ①태양광 · 풍력, ②수소, ③바이오에너지, ④철강 · 시멘트, ⑤석유화학, ⑥산업공정 고도화, ⑦수송효율, ⑧건물효율, ⑨디지털화, ⑩ CCUS를 제시하고 있다.

10대 핵심 기술 개발 방향에도 CCUS 기술이 포함되어 있듯이, 완전한 탄소중립을 이루는 데 CCUS는 빼놓을 수 없는 기술이다. 전 세계적으로 재생에너지로의 전환을 추진하더라도 탄소배출이 불가피한 분야는 남을 것이기 때문에 넷 제로 달성을 위해서는 CCUS 기술이 꼭 필요하다.

3.4

이제는
친환경 전기차 시대

2021년 IEA의 「Net Zero by 2050」 보고서에 따르면, 2020년 기준 전 지구적 이산화탄소 배출량은 33.9Gt이고, 그중 발전 분야가 40%인 13.5Gt으로 가장 많고, 두 번째는 산업 분야 8.5Gt(25%), 그리고 세 번째가 수송 분야 7.2Gt(21%) 순이다. 2050년이 되면 탄소중립을 달성해 CO_2 순 배출량은 0이 되어야 하고, 이때 수송 분야 배출량은 0.7Gt가 되는 매우 도전적인 시나리오를 제시하고 있다. 이것은 2050년까지 전 세계 전기의 90%를 재생에너지로 생산하고, 520Mt의 저탄소 수소 연료를 공급하는 시나리오를 만족하는 조건을 가정한다. 즉, 2050년 탄소중립을 달성하기 위해서는 수송 분야의 CO_2 배출량을 30년 안에 90% 이상 줄여야 한다. 이 목표를 달성하려면 수송 분야의 연료 및 에너지원도 크게 바뀌어야만 가능하다.

IEA 보고서의 수송 분야 시나리오에 따르면, 2020년 현재 수송 에너지 공급 형태는 화석연료(94%), 바이오연료(3.7%), 전기(1.5%) 순에서 2050년 전기(44%), 수소연료[57](29%), 바이오연료(16%), 화석연료(11%) 순으로 전환된다. 즉, 현재 우리 주변의 화석연료 엔진 자동차는 대부분이 전기차나 수소연료전기차(수소전기차)로 대체될 것이라는 것을 쉽게 예상할 수 있다. 물론 엔진 자동차도 여전히 사용되지만, 재생에너지인 바이오연료를 사용하는 비율이 화석연료보다 더 높아질 것이다.

---

57 수송용 수소연료는 수소 및 암모니아, 합성연료를 모두 포함한다. 주로 암모니아는 선박용, 합성연료는 항공기용 연료를 의미한다.

2050년을 기준으로 수송 분야의 대세가 될 전기차에 대해 조금 더 자세히 알아보자. 순수 전기차(Electric Vehicle, EV) 이외에도 엔진과 모터를 모두 가진 하이브리드 전기차(Hybrid Electric Vehicle, HEV), 연료뿐만 아니라 전기 충전도 가능한 플러그인 하이브리드 전기차(Plug-in Hybrid Electric Vehicle, PHEV), 그리고 수소를 연료로 하는 수소전기차(Fuel Cell Electric Vehicle, FCEV)로 구분할 수 있다.

전기차(EV)

전기차는 고전압 배터리에 저장되어 있는 전기에너지를 모터로 전달하여 바퀴를 구동하는 차량을 의미한다. 전기차는 엔진이 없고 화석연료를 전혀 사용하지 않아 CO_2 및 환경오염 물질이 발생하지 않는다. 다만, 전기차를 타고 다니는 과정에서는 CO_2 배출이 전혀 없지만, 배터리 충전 시 사용하는 전기에너지도 재생에너지나 저배출 에너지로 만들어졌을 때 넷 제로에 근접할 수 있다.

전기차의 내부 구조는 내연기관 자동차와 비교하여 매우 단순하다. 바퀴를 돌리기 위한 구동모터와 구동모터에 전기에너지를 전달하기 위한 고전압 배터리, 그리고 고전압 배터리의 충전제어기와 충전포트로 구성되어 있다. 전기차는 배터리만으로 구동된다고 하여 배터리 전기차(Battery Electric Vehicle, BEV)로 부르기도 한다. 전기차 구조가 비교적 단순하기 때문에 자동차 제조사들은 전기차 모듈화 플랫폼을 개발하여 여러 모델의 차량에 공통으로 적용하는 전략을 추진하고 있다.

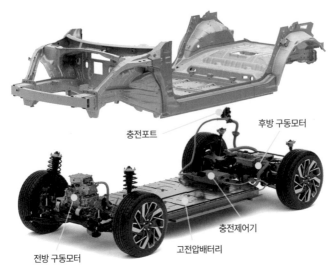

충전포트

후방 구동모터

충전제어기

고전압배터리

전방 구동모터

전기차(EV) 내부 구조 (출처: 현대모터그룹)

1) 배터리 충전시간

전기차의 가장 큰 특징은 엔진이 아닌 모터로 구동된다는 점이고, 이로 인해 내연기관차와는 특징이 많이 다르다. 연료탱크에 화석연료를 채우는 대신 배터리에 전기를 충전하기 때문에 연료를 채우는 시간 대비 배터리를 충전하는 시간에 큰 차이가 있다. 승용차 기준으로 내연기관차에 기름을 넣는 데 걸리는 시간은 3~5분인 반면, 전기차에 배터리를 충전하는 시간은 2022년 현재 초급속 충전기를 사용할 경우 20분에서 완속 충전기를 사용할 경우 10시간까지 걸린다. 배터리 충전 시간이 오래 걸린다는 점은 전기차의 가장 큰 단점 중 하나다. 부족한 전기차 배터리 충전소 인프라와 오랜 충전 시간이 전기차의 확산을 늦추는 가장 큰 요인이다. 하지만 배터리 및 충전기술이 지속적으로 발전하고 있어 시간이 지날수록 충전 시간은 더 짧아지고 있다.

2) 주행거리

오래 걸리는 배터리 충전 시간과 함께 짧은 주행거리도 전기차의 단점 중 하나다. 하지만 배터리 및 충전기술의 발전으로 최근에는 최대 주행거리가 내연기관차 수준까지 근접하고 있다. 중형 승용차 기준으로 2022년 현재 내연기관차는 연료를 가득 채운 후 최대 주행거리가 500~800km 수준인 반면, 전기차는 300~500km 수준이다. 이것은 배터리의 에너지밀도가 아직은 화석연료 대비 낮기 때문인데, 그렇다고 공간이 한정된 차량에 배터리 용량을 무한정 높일 수는 없다. 따라서 배터리의 에너지밀도를 높이기 위한 연구개발에 많은 기업이 몰두하고 있다. 매년 배터리 성능이 눈에 띄게 좋아지고 있기 때문에 수년 내에 전기차의 주행거리가 내연기관차의 주행거리를 넘어설 것으로 예상하고 있다.

특히, 현재 사용하고 있는 리튬이온 배터리의 뒤를 이을 차세대 배터리인 전고체 배터리의 연구개발이 최근 가속화되고 있다. 전고체 배터리는 리튬이온 배터리 대비 에너지 밀도가 훨씬 높기 때문에 전기차의 주행거리를 크게 늘릴 수 있다. 또한, 배터리 충전 시간도 내연기관차의 연료 주입 시간 수준으로 단축시킬 수 있고, 배터리의 화재나 폭발 위험성도 리튬이온 배터리 대비 훨씬 낮다. 전고체 배터리가 상용화되는 시기가 되면 전기차의 짧은 주행거리와 긴 충전 시간 문제, 배터리의 안전성 문제 등은 대부분 사라질 수 있다. 다만, 전고체 배터리의 생산기술 및 비용을 포함한 상용화에 대한 기술적 난도가 높아 전기차에 적용 가능한 시점을 예측하려면 조금 더 시간이 소요될 것으로 보인다.

3) 연비

내연기관차의 연비는 보통 연료 1리터(L)당 이동할 수 있는 거리(km)로 표현하는 반면, 전기차는 연료가 전기이므로 전기 1kWh당 이동할 수 있는 거리(km)로 표현한다. 중형 승용차 기준으로 2022년 현재 휘발유 내연기관차의 연비는 8~15km/L 수준인 반면, 전기차는 4~6km/kWh 수준이다. 두 연비의 단위가 달라 동시 비교가 어렵기 때문에, 연비를 1km당 연료비용으로 환산하여 비교해볼 수 있다. 휘발유 가격을 1L당 1,600원이라고 가정하면 내연기관차는 107~200원/km의 비용이 소요된다. 전기차 충전 비용을 1kWh당 290원(급속충전 기준)으로 가정하면, 전기차의 거리당 소요

비용은 48~73원/km 수준이다. 내연기관차의 거리당 연료비용이 전기차보다 2.2~2.7배 이상 비싸다. 완속 충전 기준(1kWh당 200원)으로 계산하면 3.2~4배까지 그 차이가 커진다. 전기차 배터리 기술의 발전으로 연비가 높아지는 추세를 고려하면, 시간이 지날수록 거리당 연료비용의 차이는 더욱 벌어질 것이다.

4) CO_2 배출량

전 세계적으로 내연기관차에서 전기차로 빠르게 전환되고 있는 가장 큰 이유는 탄소중립을 달성하고 대기오염을 줄이기 위함이다. 결국 지구의 지속가능성을 확보하기 위한 흐름의 하나다. 따라서 사용자 관점에서의 편의성이나 소요 비용도 중요하지만, 가장 중요한 지표는 친환경성이다. 가장 대표적인 지표인 이동 거리 1km당 CO_2 배출량으로 비교하면, 중형 승용차 기준으로 휘발유 내연기관차의 배출량은 120~200g/km 수준인 반면, 전기차는 제로다. 하지만 에너지 흐름의 전 과정을 고려하면, 전기차에 공급된 전기가 생산되는 데 얼마만큼의 CO_2가 배출됐는지도 따져봐야 한다.

참고로, 국제원자력기구(IAEA)의 발전원별 CO_2 배출량(g/kWh) 추정 자료에 따르면 석탄발전 991, 석유 782, 천연가스 549, 바이오매스 70, 태양광 57, 풍력 14, 원자력 10, 수력 8이다. 이 데이터를 이용하여 2020년 우리나라 발전원별 발전량 비율[58]로 환산해보면, 우리나라 전체 발전소의 CO_2 배출량 수준은 약 500g/kWh로 추정할 수 있다.

앞서 추정한 우리나라 발전소의 평균 CO_2 배출량 500g/kWh와 전기차의 연비 4~6km/kWh를 기준으로 전기차의 1km당 CO_2 배출량을 환산해 보면 83~125g/km 수준으로 추정할 수 있다. 물론 휘발유의 경우에도 원유 채굴·운송 및 정유공정 중에 발생하는 CO_2 배출량까지 고려해야 동등한 비교를 할 수 있다.

---

[58] 우리나라 통계청 자료에 따르면, 2020년 우리나라 발전원별 발전량 비율은 석탄 35.6%, 원자력 29%, 가스 26.4%, 신재생에너지 6.6%, 석유 0.4%, 양수 0.6%, 기타 1.4%다.

서울대의 연구논문[59]에 따르면, 2015년 데이터를 기반으로 내연기관차에 대한 전 과정의 CO_2 배출량을 계산했고, 그중 원유 채굴·운송·정유 과정에서의 CO_2 배출량을 25g/km로 계산했다. 이를 추가로 반영하면 휘발유 내연기관차의 전 과정을 고려한 CO_2 배출량은 145~225g/km이고, 내연기관차 대비 전기차가 대략 40~45% 정도 CO_2 배출량이 적다고 볼 수 있다. 또한, 점차 신재생에너지의 발전 비중이 높아지고 석탄 발전은 줄어들어 우리나라 발전의 평균 CO_2 배출량도 지속해서 낮아지므로 전기차의 전 과정을 고려한 CO_2 배출량은 더욱 낮아질 것이다.

하이브리드 전기차(HEV)

고전압 배터리와 모터만으로 움직이는 전기차(EV) 이외에도 기존의 엔진을 그대로 갖는 내연기관차에 전기차 기능을 부가한 하이브리드 전기차(HEV)도 증가세가 높다. 많은 사람이 내연기관차를 운행하다가 바로 전기차로 바꾸는 것에 부담을 느낀다. 오랜 기간 주유소에서 3~5분 만에 주유하던 습관을 아직은 부족한 전기차 충전소를 찾아 짧게는 20분에서 길게는 수 시간 충전하는 방식으로 바꾼다는 것은 쉬운 선택이 아니다. 이러한 고민을 해결할 수 있는 내연기관차와 전기차를 합친 형태가 바로 하이브리드 전기차다.

하이브리드 전기차(HEV)는 엔진과 모터를 모두 가지고 있고, 연료탱크와 배터리도 동시에 가지고 있다. 단, 연료공급은 주유로만 하고, 전기차와 같이 배터리 충전은 별도로 하지 않는다. 배터리 충전은 자동차 제동 시 모터를 역으로 발전기로 활용하거나 주행 중에 엔진에서 생성된 에너지를 이용한다. 하이브리드 전기차는 주행 중에 모터가 엔진의 출력을 돕기 때문에 내연기관차 대비 30~50% 정도의 연비 상승이 가능하다. 중소형 승용차 기준으로 하이브리드 전기차의 연비는 16~22km/L 수준이고, 연료를 가득 채우고 최대로 이동할 수 있는 거리는 800~1,000km 수준이다. 또한, CO_2 배출량

---

59 송한호, "국내 자동차 연료별 온실가스 배출량 전과정 분석", Auto Journal, 2017.04.

은 70~100g/km 수준으로, 원유 채굴·운송·정유 과정에서의 CO_2 배출량 25g/km까지 더하면 전 과정의 CO_2 배출량은 95~125g/km 수준이다.

하이브리드 전기차는 엔진과 모터의 연결 방식에 따라 크게 두 가지 형태로 구분할 수 있다. 하나는 엔진이 자동차 바퀴를 직접 구동하지 않고 발전기에만 연결된 구조다. 즉, 엔진은 전기를 발전하여 배터리를 충전하고, 바퀴는 배터리의 전기로 모터를 돌려 구동하는 직렬구조 방식이다. 두 번째는 엔진과 모터가 모두 변속기를 통해 바퀴를 직접 구동하는 병렬 구조 방식이다. 즉, 엔진으로 움직일 수 있고, 모터로도 움직일 수 있고, 엔진과 모터를 동시에 돌려 움직일 수도 있다. 직렬 구조 방식은 엔진으로 전기만 발전하기 때문에 연료의 사용을 최소화할 수 있고 엔진의 효율을 높이기에 유리하다. 실제로 발전용 엔진의 효율은 40%를 훌쩍 넘는다. 참고로, 일반적인 내연기관차 엔진의 효율은 35% 전후다. 하지만 직렬 구조 방식의 단점도 있다. 바퀴 구동을 전적으로 모터가 담당하기 때문에 출력이 높은 무거운 모터를 사용해야 한다는 점이다. 반면에 병렬 구조 방식은 바퀴 구동에 엔진과 모터가 동시에 힘을 전달할 수 있기 때문에 힘이 많이 필요한 급가속이나 오르막길 상황에서는 엔진과 모터를 모두 사용하고, 힘이 많이 필요 없는 저속 주행 시에는 모터만 사용할 수 있다. 즉, 모터의 최대 출력을 낮출 수 있어 모터와 배터리의 크기와 무게를 모두 줄일 수 있다. 하지만 모터의 힘이 약하기 때문에 운전 환경에 따라 엔진 사용의 빈도가 크게 증가할 경우에는 전기차의 장점이 줄어드는 단점이 있다.

최근 출시된 대부분 하이브리드 전기차는 병렬 구조 방식으로 모터와 엔진이 바퀴 구동에 모두 관여한다. 병렬 구조 방식의 모터는 엔진의 출력을 돕거나 제동 시 발전(회생제동)하는 한 가지 모드로만 동작할 수 있다. 시장에 출시된 차량 중에는 엔진의 출력을 도우면서 회생제동도 동시에 가능한 직병렬 방식의 하이브리드 전기차도 있다. 참고로, 고효율의 발전용 엔진도 연구개발이 진행되고 있어, 직렬 구조 방식의 하이브리드 전기차가 다시 증가할 가능성도 있다. 하지만 확실한 점은 장기적으로는 전기차가 대세가 될 것이고, 하이브리드 전기차는 과도기적인 대안이라는 점이다.

참고로, 앞서 설명한 모터만으로도 바퀴를 구동할 수 있는 형태의 풀 하이브리드 전기차(Full Hybrid Vehicle) 이외에도, 전기모터가 사용된 자동차 유형으로 마일드 하이브리드 전기차(Mild Hybrid Vehicle)가 있다. 내연기관차에서 엔진에 동력을 보조해주는 역할로 소형 전기모터와 적은 배터리가 적용된 가벼운 하이브리드 구조를 갖는다. 모터만으로는 바퀴를 구동할 수 없으며, 엔진을 보조하여 연비를 개선하는 역할과 함께 차량 내부에서 사용하는 전기 공급을 원활하게 도와주는 역할을 한다. 마일드 하이브리드 전기차의 연비 개선 수준은 기존 내연기관차 대비 10~15% 정도다. 최근 강화되는 환경 규제 대응을 위해 주로 유럽 시장에서 판매량이 증가하고 있다.

플러그인 하이브리드 전기차(PHEV)

하이브리드 전기차에 전기 충전까지 가능한 자동차를 플러그인 하이브리드 전기차(PHEV)라고 한다. 하이브리드 전기차는 주유만으로 연료 공급을 하는 반면, 플러그인 하이브리드 전기차는 주유도 하면서 동시에 전기 충전도 가능하다. 플러그인 하이브리드 전기차는 전기 충전을 위한 완속 충전기와 큰 용량의 배터리를 갖는다. 보통 배터리가 충분할 때는 주로 전기차 모드로 동작하고, 배터리가 얼마 남지 않았을 때는 하이브리드 전기차와 동일하게 동작한다. 즉, 단거리 구간에서는 전기차와 완전히 동일하게 동작하기 때문에 전기차와 내연기관차의 장점을 가장 충실하게 합친 형태라고 할 수 있다.

하지만 대략 10~20kWh 수준의 대용량 배터리와 엔진을 모두 가지고 있기 때문에 차가 무겁고 여유 공간이 상대적으로 적다는 단점이 있다. 또한, 배터리 완충을 하더라도 순수 전기차 모드로 이동할 수 있는 거리는 수십 km 수준밖에는 안 되기 때문에 배터리 충전을 자주 하지 않는다면 순수 전기차 모드를 이용할 수 있는 거리는 얼마 되지 않는다. 설상가상으로 대부분 완속 충전만 지원하기 때문에 배터리 충전을 자주 하기도 어렵다. 참고로, 플러그인 하이브리드 전기차의 배터리 용량은 하이브리드 전기차 배터리 용량의 10배 수준이고, 차량 가격도 하이브리드 전기차보다 훨씬 비싸다.

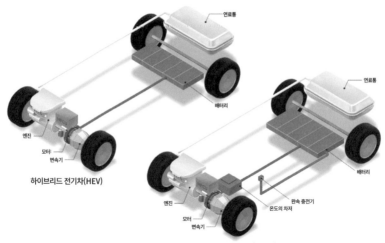

하이브리드 전기차와 플러그인 하이브리드 전기차 구조 (출처: 현대모터그룹)

국내 자동차 제조사들은 우리나라 시장에서 플러그인 하이브리드 전기차를 더 이상 판매하지 않는다. 플러그인 하이브리드 전기차의 가격이 하이브리드 전기차보다 훨씬 더 비쌀 뿐만 아니라, 그나마 지원되던 국가보조금 500만 원이 2021년에 전액 폐지됐기 때문이다. 물론 수입차로는 플러그인 하이브리드 전기차로 여러 모델이 판매 중이고, 국내 제조사들도 플러그인 하이브리드 전기차를 생산하여 수출하고 있으며, 전 세계적으로는 플러그인 하이브리드 전기차의 증가세도 크다.

수소전기차(FCEV)

수소전기차는 수소를 연료로 사용하고 연료전지로 전기를 생산하여 모터를 구동하는 전기차다. 즉, 화석연료 대신 수소를 사용하고, 엔진 대신 연료전지 시스템과 구동모터를 갖는다. 또한, 자동차 제동 시 모터로부터 역으로 발전되는 전기를 저장할 배터리도 함께 구성된다. 이미 상용화되어 우리 주변에서 볼 수 있는 수소전기차는 수소를 700bar 수준의 고압으로 수소연료탱크에

충전하고, 한 번 충전하면 600km 이상을 이동할 수 있다. 배터리 전기차와
비교하여 충전 시간이 5~10분 정도로 짧고, 한 번 충전으로 갈 수 있는 최대
이동 거리가 길다는 장점이 있다.

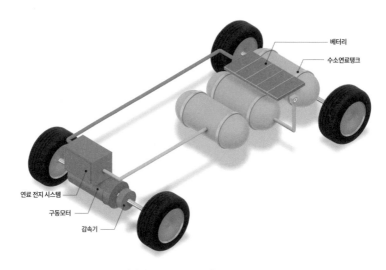

수소전기차(FCEV) 구조 (출처: 현대모터그룹)

연료전지 시스템은 수소와 산소가 인가되어 전기화학반응을 통해 전기와
물(H_2O), 그리고 열에너지를 생성한다. 이때 생성되는 전기는 모터로 공급되
어 바퀴를 구동하고, 물은 배출구로 배출된다. 발생되는 열은 냉각시스템을
통해 외부로 방출된다. 수소는 수소연료탱크로부터 공급되지만, 산소는 대기
중의 산소를 이용한다. 이때 대기 중의 이물질 제거를 위해 여러 차례 정화 단
계를 거친다.

수소연료탱크는 700bar의 높은 압력을 견딜 수 있도록 플라스틱 라이너
외부에 고강도 탄소섬유를 1만 번 감아 안전하게 제작한다. 견딜 수 있는 압
력 이상에서도 수소연료탱크가 폭발하는 것이 아니라 찢어지는 형태가 되도
록 설계된다. 또한, 혹시 불이 붙더라도 수소연료탱크 내부의 높은 압력으로
인해 외부의 산소가 탱크 내부로 들어가지 못하기 때문에 연소에 의한 탱크
폭발 가능성은 거의 없다.

수소전기차는 전 세계적으로 출시된 모델이 몇 개 없다. 국내에서는 현대차의 넥쏘 한 모델만 출시된 상태다. 넥쏘는 수소 1kg당 평균 96km를 이동할 수 있고, 수소연료탱크 용량 6.33kg을 고려하면 연료 완충 후 주행 가능거리는 608km다. 직접적인 연비 비교가 어렵기 때문에 대신 연료 비용으로 환산해보면, 2022년 현재 국내 수소충전소의 단가는 8,200~8,800원/kg이고, 1km당 연료 비용은 85~92원/km로 계산된다. 이는 내연기관차보다는 싸고, 전기차보다는 비싼 수준이다.

수소전기차 자체에서는 CO_2 배출량이 없지만, 현재 대부분이 그레이수소인 점을 고려하면, 그레이수소 생산과정을 포함한 전 과정의 CO_2 배출량으로 친환경성을 판단해야 한다. 현재 우리나라에서 천연가스로 그레이수소 1톤을 생산할 때 발생하는 CO_2는 10톤 정도다. 수소전기차 넥쏘의 경우, 수소 1kg당 96km를 이동하는 것을 감안하면 1km당 필요한 수소는 10.4g이고, 해당 수소를 그레이수소로 생산할 때 발생하는 CO_2는 약 104g이다. 즉, 현재 그레이수소를 사용하는 수소전기차는 전 과정을 고려할 때 탄소중립과는 거리가 있는 상황이다. 물론, 재생에너지로 생산하는 블루수소가 일반화된다면 전 과정의 CO_2 배출량은 거의 제로에 근접하게 될 것이다. 다만, 블루수소가 일반화되려면 아직도 먼 이야기이고, 현재는 수소충전소 인프라도 거의 없어 수소연료를 충전하는 데 상당 기간은 불편함을 감수해야 한다. 차량 가격도 매우 비싸 국가보조금 없이는 판매가 어렵다.

수소전기차는 이제 상용화가 시작된 상황으로 시장에서의 판매량 자체는 미미한 수준이다. 2021년 전 세계 시장에서 판매된 수소전기차는 18,000대에 못 미치고, 그중 절반은 한국에서 팔렸다. 자동차의 대표 시장인 미국에서 판매된 수소전기차는 3,300대 수준이다. 참고로, 같은 해 미국에서 판매된 자동차 약 1,500만 대 중에서 전기차는 47만 대, 하이브리드 전기차는 96만 대, 플러그인 하이브리드 전기차는 17만 대가 팔렸다. 2021년 전 세계 자동차 판매 대수 약 8천만 대 대비 수소전기차의 시장점유율은 0.02%에 지나지 않는다.

수소전기차는 승용차보다는 트럭이나 버스와 같은 대형차에 유리하다는 평가를 받는다. 대형차를 순수 전기차로 만들기에는 배터리의 무게가 너무 무겁고 크고 비싸기 때문에 쉽지 않다. 하지만 수소전기차는 고압으로 압축된 수소를 이용하기 때문에 연료 공급 문제를 해결하기에 적합하다. 물론, 수소전기차도 배터리가 들어가지만, 순수 전기차보다는 훨씬 적은 용량의 배터리가 사용되고, 장시간 배터리 충전 문제도 없다. 세계 최초로 양산에 성공한 현대의 수소전기트럭의 경우, 90kW의 전기를 만들 수 있는 연료전지 2개와 72kWh 용량의 배터리, 그리고 총 31kg의 수소연료를 저장할 수 있는 7개의 연료탱크로 구성됐고, 연료탱크를 가득 채우는 데 8~20분이 걸린다. 가득 채웠을 때의 최대 주행거리는 약 400km다.

수소전기트럭 엑시언트 2021년형 (출처: 현대모터그룹)

차량 유형별 비교

최근 전 세계의 모든 자동차 제조사들이 신차 모델을 내연기관차가 아닌 전기차, 하이브리드 전기차, 플러그인 전기차, 수소전기차 중심으로 재편하면서, 대다수 소비자는 어떤 차를 구입해야 하는지 고민이 많은 것이 사실이다. 탄소중립이 달성될 2050년이라면 아무 고민 없이 순수 전기차를 사면 되겠지만, 지금 당장 차를 바꿔야 한다면 주변의 연료 충전 인프라 여건과 용도 등을 고려해 결정해야 할 것이다. 연료유형 및 인프라, 충전 시간, 최대 주행거리, 연비 및 비용 등을 살펴봐야 한다.

구분		내연 기관차	EV	HEV	PHEV	FCEV[5]
연료·배터리	연료	휘발유	전기	휘발유	휘발유+전기	수소
	탱크용량	55~70L	-	50~65L	40~50L	156L
	배터리용량	-	65~80kWh	1.3~1.7kWh	9~18kWh	1.56kWh
	주유시간	3~5분	-	3~5분	3~5분	5~10분
	충전시간	-	20분~10시간	-	3~6시간	-
주행거리·연비	주행거리 (km)	500~800	300~500	800~1,000	(EV) 35~50[4] (HEV) 700~800	608
	연비	8~15km/L	4~6km/kWh	15~20km/L	(EV) 4~6km/kWh (HEV) 15~20km/L	96km/kg
	연료비용 (원/km)	107~200[1]	48~73[1]	90~120	(EV) 48~73 (HEV) 90~120	85~92
	연료비용 비교	100%	39%	68%	39~68%	58%
CO_2 배출량 (g/km)	차량	120~180	0	80~100	(EV) 0 (HEV) 80~100	0
	연료생산	25[2]	-	25	25	104[6]
	전기발전	-	83~125[3]	-	83~125	-
	전 과정	145~205	83~125	105~125	83~125	104
	전 과정 비교	100%	59%	66%	59~66%	59%

1) 휘발유 가격은 1,600원/L, 전기차 충전 가격은 급속충전 기준 290원/kWh로 가정하여 산출한 비용

2) 원유 채굴 · 운송 · 정유 과정에서의 CO_2 배출량(서울대 송한호 교수 연구논문 참조)

3) 우리나라 발전소의 전체 평균 CO_2 배출량 500g/kWh와 전기차의 연비를 기준으로 환산한 CO_2 배출량

4) 배터리 완충 후 휘발유는 사용하지 않고 배터리만으로 이동 가능한 거리

5) 수소전기차는 차종이 얼마 없는 관계로 넥쏘의 사양을 기준으로 정리함

6) 국내에서 천연가스로 그레이수소를 생산할 때, 수소 1톤 생산 시 CO_2 약 10톤 발생하는 기준으로 환산한 배출량

중형 승용차 기준 차량 유형별 사양, 성능 및 CO_2 배출량 비교 (2022년 현재)

2022년 중형 승용차를 기준으로 차량 유형별 사양과 성능을 비교해보자. 참고로, 주변에 전기충전소나 수소충전소 인프라가 없다면 고민할 필요도 없이 내연기관차와 하이브리드 전기차 중에서 선택해야 한다. 따라서 주변의 인프라는 갖춰져 있다는 가정하에 비교해 보자.

연료충전 시간 관점에서는 내연기관차와 하이브리드 전기차가 3~5분으로 가장 짧고, 수소전기차가 5~10분, 그리고 전기차가 20분 이상으로 가장 길다. 하이브리드 전기차와 내연기관차 중에서는 대체로 하이브리드 전기차의 연료탱크 용량이 내연기관차보다 작기 때문에 더 짧다. 플러그인 하이브리드 전기차는 휘발유만 사용할 경우에는 연료충전 시간이 가장 짧고, 전기만 사용할 경우에는 충전 시간이 가장 길다. 최대 주행거리 관점에서는 하이브리드 전기차가 800~1,000km로 가장 우세하고, 플러그인 하이브리드 전기차 700~800km, 내연기관차 500~800km, 수소전기차 600km, 전기차 300~500km 순이다. 연료 비용 관점에서는 전기차가 48~73원/km로 가장 저렴하고, 수소전기차 82~92원/km, 하이브리드 전기차 90~120원/km, 내연기관차 107~200원/km 순이다.

탄소중립 관점에서는 CO_2 배출량이 가장 중요하다. 차량 기준으로는 전기차와 수소전기차는 배출량이 0으로 완전한 친환경 차량이다. 다음으로는 하이브리드 전기차가 80~100g/km, 내연기관차가 120~180g/km 순이다. 따라서 점차 내연기관차는 사라지고 전기차와 수소전기차 시장이 확대될 것이라는 점을 쉽게 예상할 수 있다. 다만, 연료생산 및 운송 과정에서도 현재는 많은 CO_2가 배출되기 때문에 현재 기준으로 비교하려면 전 과정의 배출량을 따져봐야 한다. 전 과정의 CO_2 배출량을 기준으로 비교해봐도 전기차가 83~125g/km로 가장 적고, 수소전기차가 104g/km로 유사한 수준이다. 그다음으로는 하이브리드 전기차 105~125g/km, 내연기관차 145~205g/km 수준으로 순서는 동일하다. 미래에는 내연기관차나 하이브리드 전기차는 CO_2 배출량이 더 이상 줄어들 여지가 없지만, 전기차는 재생에너지를 이용한 발전 비율이 높아짐에 따라 지속해서 CO_2 배출량이 낮아질 예정이고, 수소전기차의 경우에도 그레이수소에서 블루수소와 그린수소로 전환되어 감에 따라 CO_2 배출량이 낮아질 것이다.

구분	우세 <---> 열세
연료충전 시간	PHEV(휘발유) ≒ HEV ≒ 내연기관차 < FCEV ≪ EV ≤ PHEV(전기)
최대 주행거리	HEV > PHEV > 내연기관차 > FCEV > EV
연료비용	EV ≪ FCEV < PHEV ≤ HEV ≪ 내연기관차
차량 CO_2 배출량	EV = FCEV ≪ PHEV ≤ HEV ≪ 내연기관차
전 과정 CO_2 배출량	EV ≒ FCEV < PHEV ≤ HEV ≪ 내연기관차

중형 승용차 기준 차량 유형별 비교분석 요약 (2022년 현재)

3.5

도심 하늘을 나는
수직 이착륙 비행체

전 세계적으로 도시화가 빠르게 진행되면서 도시의 교통체증은 갈수록 심각해지고, 이로 인한 에너지 손실은 상상을 초월한다. 우리나라 서울에서도 차량으로 출퇴근 시 이제 왕복 2시간은 기본이다. 전기차로 전환하여 온실가스를 저감하더라도 교통체증 문제를 해결하지 못하면 오히려 에너지 소비량이 크게 증가하는 상황이 올 수도 있다. 이 문제를 해결하기 위한 방법으로 전 세계적으로 도심 항공 모빌리티(Urban Air Mobility, UAM) 분야에 많은 투자가 몰리고 있다.

도심 항공 모빌리티(UAM)

UAM은 보통 전기 동력으로 근거리를 낮게 이동하는 수직 이착륙 가능한 비행체[60]를 의미한다. 도로가 막히니 하늘을 이용하자는 뜻이다. 개개인이 직접 구매하기보다는 택시처럼 이용하는 서비스 형태가 될 것이다. 기존의 비행기는 거대한 공항이 있어야 운항할 수 있지만, UAM은 도시 곳곳의 건물 옥상에 소형 수직 이착륙장인 버티포트(Vertiport)를 만들어 이용할 수 있다. 헬리콥터는 낮은 도심을 날아다니기에는 소음이 너무 심하고 탄소배출도 많기

---

60 수직 이착륙 가능한 비행체: Electric Vertical Take–Off and Landing

때문에 도심에 최적화된 무공해, 저소음, 근거리용 수직 이착륙 비행체 기술이 필요하다.

항공 모빌리티 인프라 전문기업 Skyports의 건물 옥상 버티포트 콘셉트[61]

UAM은 도심의 낮은 하늘에서 날아야 하기 때문에 안전 확보를 위한 분산 전기추진기술이 가장 중요하다. 모터와 회전날개를 여러 개 부착하여 각각을 분산 제어하고, 일부 모터가 고장 나도 나머지를 가지고 안전하게 구동할 수 있는 고장에 강인한 시스템 구축이 필요하다. 또한, 여러 개의 회전날개로 수직 이착륙과 직진, 조향 등을 자유롭게 구현할 수 있는 비행체 구조설계가 필요하다. 핵심 기술로 자율주행과 함께 모터와 배터리 기술, 그리고 경량화 기술도 필요하다.

UAM 기술의 상용화는 아주 먼 이야기가 아니다. 이미 세계 여러 기업이 UAM을 성공적으로 개발하여 시험 비행하고 있고, 이미 연방항공국(FAA)의 인증 절차에 돌입하여 상용 서비스 론칭을 준비 중인 업체도 있다. UAM 시제품 개발에 성공한 나머지 기업들도 대부분 2025년에서 2028년 사이에 상

61 출처: https://skyports.net/

용 서비스 시작을 목표로 하고 있다. 이런 추세로 볼 때 2030년경이면 정식 UAM 서비스가 시작될 가능성이 높아 보인다.

UAM 시장에서 가장 앞서가는 미국의 조비항공사는 현재 S4 모델을 기반으로 연방항공국의 인증 절차를 밟고 있으며, 2024년 상용화를 목표로 준비 중이다. 총 5인이 탑승할 수 있고, 6개의 회전날개를 가지고 있으며 배터리로 구동된다. 배터리 완충 시에는 최대 240km 운항이 가능하고, 6분 충전 시 평균 38km 운항할 수 있다. 최대 속력은 320km/h다.

독일의 릴리움사는 5인승인 Jet 모델을 개발하여 시험 비행에 성공했다. 날개에 총 36개의 팬이 들어간 덕트 구조의 특이한 추진 구조로 설계됐고, 시속 300km/h에 최대 한 시간 비행으로 300km 거리를 날 수 있다. 2025년까지 상용화를 목표로 개발 중이며, 추가로 7인승과 16인승까지 기획하고 있다.

이스라엘의 어반에어로너틱스사는 5인승 CityHawk 모델을 개발하여 시험 비행에 성공했다. 다른 UAM과는 달리 날개 없이 본체를 관통하는 대형 호버링 회전날개를 갖는 FanCraft 기술을 개발하여, 비행체가 차지하는 공간이 크게 줄어들어 도심에서 활용하기에는 최적의 형상을 갖는다. 연료전지와 700bar로 압축된 수소연료를 사용하고, 160km 운항 거리에 시속 256km/h까지 가능하다.

독일의 볼로콥터사는 2인승의 VoloCity 모델에 이어, 4인승의 VoloConnect 모델까지 개발하여 시험 비행에 성공했다. 최대 운항 거리 96km, 최대 시속 248km/h로 설계됐고, 2026년 상용 서비스 론칭을 목표로 개발 중이다. VoloCity 모델의 상용화 목표 시점은 2024년이다.

이외에도 전 세계적으로 수백 개의 업체가 UAM 기술을 개발 중이며, 국내에서는 현대자동차, 대한항공, KAI, 한국항공우주연구원 등이 개발을 시작했다. 우리나라는 UAM 기술 개발에 매우 늦은 상황으로 스마트한 전략이 필요하다.

미국 조비 항공사의 S4   독일 릴리움사의 Jet

이스라엘 어반에어로너틱스사의 CityHawk   독일 볼로콥터사의 VoloConnect

시험 비행 성공 후 상용화 개발 중인 대표적 UAM (출처: 각 사 홈페이지)

경량화

자동차나 UAM 모두 친환경을 위한 접근으로 주로 전동화를 핵심 기술로 언급했다. 구동을 포함한 모든 시스템이 전기로 작동하면서 디지털화가 가능하게 됐고, 인공지능 자율주행 기능까지 구현할 수 있게 됐다. 이러한 전동화 및 디지털화 접근 이외에도 친환경을 위해 꼭 필요한 기술로 경량화가 있다.

경량화는 말 그대로 가볍게 만드는 기술이다. 철이나 스틸로 제작되던 부품은 점차 알루미늄이나 탄소복합소재로 대체되고, 여러 부품을 조립하여 제작하던 부품은 일체화된 중공형(속이 빈) 부품으로 설계 변경이 이뤄지고 있다. 예를 들어, 철판으로 제작되는 차량 외형에는 점차 탄소섬유강화플라스틱(CFRP)과 같은 경량 복합소재의 적용이 확대되고, 이미 BMW의 i3나 람보르기니 등은 외형에 CFRP를 적용하고 있다. 경량화로 차량이 가벼워지면 연비가 좋아져 에너지 소모가 줄어들고, 결국 전 과정의 CO_2 배출량도 줄어든다. 추가로 차량의 가감속과 코너링이 좋아지는 효과도 얻을 수 있다.

탄소섬유 복합소재로 만든 경량 차체 (사진 출처: sglgroup.com)

대표적 경량 소재인 탄소섬유는 나일론보다 열 배 이상 질기다. 가벼우면서도 강도가 매우 높기 때문에 금속의 대체재로도 적합하다. 탄소섬유가 가장 많이 사용되는 형태인 CFRP는 먼저 만들고 싶은 모양을 옷감 짜듯이 탄소섬유로 짠 후, 옷감에 수지를 두툼하게 흡수시키고 원하는 모양으로 경화시킨다. 수지가 굳고 나면 철판보다 기계적 성질이 우수한 CFRP가 된다. 탄성도 매우 뛰어나서 충격에도 강하다. 철의 비중은 7.8, 알루미늄의 비중은 2.7, CFRP의 비중은 1.5 정도이니, 철로 만든 제품보다는 무게가 1/5 수준이고, 알루미늄으로 만든 제품 무게의 거의 절반 수준이다. 자동차의 내·외장재로 확대 적용되고 있고, 항공기 및 드론, UAM 등의 분야에서는 이미 CFRP가 기본 소재가 됐다. 수소전기차의 연료탱크를 탄소섬유로 만드는 것도 경량화 때문이다.

Part 3 요약

✔ 지구는 지금 온난화 현상으로 위기를 맞고 있다. 지구 곳곳에서 이상 기후 현상이 심화되고, 북극은 빙하가 사라지고, 해수면은 매년 빠르게 높아지고 있다. IPCC 6차 평가보고서에 따르면 지구의 지속가능성을 확보하기 위해서는 2100년까지 지구의 온도 상승을 반드시 1.5℃ 이내로 억제해야 하고, 해당 목표를 달성하려면 2050년까지 전 지구적으로 탄소중립을 달성해야 한다.

✔ 지구 온난화의 주범은 온실가스이고, 온실가스 중 이산화탄소(CO_2)의 비중은 73%로 가장 높다. 지구의 CO_2 농도는 지난 80만 년간 300ppm을 넘은 적이 없었으나, 1950년 전후를 기점으로 수직상승 하여 2022년 현재 420ppm 수준까지 높아졌다. 현재의 CO_2 농도 증가세를 감소세로 전환하여 2050년까지 넷 제로를 만들지 못한다면 지구의 지속가능성은 보장할 수 없다.

✔ 대부분 온실가스는 에너지 부문(73%)에서 발생되고 있으며, 에너지 부문 내에서는 산업분야 24.2%, 빌딩분야 17.5%, 수송분야 16.2% 순으로 온실가스가 발생한다. 이때 대부분의 온실가스는 화석연료를 태울 때 발생된다. 탄소중립을 이루기 위해서는 화석연료의 사용을 억제하고, 대신 재생에너지를 사용하는 것이 가장 중요하다. 이미 배출된 온실가스는 포집하여 땅속 깊은 곳에 묻고, 동시에 온실가스의 흡수원인 산림이나 해양, 갯벌, 습지, 초지 및 녹지 등을 보존하고 확대 조성해야 한다.

✔ 탄소중립을 위한 탄소 배출량 저감 조치로는 재생에너지 확대, 전기화 추진, 바이오에너지 확대, CCUS(탄소포집·활용·저장) 기술 적용, 수소연료 적용 확대, 에너지 효율화 및 에너지 절약을 위한 습관의 변화 등이 모두 동시에 이뤄져야 달성할 수 있다.

✔ 재생에너지에는 시간이 지남에 따라 자연적으로 보충돼 재생이 가능한 자원을 기반으로 하는 에너지를 말하며, 태양에너지, 풍력에너지, 수력에너지, 해양에너지, 지열에너지, 바이오에너지, 그리고 재생폐기물에너지가 있다. 지구 전 대륙에 유입되는 태양에너지는 전 세계 1차 에너지 소비량의 1,800배에 달하고, 풍력에너지는 200배, 바이오에너지 20배, 지열에너지 10배, 해양에너지 2배, 수력에너지 1배로,

이론상 재생에너지만으로도 전 지구적으로 사용하는 에너지를 충분히 공급하고도 남는다. 2021년 기준 전 세계 전기 발전량의 28%만이 재생에너지를 기반으로 한다. 즉, 재생에너지의 활용을 더 늘릴 수 있다.

✔ 2021년 기준, 전체 재생에너지 발전량 중 역사적으로 가장 오래 사용해온 수력에너지가 54%로 비중이 가장 높고, 풍력 발전량 23%, 태양에너지 발전량 13%, 나머지 재생에너지 발전량 10% 순이다.

✔ 우리나라에서 신에너지는 수소에너지나 석탄 액화 · 가스화 에너지를 말한다. 수소에너지는 탄소배출이 없는 청정에너지이자 화석연료의 대체에너지로 관심받고 있다. 수소를 화석연료처럼 직접 태워 에너지를 얻을 수도 있지만, 전기화학 반응을 통해 전기를 발생시키는 연료전지 방식이 효율이 훨씬 높다. 연료전지에 수소연료를 인가하고 동시에 공기 중의 산소를 인가하면 전기화학 반응에 의해 전기에너지와 열에너지, 그리고 물(H_2O)이 발생한다. 연료전지의 발전 효율은 40~60% 수준이다.

✔ 수소(H_2)는 공기 중에 없기 때문에 직접 만들어야 한다. 화석연료로부터 얻는 수소를 그레이수소, 그레이수소 생산 시 발생하는 CO_2를 포집하여 저장하는 경우를 블루수소, 그리고 재생에너지로 물을 전기분해하여 생산한 수소를 그린수소라 한다. 그레이수소를 사용하는 경우는 친환경과는 거리가 멀고, 그린수소를 사용하는 경우는 탄소배출 제로가 된다.

✔ 2020년 기준, 전체 CO_2 배출량 33.9Gt 중에서 수송 분야는 21%인 7.2Gt으로 비중이 높다. IEA 보고서의 탄소중립 시나리오에 따르면, 수송 분야 에너지 공급 형태는 2020년 화석연료 94%, 바이오연료 3.7%, 전기 1.5% 순에서 2050년 전기 44%, 수소연료 29%, 바이오연료 16%, 화석연료 11% 순으로 전환된다. 이를 달성하기 위해서는 수송 분야의 연료 및 에너지원이 크게 달라져야 한다.

✔ 친환경 자동차 기술로는 순수 전기차(EV), 하이브리드 전기차(HEV), 플러그인 하이브리드 전기차(PHEV), 그리고 수소전기차(FCEV)가 있다. 2022년 현재 기준으로 CO_2 배출량은 EV와 FCEV가 가장 낮고, PHEV와 HEV는 조금 더 높고, 내연기관차가 가장 높다. 즉, 탄소중립을 위해 자동차 시장에서 내연기관차는 빠르게 사라지고, 과도기적으로 HEV와 PHEV를 거쳐 EV와 FCEV로 빠르게 전환될 것이다. 단, 승용차 시장은 EV 중심으로 형성되고, 대형차 시장은 FCEV 중심으로 형성될 것이다.

✔ 전 세계적으로 도시화가 빠르게 진행되면서 도시의 교통체증은 갈수록 심각해지고 있다. 이로 인한 에너지 손실은 상상을 초월하고, 이 문제를 해결하기 위해 도심 항공 모빌리티(UAM) 시장이 빠르게 형성되고 있다. 전기 동력으로 근거리를 낮게 이동하는 수직 이착륙 비행체와 도시 곳곳의 건물 옥상에 소형 수직 이착륙장 버티포트만 만들면, 도심에 최적화된 무공해, 저소음, 근거리용 항공 교통 시스템을 구축할 수 있다. UAM은 아주 먼 미래의 이야기가 아니다. 현재 전 세계적으로 수많은 기업이 UAM 개발 및 상용화 서비스를 준비 중이며, 2030년을 전후로 정식 UAM 서비스가 시작될 가능성이 높다.

✔ 전기화(전동화), 디지털화와 함께 경량화는 친환경 모빌리티에 반드시 필요한 기술이다. 차량이나 비행체의 경량화를 통해 연비를 높여 에너지 소모를 줄이고 CO_2 배출량을 줄일 수 있다. 경량화는 시스템을 가볍게 만드는 기술로, 철이나 스틸로 제작되던 부품은 알루미늄이나 탄소복합소재로 바꾸고, 여러 부품을 조립하여 제작하던 부품은 일체화된 속이 빈 중공형 부품으로 설계를 변경하여 달성할 수 있다. 특히, 탄소섬유강화플라스틱(CFRP)은 철 무게의 1/5 수준이고, 알루미늄의 절반 수준이다. 탄소복합재는 자동차의 내·외장재로 확대 적용되고 있고, 항공기 및 드론, UAM 등의 분야에서는 기본 소재다.

[더 깊이 이해하기]

❧

CCUS 기술

CCUS 기술의 중요성은 넷 제로 시나리오를 보면 잘 이해할 수 있다. CCUS 특별보고서에는 2070년 넷 제로를 목표로 설정한 지속가능한 개발 시나리오에 대한 시기별 CO_2 배출량과 포집량, 제거량 간의 관계를 잘 보여준다.

1) 2020년 CO_2 순 배출 현황

2020년 화석연료 사용에 따른 CO_2 배출은 33.7Gt, 그중에서 0.1Gt를 포집하여 0.04Gt는 지하에 저장하고 0.12Gt는 산업에서 사용한다. 산업에서 사용한 CO_2는 다시 그대로 대기 중으로 배출된다. 배출과 포집, 저장, 사용, 재배출을 모두 고려했을 때의 CO_2 순 배출량은 33.6Gt다.

2) 2030년 CO_2 순 배출 시나리오

2030년이 되면 화석연료 사용에 의한 CO_2 배출은 27.6Gt로 줄고, 그중에서 0.7Gt은 포집된다. 포집된 CO_2 중에서 0.6Gt은 지하에 저장되고 나머지는 산업에서 사용된다. 대기 중으로부터 직접 포집된 0.01Gt의 CO_2는 합성연료나 산업에서 사용된다. 바이오에너지 사용 과정에서 포집된 0.1Gt의 CO_2는 대부분 지하에 저장되어 대기 중의 CO_2를 제거하는 효과를 얻고, 일부는 합성연료나 산업에서 사용된다. 배출과 포집, 저장, 사용, 재배출을 모두 고려했을 때의 CO_2 순 배출량은 27.0Gt다.

3) 2050년 CO_2 순 배출 시나리오

2050년이 되면 화석연료 사용에 의한 CO_2 배출은 14.8Gt로 크게 줄고, 그중에서 4.6Gt는 포집된다. 포집된 CO_2 중에서 대부분인 4.4Gt는 지하에 저장되고 나머지는 산업에서 사용된다. 사용 중 0.1Gt는 다시 대기 중으로 배출된다. 대기 중으로부터 직접 포집된 0.1Gt의 CO_2 중 0.02Gt는 지하에 저장되고, 나머지는 합성연료나 산업에서 사용된다. 바이오에너지 사용 과정에서 포집된 1.0Gt의 CO_2 중 0.8Gt는 지하에 저장되고, 0.2Gt는 합성연료나 산업에서 사용된다. 배출과 포집, 저장, 사용, 재배출을 모두 고려했을 때의 CO_2 순 배출량은 9.4Gt이고, CCS 기술로 저장되는 CO_2는 5.2Gt, CCU 기술로 활용되는 CO_2는 0.4Gt다.

4) 2070년 CO_2 순 배출 시나리오

2070년이 되면 화석연료 사용에 의한 CO_2 배출은 9.6Gt로 줄고, 그중에서 6.7Gt는 포집된다. 포집된 CO_2 중에서 대부분인 6.6Gt는 지하에 저장되고 나머지는 산업에서 사용된다. 사용 중 0.05Gt는 다시 대기 중으로 배출된다. 대기 중으로부터 직접 포집된 0.8Gt의 CO_2 중 0.3Gt는 지하에 저장되고, 나머지는 합성연료나 산업에서 사용된다. 바이오에너지 사용 과정에서 포집된 3.0Gt의 CO_2 중 2.6Gt는 지하에 저장되고, 0.4Gt는 합성연료나 산업에서 사용된다. 배출과 포집, 저장, 사용, 재배출을 모두 고려했을 때의 CO_2 순 배출량은 0으로, 넷 제로를 달성하는 시나리오다. 즉, 탄소중립은 2070년 시나리오처럼 9.5Gt의 CO_2를 CCS 기술을 이용하여 지하에 저장하고, 0.9Gt의 CO_2를 CCU 기술로 활용할 때 가능해진다.

다만, CCUS 특별보고서 이후 2021년에 발표된 IPCC 6차 보고서에서는 2070년 넷 제로 시나리오로는 지구의 지속가능성을 보장할 수 없다고 결론짓고, 전 세계의 탄소중립 목표 시점을 20년이나 당겨진 2050년으로 변경했고, 이것을 고려하면 지구를 살리는 데 있어서 CCUS 기술의 역할은 더욱 중요하다. 참고로, 2021년 발표된 IEA의 「Net Zero by 2050」 보고서 시나리오에서는 CCUS 기술로 2030년까지 1.5Gt의 CO_2를 줄이고, 2050년까지는 추가로 6.0Gt의 CO_2를 줄여야 2050년 넷 제로 달성이 가능하다고 제안했다.

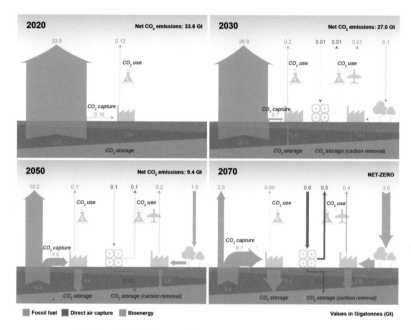

2070년 넷 제로 시나리오의 CO_2 배출·포집·제거 관계 (출처: CCUS 특별보고서)

세상을 바꿀
미래기술
12가지

다음 세대가 사용할
양자 컴퓨터

디지털 컴퓨터와 양자 컴퓨터는 어떻게 다를까?

양자 컴퓨터가 주목받는 이유

이렇게 어려운 양자 컴퓨터는 도대체 어떻게 시작됐나?

양자 컴퓨터의 기본 원리 이해하기

양자 컴퓨터의 미래는?

4.1

디지털 컴퓨터와 양자 컴퓨터는
어떻게 다를까?

오늘날 우리는 매일 디지털 컴퓨터를 사용한다. 디지털 컴퓨터는 하루가 다르게 더 빠르고 더 작고 더 다양하고 더 광범위하게 발전하고 있다. 디지털 컴퓨터라고 하면 데스크톱이나 노트북을 의미했던 시절을 지나, 이제 휴대폰, 손목시계, 태블릿부터 TV와 자동차까지 모두 디지털 컴퓨터인 시대가 됐다. 이렇듯 우리는 디지털 컴퓨터로 가득한 세상에 살고 있는데, 미래에는 새로운 양자 컴퓨터가 나온다고 하니 궁금증이 생긴다. 디지털 컴퓨터와 양자 컴퓨터는 어떻게 다른지 차근차근 살펴보자.

최초의 디지털 컴퓨터

제2차 세계 대전 당시 전쟁의 성패를 가르는 암호 해독을 위해 1943년 영국에서 개발한 콜로서스(Colossus)는 프로그래밍이 가능한 최초의 컴퓨터로 알려져 있다. 콜로서스는 진공관을 사용하여 만든 컴퓨터였으며, 실제로 노르망디 상륙작전에서 사용됐다. 비슷한 시기인 1946년에는 미국의 펜실베이니아 대학에서 1만 8천여 개의 진공관으로 만들어진 컴퓨터 에니악(ENIAC)이 개발됐다. 총중량이 무려 30톤에 달했고, 작동 전력이 150KW였으며, 2진수가 아닌 10진수를 사용했고, 개발비 총액은 당시 기준으로 49만 달러가 소요됐다고 한다. 대포의 정확한 탄도 계산이 에니악의 개발 목적이었다.

(좌) 최초의 디지털 컴퓨터 콜로서스와 (우) 에니악 (출처: 위키백과)

디지털 컴퓨터 시대가 시작된 지 벌써 80여 년이 흘렀다. 최근 모든 산업에서 디지털 전환(Digital Transformation)이 본격적으로 이루어지면서 새롭게 생성되는 디지털 데이터의 양은 어마어마하게 방대해졌고, 이러한 방대한 데이터를 처리하기 위해 컴퓨팅 파워는 빠르게 증가하고 있다. 동시에 대량 병렬 연산을 위해 개발된 슈퍼컴퓨터도 지속해서 발전해 왔다. 하지만 아무리 디지털 컴퓨터 기술이 발전한다고 하더라도 우리가 해결해야 하는 많은 난제를 풀기에는 여전히 한계가 있다.

디지털 컴퓨터의 한계

1965년 인텔의 창업자 중 한 명인 고든 무어가 반도체 칩의 트랜지스터 집적도는 2년마다 2배씩 증가한다는 무어의 법칙을 발표한 이후, 오늘날까지 반도체 업계는 이를 이루기 위해 많은 노력을 해왔다. 하지만 이제 트랜지스터가 원자 크기에 가까워지면서 더 이상 줄일 수 없는 한계에 다다르고 있다. 또한, 이미 극소화를 위한 개발 비용이나 생산 비용이 급격히 증가하고 있는 점도 현실적인 한계로 작용하고 있다.

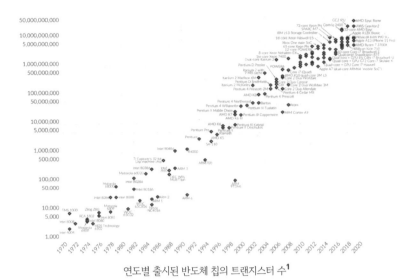

연도별 출시된 반도체 칩의 트랜지스터 수[1]

이처럼 컴퓨터의 집적도는 한계에 다다르고 있는 데 반해, 데이터 정보량은 기하급수적으로 늘어나고 있다. 이러한 상황으로 컴퓨팅 분야에서도 와해성 혁신 기술의 요구가 커지고 있다. 이에, 이론상 디지털 컴퓨터가 갖는 한계를 넘어설 수 있는 기술인 양자 컴퓨터에 대한 연구가 더욱 주목받게 됐다.

양자 컴퓨터

최근 먼 미래 이야기로만 여겼던 양자 컴퓨터의 상용화 가능성이 급격히 높아지고 있다. 특히, 2019년 구글이 개발한 양자 컴퓨터를 이용하여 53큐비트로 양자 우월성(Quantum Supremacy)에 대한 가능성을 증명[2]한 논문이 네이처 지에 발표되면서 관심은 더욱 높아지고 있다. 양자 우월성이란 양자 컴퓨터가 기존의 슈퍼컴퓨터를 능가하는 것을 말한다. 2021년 현재 구글은 72큐비트, 인텔은 49큐비트, IBM은 65큐비트 양자 컴퓨터를 개발했다. 불

1 출처: https://en.wikipedia.org/wiki/Moore%27s_law#/media/File:Moore's_Law_Transistor_Count_1970-2020.png

2 https://ai.googleblog.com/2019/10/quantum-supremacy-using-programmable.html

과 몇 년 전까지만 해도 10큐비트 남짓한 양자 컴퓨터를 연구하는 수준이었는데, 갑자기 빠르게 기술이 발전하는 모양새다. 하지만 현재의 양자 컴퓨터는 마치 최초의 디지털 컴퓨터를 연상시킨다.

(좌) 최초의 디지털 컴퓨터 에니악[3], (우) 구글의 54큐비트 양자 컴퓨터[4]

(좌) 구글 양자 컴퓨터 (출처: 구글), (우) IBM 양자 컴퓨터 (출처: IBM)

3   출처: www.kurzweilai.net

4   출처: https://www.newscientist.com/article/2283945-google-demonstrates-vital-step-towards-large-scale-quantum-computers/

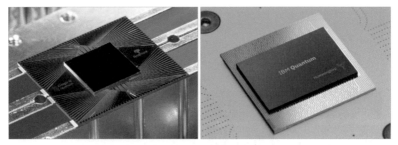

(좌) 구글 54큐비트 시카모어 프로세서 (출처: 구글),
(우) IBM 65큐비트 허밍버드 프로세서 (출처: IBM)

2021년에는 IBM이 127큐비트의 이글(Eagle) 양자 프로세서를 발표하면서 세계 최초로 100큐비트의 한계를 넘어섰다. 또한, IBM은 2022년 433큐비트, 2023년 1,121큐비트, 2024년 1,386큐비트, 2025년 4,158큐비트, 2026년 이후 10K~100K큐비트 양자 프로세서를 개발한다는 로드맵[5]을 발표하면서 양자 컴퓨터 기술을 선도하고 있다.

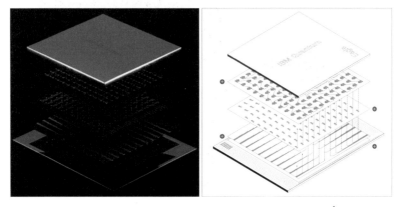

세계 최초로 100큐비트를 돌파한 127큐비트 이글(Eagle) 프로세서[6]

5   https://www.ibm.com/quantum/roadmap
6   출처: IBM, https://research.ibm.com/blog/127-qubit-quantum-processor-eagle

양자 컴퓨터와 양자역학의 원리

　　양자 컴퓨터는 중첩이나 얽힘, 간섭과 같은 양자역학 현상을 활용하여 자료를 처리하는 계산 장치를 말한다. 특히, 중첩에 의한 동시 연산이 가능하다는 점에서 디지털 컴퓨터 대비 양자 컴퓨터의 우월성이 확보된다. 디지털 컴퓨터도 병렬 연산이 가능하지만, 병렬 연산을 위해서는 물리적으로 중앙연산처리장치(CPU)를 복수 개로 만들어야 한다. 하나의 칩 내부에 다중코어 형태로 만들거나, 다수 개의 칩을 동시에 사용하거나, 또는 다수 개의 컴퓨터를 연결하여 병렬 연산을 수행한다. 하지만 양자 컴퓨터는 하나의 양자연산처리 칩을 이용하여 많은 연산을 동시에 수행하는 효과를 얻을 수 있다.

　　양자역학은 우리의 일상에서 경험할 수 없고 우리 눈에 보이지도 않는 미시 세계에서만 일어나는 현상이기 때문에 이해하기가 쉽지 않은 것이 사실이다. 노벨상 수상자이자 양자 컴퓨터의 개념을 최초로 제시한 이론물리학자 리처드 파인만조차도 "당신이 양자역학을 이해한다고 생각한다면, 당신은 양자역학을 이해하지 못한 것이다(If you think you understand quantum mechanics, you don't understand quantum mechanics)"라고 말했다고 하니, 일반인이 이해하지 못하는 것은 당연하다.

　　양자는 확률적으로 존재하는 특성을 갖는다. 오늘날의 디지털 컴퓨터가 모든 데이터를 0과 1의 이진수로 표현하는 것처럼, 양자 컴퓨터도 모든 데이터를 0과 1의 이진수로 표현하는 개념은 동일하다. 하지만 양자 컴퓨터에서는 0 또는 1의 값을 갖는 것이 아니라, 0일 확률 또는 1일 확률로 상태가 표현된다는 것이 가장 큰 차이점이다. 디지털 컴퓨터에서의 최소 단위를 비트(bit)라고 하듯이, 양자 컴퓨터에서는 최소 단위를 양자비트라는 의미로 **큐비트(qubit)** 라고 한다. 즉, 하나의 큐비트는 0일 확률 또는 1일 확률을 표현할 수 있다. 물론 0일 확률과 1일 확률을 더하면 1이다. 큐비트가 0 또는 1중 하나의 확정적인 값을 얻게 되는 순간은 해당 큐비트를 관측하는 행위가 이루어지는 순간이다. 즉, 해당 큐비트를 나타내는 양자의 상태가 어떤지 들여다보는 순간 해당 양자는 확률적인 상태로 존재하던 파동성이 붕괴되고 입자성을 갖는 한 가지 특정 상태로 관측된다.

큐비트가 확률적으로 존재하기 때문에 양자 컴퓨터는 연산 이후에 값을 읽을 때마다 결괏값이 다르게 나올 수 있다. 이건 또 무슨 말인가 하겠지만, 상태가 확률적으로 존재한다는 뜻은 여러 가지 상태가 동시에 중첩되어 있다는 의미이고, 이러한 중첩의 원리를 이용하여 양자 컴퓨터의 동시 연산을 구현하는 것이다. 예를 들어, 한 개 큐비트의 상태가 0일 확률과 1일 확률이 각각 0.5로 동일하게 나왔다면, 해당 큐비트의 값을 읽을 때마다 0 또는 1이 0.5의 확률로 나오게 된다. 만약 해당 큐비트의 값을 100번 읽었다면 이론적으로는 0이 50번 관측되고, 1이 50번 관측된다는 의미다.

양자 컴퓨터는 모든 상태가 중첩되어 있는 확률적인 상태에서 연산을 수행하고 결과를 관측하는 일련의 과정을 여러 번 반복 수행하여 원하는 값을 통계적으로 얻는다. 양자 컴퓨터에서 문제를 풀기 위한 연산을 수행한다는 것은 우리가 얻고자 하는 답이 관측될 확률을 최대한 높이는 작업을 의미한다. 즉, 양자 컴퓨터는 디지털 컴퓨터와는 다르게 실행할 때마다 결과가 다르게 나오기 때문에 동일한 연산을 여러 번 수행하여 결과를 얻은 후 통계적으로 최종 결과를 도출한다.

예를 들어, 3개의 큐비트로 이루어진 양자 컴퓨터가 있다고 가정하자. 그러면 해당 양자 컴퓨터로 표현할 수 있는 수는 000, 001, 010, 011, 100, 101, 110, 111로 총 8가지다. 이때 우리가 풀고자 하는 문제의 답이 111이라고 가정해 보자. 양자 컴퓨터에서 3개의 큐비트를 0과 1일 확률이 각각 0.5인 상태로 만들면, 표현할 수 있는 전체 8가지 수를 모두 1/8의 동일한 확률로 중첩시켜 표현하는 효과를 갖는다. 이렇게 중첩된 상태에서 우리가 원하는 답을 얻을 수 있는 연산을 수행하여 111의 확률이 0.9가 되고, 나머지 7가지 수 (000, 001, 010, 011, 100, 101, 110)가 관측될 확률이 0.1이 됐다고 가정해 보자. 이럴 경우, 해당 연산을 수행하여 결과를 관측하는 일련의 과정을 100회 반복하면, 통계적으로 90회는 111이 나오고, 10회는 나머지 7가지 수 중에서 나오는 결과를 얻게 될 것이다. 이를 바탕으로 해당 연산의 답은 111이라고 추정할 수 있다. 참고로, 특정 문제에 대하여 해당 답의 확률을 높일 수 있는 일련의 연산을 양자 알고리즘이라고 한다. 즉, 양자 컴퓨터에서 문제를 풀기 위해서는 해당 문제의 답을 얻을 수 있는 양자 알고리즘을 설계해야 하고, 현재 많은 연구자가 그동안 풀지 못했던 난제들에 대한 양자 알고리즘을 설계하기 위해 많은 노력을 하고 있다.

양자의 확률적인 상태를 이용한다는 점 이외에 양자 컴퓨터가 디지털 컴퓨터와 다른 또 한 가지 큰 차이점이 있다. 디지털 컴퓨터는 디지털 칩에 연산하고자 하는 이진수 데이터를 전기 신호로 입력하면 디지털 칩 내부에 있는 수많은 반도체 게이트를 통과하여 원하는 결괏값이 전기 신호로 출력된다. 반면, 양자 컴퓨터는 양자 칩에 양자를 인가하고 양자 칩 내부에서 게이트를 통과하는 개념이 아니고, 양자 칩 내부에 이미 큐비트를 표현할 수 있는 양자 시스템이 있고, 해당 양자 시스템의 상태를 시간에 따라 원하는 조합으로 변경해가는 일련의 조작 행위로 연산을 수행하는 방식이다. 즉, 양자 칩 내부에 있는 양자의 상태가 연산을 거침에 따라 점차 원하는 답의 확률이 높아지는 상태로 변해가는 방식이다. 얻고자 하는 답의 확률이 1에 가까워질수록 관측을 통해 원하는 답을 얻는 빈도가 크게 높아진다.

양자 상태의 관측

양자의 상태를 관측한다는 말이 정확히 무슨 뜻인지 생각해보자. 일반적으로 관측한다는 말은 눈으로 본다는 뜻이다. 눈으로 본다는 것은 우리 눈으로 빛(가시광선)이 들어온다는 뜻이다. 사물 표면에 부딪힌 후 반사되어 나오는 빛이 우리 눈에 도달하기 때문에 해당 사물을 보게 되는 것이다. 빛은 물리적으로 보면 전자기파이고, 사람의 눈은 400nm에서 700nm 사이의 파장을 갖는 가시광선만 볼 수 있지만, 물리적으로 관측 행위는 관측하고자 하는 대상에 부딪힌 후 반사되어 나오는 임의의 전자기파를 측정하는 것으로 일반화할 수 있다.

관측하는 순간 양자의 확률적인 상태가 붕괴된다고 앞서 언급한 바 있는데, 그 이유는 전자기파가 양자와 부딪히고 반사되면서 양자의 상태 또한 변하기 때문이다. 양자 주변에 빛을 포함한 임의의 전자기파가 존재하게 되면 양자와 부딪히면서 항상 관측 상황이 발생한다. 즉, 우리가 원하는 순간에만 관측 현상이 발생하고 그 이외에는 양자의 상태를 유지하게 만들기 위해서는 양자 주변의 전자기파를 철저히 제거해야 한다. 이를 위해 양자 주변에 빛이 유입되지 않게 함과 동시에 주변의 전자기파를 완전히 차폐해야 한다.

양자 컴퓨터가 동작하는 과정에서도 내부적으로 전자기파가 발생하지 않게 만들어야 한다. 보통 전류가 흐를 때 전기적 저항이 존재하면 미세한 전자기파가 발생하므로 이 또한 발생을 막기 위해서는 전기적 저항이 0인 초전도체로 만들어줘야 한다. 초전도체는 극저온인 0K(켈빈) 상태에서 구현 가능하기 때문에, 현재 대부분 양자 컴퓨터는 항상 양자 칩 주변을 0K인 −273.15℃에 근접한 극저온 상태로 만들고 주변의 모든 전자기파를 차폐하는 시스템으로 만들고 있다.

양자의 중첩 상태를 오랜 시간 동안 유지하게 만들고 원하는 문제의 답을 구할 수 있는 양자 알고리즘을 효과적으로 설계할 수 있다면 현재의 디지털 컴퓨터가 풀지 못하는 문제를 단시간에 풀 수 있는 양자 컴퓨터를 실현할 수 있다.

4.2

양자 컴퓨터가
주목받는 이유

양자 컴퓨터가 전세계적으로 주목을 받게 된 이유는 결론부터 이야기하자면 국가 주요 시스템의 보안 체계가 붕괴될 수 있다는 우려 때문이다. 요즘 많은 나라가 양자 컴퓨터 개발을 선점하기 위해 치열하게 경쟁하고 있다. 이렇게 국가 차원에서 많은 투자를 하는 이유는 1994년에 발표된 쇼어(Shor)의 소인수 분해 양자 알고리즘 논문 때문이다.

암호 체계의 붕괴

쇼어의 알고리즘에 따르면 아무리 큰 숫자라고 하더라도 다항식 시간 안에 소인수 분해를 할 수 있다는 것이다. 보통은 큰 숫자의 소인수 분해를 하려면 천문학적인 시간이 걸리기 때문에 현존하는 대부분 암호 체계는 이 원리를 이용하여 설계되어 있다. 즉, 양자 컴퓨터가 나와서 쇼어의 소인수 분해 알고리즘을 이용하면 현존하는 대부분 암호 체계가 뚫릴 수 있다는 말이다.

예를 들어, 1,024비트 RSA(공개 키 암호 방식)의 암호를 해독하는 데 기존의 디지털 컴퓨터로는 백만 년의 시간이 걸리는 데 반해, 양자 컴퓨터로는 10시간이면 해독할 수 있다. 이것이 현실화된다면 국방, 금융, 정부 등 국가의 모든 시스템이 붕괴될 수 있다. 1996년에 발표된 그로버(Lov K. Grover)의 데이터 검색 양자 알고리즘도 이러한 위기의식에 기름을 붓는 역할을 했다. 기존 컴퓨터에서는 정렬되지 않은 데이터에서 원하는 데이터를 탐색할 때

데이터의 수에 비례하는 시간($O(N)$)이 필요하지만, 양자 컴퓨터에서 그로버 알고리즘을 이용하여 탐색할 경우에는 데이터 수의 제곱근에 비례하는 시간 ($O(\sqrt{N})$)만으로 가능하다. 예를 들어 기존의 디지털 컴퓨터에서는 정렬되지 않은 많은 데이터에서 원하는 데이터를 찾는 데 1억(10^8) 번을 탐색해야 했다면, 양자 컴퓨터에서 그로버 알고리즘을 이용하면 1만(10^4) 번만 탐색하면 원하는 데이터를 찾을 수 있다는 뜻이다. 이러한 이유로 많은 나라가 서로 먼저 양자 컴퓨터를 선점 개발하려고 하는 것이다.

물론, 양자 컴퓨터로도 뚫리지 않는 암호 통신 시스템을 만드는 연구도 동시에 진행되고 있다. 크게 두 가지 접근으로 연구가 이루어지고 있다. 첫 번째는 원천적으로 복제나 도청이 불가능한 양자를 이용한 암호 통신 체계를 만드는 양자암호통신(Quantum Cryptography) 연구다. 예를 들어, 양자의 상태를 이용하여 비밀키를 만들어 통신하는 경우, 양자의 상태를 복제나 도청할 때 그 사실을 쉽게 인지할 수 있기 때문에 복제나 도청을 원천적으로 차단할 수 있다. 두 번째는 기존의 소인수 분해 등을 이용한 알고리즘이 아닌 양자 컴퓨터로도 다항식 시간 내에 풀기 어려운 새로운 암호화 알고리즘을 만들어 양자 컴퓨터가 상용화되더라도 뚫리지 않는 암호 통신 체계를 만드는 양자내성암호 또는 양자후암호(Post-Quantum Cryptography) 연구다. 참고로, 양자내성암호로 최근 활발히 연구 중인 암호화 알고리즘으로는 뒤틀린 격자 기반의 최적화 문제를 활용한 격자기반암호, 다변수 다항 방정식 시스템 기반의 다변수암호, 초특이 타원 곡선 기반 아이소제니암호 등이 있다.

현재 우리가 광범위하게 사용하고 있는 암호화 알고리즘이 붕괴될 수 있다는 점 때문에 양자 컴퓨터에 대한 연구개발 투자가 크게 증가했고, 동시에 양자 컴퓨터를 활용한 공격에도 강인한 암호화 알고리즘을 개발하는 암호 기술 분야도 다시 큰 관심을 받고 있다.

양자 기술과 국가적 차원의 투자

최근 각 국가는 양자 컴퓨터와 양자암호통신 등을 포함한 양자 기술 전반에 걸친 연구개발에 많은 투자를 하고 있다. 양자 컴퓨터의 경우에는 IBM이나 구글과 같은 민간 기업에서 주도적으로 선도하고 있지만, 동시에 각 국가 차원에서도 양자 기술 전반에 대한 투자 규모를 크게 늘려가고 있다.

1) 미국

양자 기술 분야에서 가장 앞서 나가고 있는 미국은 양자 정보 과학 분야의 리더십을 지속적으로 보장하고, 미국의 경제 및 국가 안보를 위한 양자 기술의 연구개발을 가속화하기 위해 2018년 12월 국가 양자 이니셔티브(National Quantum Initiative, 이하 NQI) 법안을 발표했다. 이 법안을 통해 양자 기술의 연구개발에 대한 본격적인 투자를 시작했다. 해당 법안을 통해 2019년부터 지원 프로그램이 본격적으로 가동됐고, 국가표준기술연구소[7], 국가과학재단[8], 에너지부[9]를 주축으로 관련 지원 프로그램과 센터 및 컨소시엄을 강화했다. NQI 법안 통과 이후 실제로 집행되고 있는 예산 규모와 분야를 보면 미국이 국가적 차원에서 양자 기술을 어떻게 바라보고 있는지를 이해할 수 있다.

NQI 법안을 통해 지원하고 있는 프로그램은 크게 양자 센싱 및 계측, 양자 컴퓨팅, 양자 네트워킹, 기초 과학 발전을 위한 양자 정보 과학, 양자 기술의 다섯 가지 분야로 구분된다.

---

7 국가표준기술연구소: National Institute of Standards and Technology(NIST)

8 국가과학재단: National Science Foundation(NSF)

9 에너지부: Department of Energy(DOE)

NQI 프로그램 분야	분야 상세 설명
양자 센싱 및 계측	센서 및 측정 과학을 향상시키기 위해 양자 역학을 사용함. 중첩 및 얽힘, 비고전적인 빛 상태, 새로운 계측 체계 또는 방식, 원자 시계와 같은 양자 제어로 가능해진 정확성 및 정밀도의 발전을 포함함.
양자 컴퓨팅	양자비트(큐비트) 및 얽힘 게이트, 양자 알고리즘 및 소프트웨어, 프로그래밍 가능한 양자 장치를 사용하는 디지털 및 아날로그 양자 시뮬레이터, 양자 컴퓨터 및 프로토타입, 하이브리드 디지털+아날로그 및 양자+기존 컴퓨팅 시스템의 개발을 포함함.
양자 네트워킹	새로운 정보 기술 응용 프로그램과 기초 과학을 위해 거리에 걸쳐 분산되고 여러 당사자에 의해 공유되는 얽힌 양자 상태를 생성하고 사용하는 노력을 포함함. 예를 들어, 기존 컴퓨팅을 뛰어넘는 향상된 성능을 위한 중간 규모 양자 컴퓨터들 간의 네트워킹.
기초 과학 발전을 위한 양자 정보 과학	다른 학문 분야의 기본 지식을 확장하기 위해 양자 장치 및 양자 정보 과학 이론을 활용하려는 근본적인 노력이 포함됨. 예를 들어 생물학, 화학, 계산, 우주론, 에너지 과학, 공학, 재료, 핵 물질 및 기타 기초 과학 측면에 대한 이해를 향상시키기 위한 노력.
양자 기술	1) 현장에서 양자 기술을 배포하고 사용 사례를 개발하기 위한 최종 사용자와의 협력, 2) 전자, 광자 및 극저온을 위한 기반 시설 및 제조 기술과 같은 양자 정보 과학 및 엔지니어링을 위한 지원 기술에 대한 기초 연구개발, 3) 양자 기술에 의해 발생하는 위험을 이해하고 완화하기 위한 노력(예: 양자 후 암호화) 등 다양한 주제를 포함함.

미국 NQI 프로그램 상세 분야[10]

---

10 참고 자료: 미국 2022 회계연도 예산에 대한 NQI 보완 리포트

미국의 2022 회계연도 예산 자료를 보면 양자 연구개발에 대한 미국의 공격적인 투자 규모를 확인할 수 있다. 2019년 약 $450M(한화 5천4백억 원) 규모에서 2020년 $670M 규모로 예산이 50% 증액됐고, 2021년에는 다시 20%가 증액된 $800M 규모로 예산이 집행됐다. 2022년에는 추가로 10%가 증액된 $875M의 예산안이 제출됐다. 최근 4년간 양자 연구개발 분야에만 한화로 약 3.3조 원을 투자한 것이다.

2022년도 예산 기준으로 미국 NQI 각 세부 분야별 예산 비율을 대략 살펴보면, 양자 센싱 및 계측 분야 23%, 양자 컴퓨팅 분야 29%, 양자 네트워킹 분야 10%, 기초 과학 발전을 위한 양자 정보 과학 분야 24%, 그리고 양자 기술 분야 14%를 지원하고 있음을 확인할 수 있다.

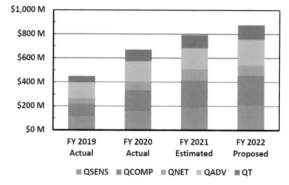

NQI 분야별 예산 규모: 양자 센싱 및 계측(QSENS), 양자 컴퓨팅(QCOMP), 양자 네트워킹(QNET), 양자 정보 과학(QADV), 양자 기술(QT)[11]

2) 유럽연합

유럽연합(EU)도 양자 연구개발 분야에서는 미국과 함께 선도적 위치를 차지하고 있다. 2018년 양자 기술에 대한 20개 프로젝트에 €132M(한화 약 1천 8백억 원) 규모의 예산을 지원했다. 해당 과제의 집중 분야는 양자 통신, 양자 컴퓨팅, 양자 시뮬레이션, 양자 센싱 및 계측, 그리고 양자 관련 기초 과학 분

11 출처: 미국 2022 회계연도 예산에 대한 NQI 보완 리포트

야다. 또한, 2021년부터 2028년까지는 130개 프로젝트를 추가로 지원하여 약 €1B(한화 약 1.3조 원) 규모까지 집중 투자할 것을 계획하고 있다.

3) 중국

중국은 2016년부터 국가 중점 연구개발 계획을 통해 양자 제어 및 양자 정보 중점 프로젝트에 집중 지원을 시작했다. 이미 2016년부터 2018년까지 총 76건의 연구과제를 지원했으며, 2019년부터는 양자 관련 전자 시스템, 소형 양자 시스템, 양자 컴퓨팅 및 시뮬레이션, 양자 정밀 측정 등 5개 분야에 대한 집중 지원을 추진 중이다. 특히, 2018년부터 5년간 1천억 위안(한화 약 16.5조 원)을 투입하여 양자정보과학 국가연구소를 설립하고 원거리 양자 통신망 구축과 양자 컴퓨터 개발에 집중하고 있다.

양자 컴퓨터 분야에서는 미국이 독보적으로 선도하고 있지만, 양자 통신 분야에서는 오히려 중국이 미국을 추월했다는 평가가 있을 정도로 중국의 양자 기술에 대한 관심과 지원은 매우 높다. 양자 암호 통신에 있어서 핵심 기술인 양자 암호키 분배(Quantum Key Distribution, QKD) 실험을 지상에서 2,000km 떨어진 지역 간의 광섬유 네트워크망과 2,600km 거리의 위성과 지상 간의 자유공간 네트워크망을 연동하여 총 4,600km 거리를 갖는 네트워크망을 통해 실시하여 성공했고, 2021년 1월 해당 연구 결과를 네이처 지에 게재했다. 또한, 차이나텔레콤은 안후이성 지역의 이동통신 서비스 가입자 중 정부나 군, 금융기관 관계자를 중심으로 양자 통신 시범 서비스를 시작했고, 향후 5년 내에 1,000만 명 규모로 서비스를 확대할 계획을 발표했다.

유럽연합 공동연구센터의 2019년 보고서에 따르면, 양자 컴퓨터 분야에 대한 누적 특허 건수는 미국이 500여 건으로 중국의 50여 건 대비 독보적으로 많지만, 양자 키 분배 분야에 대한 누적 특허 건수는 중국이 440여 건, 미국이 250건 수준으로 중국이 크게 앞서고 있다. 양자 컴퓨팅 분야에서도 2018년 SCI 학술 논문 발표 집계를 보면, 미국이 8,492편으로 1위, 중국이 4,573편으로 2위를 차지하고 있어 양자 기술 전반적으로 중국이 미국을 무섭게 추격하고 있음을 확인할 수 있다. 또한, 중국 정부 지원뿐만 아니라 알리바바 그룹을 포함하여 화웨이, 바이두, 텐센트 등 민간 기업도 양자 컴퓨팅 기술 개발에 뛰어들고 있다.

4) 일본

일본 정부는 MEXT(Ministry of Education, Culture, Sports, Science and Technology) 주관으로 2018년부터 10년간 약 3천억 원의 예산으로 양자 도약 플래그십 프로그램(Quantum Leap Flagship Program, 이하 Q-Leap)을 시작했다. Q-Leap은 양자 기술을 활용하여 경제적, 사회적 목표에서 양자 도약을 달성하기 위한 연구개발 프로그램으로, 기초 연구를 포함하여 양자 정보 기술(양자 컴퓨터 및 양자 시뮬레이터), 양자 계측 및 센싱, 차세대 레이저 등 세 가지 기술 영역에 초점을 맞추고 있다. 또한, 동시에 미래의 양자 기술을 이끌어갈 인력 육성 프로그램도 포함하고 있다.

양자 암호 통신 분야에서도 일본의 국가정보통신기술연구소(NICT)는 2017년에 이미 소형(50cm 정육면체) 경량(50kg)의 소크라테스 마이크로 위성 발사를 통해 우주와 지상 광통신 기지국 간의 양자 암호키 분배(QKD) 실험에 성공한 바 있다. 이는 중국 다음으로 세계 두 번째로 성공한 위성 양자 암호 통신 사례이며, 고도 600km 상공에서 초당 7km의 속도로 움직이는 위성 내에 실린 6kg 무게에, 크기는 가로, 세로, 높이가 각각 17.8cm, 11.4cm, 26.8cm인 소형 양자 암호 통신 전송기에서 10Mbps 속도로 레이저 신호를 지상으로 전송하는 데 성공했다. 본 연구 결과는 2017년 8월 네이처 포토닉스 저널에 게재됐다.

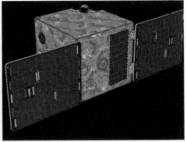

일본 NICT의 지상 광통신 기지국(좌)[12]과 양자 암호 통신 전송기를 내장한
일본 마이크로 위성 소크라테스(우)[13]

5) 한국

우리나라는 양자 기술 분야에서는 매우 뒤처져 있는 상황이다. 2016년 양자정보통신 중장기 기술개발사업 계획이 예비타당성 검토를 위해 제출됐으나 선정되지 못했고, 2017년에도 양자 암호 통신, 양자 소자 등 12개 핵심 과제에 대한 기획안이 제출됐으나 또다시 선정되지 못했다.

2019년이 돼서야 과학기술정보통신부 주관으로 양자컴퓨팅기술개발사업 추진계획을 발표하고 2023년까지 양자 컴퓨터 하드웨어를 포함한 핵심 원천기술 개발과 새로운 양자 컴퓨터 구조, 양자 알고리즘, 기반 소프트웨어 등의 분야에 445억 원을 투자하기로 발표했다. 2023년까지 5큐비트 양자 컴퓨팅 시스템 실증을 목표로 하고 있고, 2027년까지 후속사업을 통해 100큐비트 양자 컴퓨터 구현을 목표로 하고 있어 선도 국가 대비 매우 늦은 상황이다. 양자 컴퓨터 하드웨어에 대한 연구개발은 너무 늦은 상황이기 때문에 하드웨어는 뒤따라간다고 하더라도 선도 기업의 양자 컴퓨터 하드웨어를 이용한 클라우드 서비스를 활용하여 양자 알고리즘이나 활용 분야를 동시에 병행 추진하는 전략이 필요하다.

---

12 출처: https://kiss.caltech.edu/workshops/optcomm/presentations/toyoshima.pdf

13 출처: https://www.eoportal.org/satellite-missions/socrates#socrates-space-optical-communications-research-ad-vanced-technology-satellite

양자 암호 통신 분야에서는 민간 기업인 SK텔레콤이 국내 기업 중에서는 처음으로 2011년 양자기술연구소를 설립했고, 2019년에는 양자 암호 통신 분야에서 세계 1위 기업인 스위스의 IDQ사에 약 700억 원을 투자하여 1대 주주 지위를 확보하면서 IDQ를 중심으로 유럽과 미국에서의 양자 암호 통신 망 구축 사업에 적극적으로 참여하고 있다.

양자 컴퓨터의 활약이 예상되는 분야

양자 컴퓨터가 등장하면 현존하는 암호 체계가 붕괴될 수 있다는 사실로 인해 많은 나라가 양자 암호 통신을 포함한 양자 기술 확보에 국가적 차원의 투자를 아끼지 않고 있지만, 뚫리지 않는 양자 암호 통신 기술 개발뿐만 아니라 민간 분야에서는 양자 컴퓨터를 활용한 다양한 분야에서의 난제 해결을 기대하고 있다.

양자 컴퓨터가 활용될 분야는 기존의 디지털 컴퓨터나 슈퍼컴퓨터로는 풀지 못했던 영역이 될 예정이다. 가장 적합한 분야로는 자연과학 분야, 최적화 분야, 금융 분야, 머신러닝 분야, 사회의 난제 분야 등을 생각할 수 있다.

자연과학 분야의 예를 들면, 새로운 재료를 만들기 위해 원자나 전자 단위까지 계산하여 안정된 상태를 찾게 되는데, 이를 계산하는 데 기존 컴퓨터는 수년에서 수백, 수천 년의 오랜 시간이 걸리지만 양자 컴퓨터는 짧은 시간 내에 답을 찾을 수 있다. 이러한 분야를 양자 시뮬레이션이라고 한다. 따라서 신소재 설계나 신약 개발, 최적의 배터리 개발 등에 매우 효과적으로 활용할 수 있을 것으로 기대하고 있다.

최적화 분야로는 기존 컴퓨터에서는 최적해를 구하는 데 천문학적인 시간이 걸리던 NP 문제[14]를 푸는 데 매우 적합하다. 항공이나 우주, 물류, 반도체, 엔지니어링 설계 등을 포함한 많은 분야의 최적화 문제가 NP 문제에 해당한다.

---

14 NP 문제: Nondeterministic Polynomial time 문제. 다항식 시간으로 표현될 수 있는지의 여부가 아직 결정되지 않은 문제

금융 분야에서는 포트폴리오 최적화 문제나 금융 리스크 시뮬레이션 등의 문제에 활용할 수 있고, 또한 이론상 도청이 불가능한 암호 통신을 실현하여 보안 문제를 해결하는 데 활용할 수 있다.

머신러닝은 최근 인공지능이 세계적으로 각광을 받으면서 급속히 성장하고 있는 분야로, 갈수록 방대해지는 양의 빅데이터를 학습하는 과정에 오랜 시간이 소요되는 문제가 발생하고 있다. 양자 컴퓨터는 중첩의 성질을 갖기 때문에 적은 수의 큐비트로 방대한 데이터를 동시에 표현할 수 있고, 또한 동시 연산으로 학습의 계산 시간을 대폭 줄일 수 있기 때문에 머신러닝에의 활용에 대한 관심이 크게 증가하고 있다. 해당 분야를 양자 머신러닝이라고 부른다.

코로나19로 인해 전 세계가 어려움에 직면해 있고, 동시에 기후변화로 인해 지구의 지속가능성이 위협받고 있다. 이와 같은 사회의 난제를 해결하기 위해 방대한 계산으로 풀어야 할 수많은 문제가 존재한다. 양자 컴퓨터가 활성화되어 많은 연구자가 활용할 수 있게 된다면 해당 난제를 푸는 데 걸리는 시간을 대폭 단축할 수 있을 것이다.

4.3

이렇게 어려운 양자 컴퓨터는
도대체 어떻게 시작됐나?

앞서 양자 컴퓨터에 대해 살펴봤지만 여전히 이해가 쉽지는 않을 것이다. 도대체 이렇게 어려운 개념의 양자 컴퓨터는 어떻게 시작됐는지 역사적으로 살펴보자.

튜링 머신의 양자 역학 모델 제시

양자 역학과 컴퓨팅의 접목에 대한 개념은 1980년 폴 베니오프(Paul Benioff)가 게재한 논문에서 최초로 제시됐다. 기존 컴퓨터 모델인 튜링 머신의 양자 역학 모델을 이론적으로 제시하여 가역적인 연산이 가능하고 연산 과정에서 에너지 소모가 매우 적은 컴퓨터를 만들 수 있다고 제안했다. 이는 현재의 양자 컴퓨터 개념과는 다르지만, 컴퓨터 및 연산 프로세스에 양자 역학 모델을 적용하는 개념을 처음 제안했다는 점에서 양자 컴퓨팅의 첫 시작점으로 보고 있다.

Journal of Statistical Physics, Vol. 22, No. 5, 1980

The Computer as a Physical System: A Microscopic Quantum Mechanical Hamiltonian Model of Computers as Represented by Turing Machines

Paul Benioff[1,2]

Received June 11, 1979; revised August 9, 1979

In this paper a microscopic quantum mechanical model of computers as represented by Turing machines is constructed. It is shown that for each number N and Turing machine Q there exists a Hamiltonian $H_N{}^Q$ and a class of appropriate initial states such that if $\Psi_0{}^N(0)$ is such an initial state, then $\Psi_0{}^N(t) = \exp(-iH_N{}^Q t)\Psi_0{}^N(0)$ correctly describes at times $t_3, t_6,..., t_{3N}$ model states that correspond to the completion of the first, second,..., Nth computation step of Q. The model parameters can be adjusted so that for an arbitrary time interval Δ around $t_3, t_6,..., t_{3N}$, the "machine" part of $\Psi_0{}^N(t)$ is stationary.

KEY WORDS: Computer as a physical system; microscopic Hamiltonian models of computers; Schrödinger equation description of Turing machines; Coleman model approximation; closed conservative system; quantum spin lattices.

1. INTRODUCTION

There are many reasons to attempt the construction of a quantum mechanical model of computers and the computation process. Computers are large, finite

튜링 머신의 양자 역학 모델을 제시한 폴 베니오프 논문(1980)

양자 컴퓨터의 개념 확립

현재의 양자 컴퓨터 개념은 1982년 국제 이론 물리학 저널[15]에 게재된 리처드 파인만(Richard Feynman)의 "컴퓨터로 물리학 시뮬레이션하기[16]" 논문에서 처음 제시됐다. 중첩 상태를 갖는 양자계를 표현하고자 할 때 양자의 수가 증가할수록 기존의 컴퓨터에서는 저장 공간 등이 지수적으로 증가하기 때문에 적합하지 않다는 점을 지적하고, 양자계를 제대로 표현하기 위해서는 또 다른 양자계를 이용해야 한다는 점을 언급하면서 이를 범용 양자 시뮬레이터(Universal Quantum Simulators) 개념의 양자 컴퓨터로 제안했다.

---

15 국제 이론 물리학 저널: International Journal of Theoretical Physics

16 Simulating Physics with Computers

1985년과 1989년에 걸쳐 데이비드 도이치(David Deutsch)는 임의의 양자계에 몇 가지 유니터리 연산을 조합하여 원하는 모든 연산을 수행할 수 있음을 보이고, 큐비트 및 양자 게이트(quantum gate) 개념을 포함한 양자 회로 모델을 제시하여 오늘날의 범용 양자 컴퓨터에 대한 기본 모델을 제시했다.

양자 알고리즘을 통한 양자 컴퓨터의 가치 증명

1990년대에 들어서면서 양자 컴퓨터가 기존의 고전 컴퓨터 대비 얼마나 우수할 수 있는가에 대한 고민과 연구가 본격화됐다. 물론 일각에서는 양자 컴퓨터를 만들어봐야 쓸모가 있느냐는 비판도 끊이지 않았다. 양자 컴퓨터는 중첩 원리에 의해 수많은 상태를 동시에 압축하여 표현할 수 있지만, 관건은 양자 컴퓨터를 이용하여 우리가 원하는 문제를 풀 수 있는 효율적인 검색 방법을 찾아낼 수 있는가였다.

1994년 IEEE 심포지엄[17]에서 피터 쇼어(Peter Shor)의 "양자 연산을 위한 알고리즘: 이산 로그 및 인수분해[18]"라는 논문이 발표되면서 양자 컴퓨터에 대한 관심이 폭발적으로 증가하기 시작했다. 기존의 컴퓨터에서는 천문학적인 시간이 걸리는 소인수분해 문제를 양자 컴퓨터에서 쇼어의 양자 알고리즘을 이용하면 하루에 풀 수 있게 된 것이다. 이는 현재 소인수분해의 원리를 활용하는 대부분 암호 체계가 붕괴될 수 있다는 점에서 관심을 받을 수밖에 없었고, 양자 컴퓨터 역사에 있어서 변곡점을 만드는 사건이 됐다.

이후 1996년에 발표된 벨 연구소의 그로버 논문은 양자 컴퓨터에 대한 관심을 더욱 증폭시켰다. 그로버의 "데이터베이스 검색을 위한 빠른 양자 역학 알고리즘[19]"이라는 제목의 논문에 따르면, 기존의 컴퓨터에서는 정렬되어 있

---

17 Annual IEEE Symposium on Foundations of Computer Science

18 Algorithms for Quantum Computation: Discrete Logarithms and Factoring

19 A fast quantum mechanical algorithm for database search

지 않은 전화번호부에서 원하는 이름을 검색할 때 전체 이름의 수가 N개일 경우 최소한 N/2개 이상의 이름을 봐야 하지만, 양자 컴퓨터에서는 중첩의 원리에 의해 수많은 이름을 동시에 검색할 수 있다는 것이다. 즉, 기존 컴퓨터에서는 데이터 수에 비례하는 시간($O(N)$)이 필요하지만, 양자 컴퓨터에서 그로버 알고리즘을 이용하면 데이터 수의 제곱근에 비례하는 시간($O(\sqrt{N})$)만으로 가능하다. 예를 들어, N이 1,000,000이었다면 기존 컴퓨터에서는 최소한 500,000회 이상을 검색해야 하지만, 양자 컴퓨터에서 그로버 알고리즘을 이용하면 1,000회 수준의 검색만으로 원하는 정보를 찾을 수 있게 된다.

쇼어의 소인수분해 알고리즘이나 그로버의 데이터베이스 검색 알고리즘과 같은 와해성 기술이 발표된 이후, 양자 컴퓨터 하드웨어에 대한 연구와 다양한 양자 알고리즘에 대한 연구가 급격히 증가했다.

양자 컴퓨터 하드웨어의 구현

미국 표준기술연구소[20]에서 양자 회로 구성에 가장 기본이 되는 CNOT(Controlled-NOT) 게이트를 실험적으로 구현했다가 성공한 것을 양자 컴퓨터 하드웨어의 시작으로 본다. 이때는 이온 트랩 기술을 이용하여 실험적으로 시연했으며, 해당 연구 결과는 "기본 양자 논리 게이트의 시연[21]"이라는 제목으로 1995년 물리 리뷰 레터(Physical Review Letters)에 발표됐다.

1997년에는 입자의 스핀을 이용한 핵자기공명(Nuclear Magnetic Resonance, NMR) 기술을 기반으로 큐비트의 구현을 성공했고, 지속적인 발전을 거듭하여 2001년에는 IBM과 스탠퍼드 대학의 공동연구를 통해 핵자기공명 기반 7큐비트 양자 컴퓨터를 개발하여 최초로 쇼어의 소인수분해 알고리즘을 실험적으로 구현하는 데 성공했다. 7큐비트 양자 컴퓨터를 이용하

---

20 미국 표준기술연구소: National Institute of Standards and Technology
21 Demonstration of a Fundamental Quantum Logic Gate

여 숫자 15를 소인수분해하는 데 성공했고, 해당 연구 내용은 2001년 12월 네이처에 "핵자기공명을 이용한 쇼어의 양자 인수분해 알고리즘 실험적 구현[22]"이라는 제목의 논문으로 게재됐다.

1997년 이후에는 핵자기공명을 포함하여 이온 트랩(trapped ion), 양자점(quantum dot), 광자(photon), 초전도체(superconductor) 등을 이용한 다양한 방식의 양자 컴퓨터에 대한 연구개발이 활발히 진행됐다.

양자 컴퓨터 상용화

양자 컴퓨터를 처음으로 상용화한 업체는 캐나다에 본사를 둔 디-웨이브(D-Wave)사다. 1999년에 설립된 디-웨이브는 2011년 128큐비트 D-Wave One 양자 프로세서를 장착한 세계 최초의 양자 컴퓨터를 출시했고, 미국의 록히드 마틴사가 그것을 처음으로 구매했다. 해당 양자 컴퓨터의 가격은 약 1천만 불로 알려져 있다. 이후 2013년에는 512큐비트를 갖는 양자 컴퓨터 D-Wave Two를 출시했고, 2015년에는 1,152큐비트의 D-Wave 2X, 2017에는 2,048큐비트의 D-Wave 2000Q, 2020년에는 무려 5,640큐비트의 양자 컴퓨터 Advantage를 출시했다. 또한, 양자 컴퓨터 Advantage 2는 7천큐비트 이상이 될 것이라고 발표했다.

---

22 Experimental realization of Shor's quantum factoring algorithm using nuclear magnetic resonance

(좌) 디-웨이브사 양자 컴퓨터 (우) 양자 어닐링 프로세서 (출처: D-Wave)

다만, 디-웨이브사의 양자 컴퓨터는 앞서 언급했던 게이트(gate)형 범용 양자 컴퓨터와는 다른 형태인 양자 어닐링[23]을 기반으로 한 최적화 문제에 특화된 양자 컴퓨터라는 점에서 차이가 있다. 즉, 범용 양자 컴퓨터는 풀고자 하는 문제를 해결할 수 있는 임의의 양자 알고리즘을 양자 게이트의 조합으로 실행할 수 있지만, 양자 어닐링 기반의 양자 컴퓨터는 임의의 양자 알고리즘을 실행할 수 있는 구조가 아닌 풀고자 하는 최적화 문제를 에너지 최소화 문제로 모델링하여 양자 어닐링으로 최적해를 찾는 구조다. 하지만 양자 컴퓨터로 풀고자 하는 많은 문제가 최적화 문제인 만큼, 양자 어닐링형 양자 컴퓨터 또한 응용 분야가 많다고 할 수 있다. 참고로 디-웨이브사에서도 최근에 게이트형 범용 양자 컴퓨터도 추가로 개발할 예정이라고 발표했지만, 양자 컴퓨터가 필요한 응용 분야의 1/3이 양자 어닐링형으로 풀 수 있는 최적화 문제이기 때문에 앞으로도 양자 어닐링형을 위주로 진행할 계획을 발표했다.

디-웨이브의 양자 컴퓨터를 구입한 업체로는 록히드 마틴사를 시작으로 구글, NASA, 대학 천문학 연구 협회[24], 세계 최초로 핵폭탄을 개발했던 로스 알

---

23 양자 어닐링(quantum annealing)은 양자의 변동성을 이용하여 풀고자 하는 문제의 최적해를 찾아가는 최적화 기법이다. 어닐링이라는 이름은 금속을 가열했다가 서서히 식히면 금속 조직이 에너지를 최소화하는 방향으로 바뀌어 가는 금속공학에서의 풀림(annealing) 공정에서 따왔다. 사실 해당 풀림 개념은 컴퓨터공학 분야에서 이미 오래전부터 시뮬레이티드 어닐링이라는 최적화 기법에서 적용해왔고, 이것을 양자컴퓨팅 분야에서 양자 어닐링으로 다시 차용한 것이다. 양자 어닐링은 양자의 중첩 특성으로 인해 시뮬레이티드 어닐링보다 최적해 찾는 성능이 월등히 좋다.

24 대학 천문학 연구 협회: Universities Space Research Association

라모스 국립 연구소 등이 있다. 디-웨이브사는 2018년 양자 어닐링형 2,000 큐비트 양자 컴퓨터를 온라인으로 사용할 수 있는 클라우드 서비스 Leap를 출시했고, 이 서비스는 엔지니어링, 생명과학, 물류, 금융, 통신, 에너지, 연구 개발 분야에서 250가지 이상의 최적화 응용 사례에 활용되고 있다.

게이트형 범용 양자 컴퓨터 기술을 선도하고 있는 IBM은 2016년에 최초로 범용 5큐비트 양자 컴퓨터를 일반인들이 사용할 수 있는 클라우드 서비스 IBM Quantum Experience를 공개했다. 이후 20큐비트 양자 컴퓨터까지 클라우드 서비스를 공개한 상태다. 사용자들은 IBM에서 제공하는 그래픽 유저 인터페이스(GUI) Quantum Composer를 이용하여 자신이 원하는 양자 알고리즘을 디자인하여 IBM의 실제 양자 컴퓨터 또는 양자 시뮬레이터에서 실행할 수 있다.

IBM 양자 컴퓨팅 클라우드 서비스[25]

2013년에 설립된 양자 컴퓨터 개발 회사인 리게티 컴퓨팅(Rigetti Computing) 사는 2017년 양자 클라우드 컴퓨팅 플랫폼 Forest 1.0을 발표했다. 2021년에는 40큐비트 범용 양자 프로세서 Aspen-11을 발표했고, 2026년까지 4000큐비트 양자 컴퓨터를 개발하겠다는 비전을 발표했다.

25 https://quantum-computing.ibm.com/

미국 버클리에 위치한 리게티 양자 컴퓨터 센터 (출처: Rigetti)

2013년 디-웨이브 사의 D-Wave Two 양자 컴퓨터를 도입하여 NASA와 함께 양자 컴퓨팅 연구개발을 시작한 구글은 사내에 구글 Quantum AI Lab 을 만들고 양자 컴퓨터 하드웨어와 소프트웨어에 대한 연구를 진행 중이다. 특히, 양자 컴퓨팅 프로그램 언어인 Cirq를 오픈소스 커뮤니티 운영을 통해 개발하고 있고, 승인된 사용자들을 대상으로 양자 컴퓨팅 클라우드 서비스를 제공하고 있다. 사용자는 파이썬 기반의 Cirq 프로그램 언어를 이용하여 범용 양자 컴퓨터용 알고리즘을 코딩할 수 있고, 구글의 클라우드 서비스를 통해 실제 양자 컴퓨터 또는 시뮬레이터로 실행할 수 있다.

2015년에 설립된 아이온큐(IonQ) 사는 다른 양자 컴퓨터 제조사들이 대부분 초전도소자를 이용하는 것과는 달리, 이온 트랩 방식의 양자 컴퓨터를 개발하여 상용화했다. 개발한 IonQ 양자 컴퓨터를 이용할 수 있는 클라우드 서비스를 론칭했으며, 2021년에는 양자 컴퓨터 회사로는 최초로 뉴욕주식시장에 상장하여 주목받았다. 현재 아마존 웹 서비스(AWS), 마이크로소프트 Azure, 구글 클라우드 등을 통해서도 양자 컴퓨팅 클라우드 서비스를 제공하고 있다.

미국의 IT 기업 아마존은 양자 컴퓨팅 클라우드 서비스 'Amazon Braket' 을 론칭했다. 아마존은 양자 컴퓨터 하드웨어를 만들지는 않지만, 양자 컴퓨터 제조사들과 연계하여 완전 관리형 양자 컴퓨팅 서비스를 제공하고 있다. 아마존의 AWS 서비스를 통해 해당 양자 컴퓨팅 서비스를 이용할 수 있으며, 해당 서비스를 통해 이용할 수 있는 양자 컴퓨터는 디-웨이브사의 D-Wave 2000Q 또는 Advantage, 아이온큐사의 IonQ, 리게티사의 ASPEN 등을 선택할 수 있다. 또한, 실제 양자 컴퓨터 이외에 양자 시뮬레이터도 선택하여 사용할 수 있다.

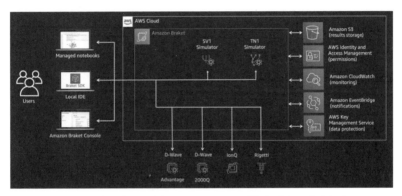

양자 컴퓨터 클라우드 서비스 Amazon Braket (출처: 아마존 웹 서비스)

마이크로소프트는 양자 컴퓨팅 클라우드 서비스인 Azure Quantum을 론칭했다. 통합 개발 인터페이스를 제공하고, 고수준의 양자 프로그래밍 언어인 Q#을 제시했으며, 양자 컴퓨터 사용자를 위한 소프트웨어 개발 환경뿐만 아니라 양자 컴퓨터의 펌웨어와 운영체제 소프트웨어, 그리고 양자 디바이스까지 포함하는 모든 단계의 양자 컴퓨팅 기술을 개발 및 제공하고 있다. 마이크로소프트의 Azure Quantum 클라우드 서비스는 아이온큐 및 하니웰 사의 이온 트랩 양자 컴퓨터, Quantum Circuits 사의 양자 컴퓨터 등을 이용할 수 있고, 특히 최적화 문제 해결에 초점을 맞춘 솔루션을 제공한다.

4.4

양자 컴퓨터의
기본 원리 이해하기

양자 컴퓨터는 이미 글로벌 IT 기업들이 앞다퉈 클라우드 플랫폼 형태로 서비스를 제공하고 있을 정도로 우리 곁에 와 있다. 이러한 양자 컴퓨터가 어떻게 구성되고 어떻게 동작하는지에 대한 기본 원리를 살펴보자.

입자와 파동의 이중성

양자 컴퓨터를 구성하는 최소 단위인 큐비트는 양자의 특성을 갖는 양자 시스템으로 구현되어 있으며, 양자의 특성 중 입자와 파동의 성질을 모두 갖는다는 점이 기본 핵심이다. 우리 눈에 보이는 거시 세계에서는 뉴턴 역학의 물리 법칙으로 입자는 입자, 파동은 파동으로 설명이 가능하지만, 우리 눈에 보이지 않는 원자보다 작은 미시 세계에서는 뉴턴 역학이 아닌 양자역학으로 설명이 가능하다. 입자는 한순간에 특정 위치에만 존재하지만, 파동은 반복되는 패턴의 형태로 공간을 통해 전파되는 성질을 갖고 중첩과 회절, 간섭 등의 현상을 나타낸다.

물질이 입자인지 또는 파동인지를 확인하기 위한 방법으로 이중 슬릿 실험이 있다. 물질이 입자인 경우에는 이중 슬릿을 통과하여 직선 구간에 해당되는 스크린의 위치에만 입자가 도달하고, 파동인 경우에는 이중 슬릿을 통과하면서 각 슬릿에서 다시 회절이 발생하여 두 개의 파동이 발생하면서 스크린에 두 개의 파동에 대한 간섭무늬가 생긴다.

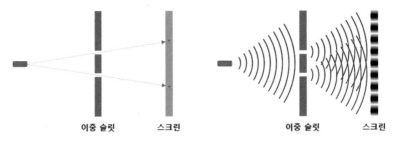

이중 슬릿 실험 결과 (좌)입자인 경우와 (우)파동인 경우

　역사적으로 보면, 양자가 입자성을 갖는지 아니면 파동성을 갖는지를 확인하기 위해 많은 과학자가 이중 슬릿 실험을 수행하여 수차례 검증을 진행했다. 양자에 해당하는 전자를 전자빔으로 발사하여 이중 슬릿을 통과시키고 스크린 위치에 검출기를 두어 확인한 결과, 스크린에는 파동에 해당되는 간섭무늬가 검출됐다. 전자총으로 전자를 하나씩 발사하여 동일한 실험을 한 경우에도 스크린에 도달한 전자의 위치를 모아보니 역시나 파동의 간섭무늬와 동일한 결과를 얻었다. 이후 전자보다 크기가 훨씬 더 큰 원자를 이용한 이중 슬릿 실험까지 다수 진행됐으나 실험 결과는 모두 유사했다. 즉, 양자는 입자성을 갖는 동시에 파동성을 갖는다는 것이 증명된 것이다.

　여기서 한 가지 재미있는 결과는 이중 슬릿을 통과하기 직전에 지나가는 모습을 관찰하기 위하여 센서를 설치한 경우에는 스크린에 간섭무늬가 나타나지 않고 입자에 해당되는 패턴이 나타난다는 사실이다. 즉, 양자는 관측 행위를 통해 파동성이 붕괴되고 입자성을 갖게 된다는 사실도 입증된 것이다.

　역사적으로 이중 슬릿 실험을 통해 양자는 입자성과 파동성을 모두 갖는다는 사실이 입증됐으며, 이와 같은 양자역학의 특징은 양자 상태 중첩의 원리를 기반으로 하는 양자 컴퓨터의 등장을 가능하게 만들었다.

중첩(superposition)

양자 컴퓨터가 디지털 컴퓨터의 한계를 뛰어넘을 수 있는 가장 큰 이유는 바로 양자의 중첩 원리 때문이다. 양자 컴퓨터도 디지털 컴퓨터처럼 0과 1의 두 가지 상태를 사용하지만, 0과 1이 동시에 중첩되어 있는 상태도 표현할 수 있다는 점이 다르다. 예를 들면, 두 자리 이진수라면 00, 01, 10, 11 네 가지 상태가 존재할 수 있다. 디지털 컴퓨터는 두 비트로 한 번에 네 가지 상태 중 하나만 명시할 수 있지만, 양자 컴퓨터는 두 큐비트로 네 가지 상태를 동시에 중첩시켜 표현할 수 있다. 즉, 두 개의 큐비트로 $|00\rangle + |01\rangle + |10\rangle + |11\rangle$의 네 가지 상태가 모두 중첩된 상태를 표현할 수 있다. 이것이 가능한 이유가 바로 양자는 입자인 동시에 파동의 성질을 갖기 때문이다.

이렇게 중첩된 상태를 표현하는 것이 강력한 이유는 중첩된 상태에서 연산을 한 번에 할 수 있다는 점 때문이다. 10큐비트라면 2^{10}, 즉 1,024가지 상태를 동시에 포함할 수 있고, 1,024가지 상태에 대한 연산을 한 번에 수행할 수 있다는 뜻이다. 그런데 여기서 생각해 볼 문제가 한 가지 발생한다. 여러 개의 상태를 중첩시킨 후 한 번에 연산하는 것까지는 좋지만, 그 결과도 중첩된 상태로 나온다는 것이 그렇다. 따라서 보통은 여러 번 동일한 연산을 반복하여 확률적인 분포로 결과를 얻는다. 즉, 기본적으로 양자 컴퓨터는 모든 연산에 대해 유리하다기보다는 주로 기존 연산으로는 거의 불가능하고 동시에 중첩시켜 연산했을 때 큰 효과를 볼 수 있는 유형의 문제에 유리하다고 볼 수 있다. 이렇듯 양자 컴퓨터는 활용하는 방법도 난이도가 높은데, 양자 컴퓨터로 문제를 풀기 위해 양자 게이트 연산을 설계하는 영역을 양자 알고리즘이라고 한다.

특히, 양자 컴퓨터는 큐비트의 수가 많아질수록 중첩의 원리를 통해서 동시 연산의 효과가 크게 증가하며, 디지털 컴퓨터 대비 연산 회수의 차이는 천문학적인 수준으로 벌어지게 된다. 이러한 원리에 의해 디지털 컴퓨터로는 암호 해독에 백만 년의 시간이 걸리는 데 반해 양자 컴퓨터로는 10시간이면 해독할 수 있게 된다.

얽힘(entanglement)

양자 컴퓨터가 디지털 컴퓨터의 한계를 뛰어넘을 수 있는 또 하나의 이유는 바로 양자 얽힘의 성질 때문이다. 간단히 설명하면, 말 그대로 양자 간에 서로 얽혀 있다는 뜻이다. 즉, 양자 간의 연관성이 마치 하나의 양자인 것처럼 서로 강하게 연결되어 있다는 의미다.

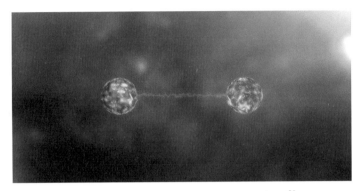

두 양자 간의 얽힘에 대한 이해를 돕기 위한 상상적 그림[26]

예를 들면 두 개의 큐비트 시스템이 있다고 가정했을 때, $|00\rangle$, $|01\rangle$, $|10\rangle$, $|11\rangle$ 이렇게 네 가지 상태를 각각 표현할 수 있지만, 앞서 언급했던 것처럼 양자는 파동의 성질을 갖기 때문에 중첩이 될 경우에는 $|00\rangle+|01\rangle+|10\rangle+|11\rangle$과 같이 네 가지 상태를 모두 포함할 수 있다. 이렇게 네 가지 상태가 모두 중첩되어 있는 경우에는 관측 행위를 통해서 첫 번째 큐비트를 읽었더니 $|0\rangle$이었을 때, 두 번째 큐비트는 읽어 보기 전에는 $|0\rangle$일지 $|1\rangle$일지 알 수 없다. 왜냐하면 여전히 $|00\rangle$ 또는 $|01\rangle$의 가능성이 남아 있기 때문이다. 즉, 두 큐비트가 서로 얽혀 있지 않은 경우다. 여기까지는 양자의 얽힘이 등장하지 않았다. 이제 양자가 얽혀 있는 상태의 예시를 살펴보면, 두 개의 큐비트 시스템이 $|01\rangle+|10\rangle$의 중첩된 상태에 있다고 가정해 보자. 이 의미는 두 큐비트의 값을 읽었을 때 $|01\rangle$일 수도 있고, $|10\rangle$일 수도

26 출처: https://scienceexchange.caltech.edu/topics/quantum-science-explained/entanglemen

있다는 뜻이다. 이런 상태가 두 양자가 얽혀 있는 상태다. 두 큐비트 값 중에서 첫 번째 큐비트 값만 먼저 읽었다고 가정해보자. 그리고 그 값이 |0⟩일 경우, 두 번째 큐비트 값은 읽어보나 마나 |1⟩이 된다. 그 이유는 첫 번째 큐비트의 값이 |0⟩인 경우는 |10⟩인 상태가 될 수 없으므로 |01⟩일 수밖에 없기 때문이다. 즉, 이렇게 두 큐비트 이상이 서로 독립적으로 분리되지 않는 상태를 얽혀 있다고 이야기한다.

극단적인 예를 하나 더 들어보면, |01⟩+|10⟩으로 중첩되어 있는 두 큐비트의 상태를 관측하지 않은 상태에서 첫 번째 큐비트는 서울로 가져가고, 두 번째 큐비트는 부산으로 가져갔다고 생각해 보자. 아직 아무도 관측하기 전이기 때문에 여전히 두 큐비트는 |01⟩+|10⟩으로 중첩된 상태에 있을 것이다. 이때 서울이나 부산에서 먼저 한 사람이 자신이 가지고 있는 큐비트를 관측하게 되면 그 순간 해당 양자가 파동성을 잃고 한 가지 상태로 붕괴되는데, 동시에 나머지 다른 공간에 있는 얽혀 있는 큐비트 또한 자동으로 양자 상태가 상대방이 |0⟩이면 |1⟩, 상대방이 |1⟩이면 |0⟩으로 결정된다. 실제로는 양자의 중첩 상태가 유지되는 결맞음 시간(coherence time)이 이렇게 길게 유지되기는 현실적으로 불가능하지만, 결맞음 시간을 늘릴 수 있다고 가정한다면 이론상으로는 가능한 시나리오다. 참고로, 이러한 원리를 기반으로 하는 양자 순간이동(quantum transportation) 연구 분야도 있다. 양자 컴퓨터가 디지털 컴퓨터 대비 막강한 컴퓨팅 파워를 갖는 이유는 양자의 중첩과 함께 얽힘의 성질까지 활용하기 때문이다. 양자 컴퓨터에서 양자 알고리즘을 구성하는 양자 게이트를 통해 양자의 상태를 중첩시킬 수도 있고, 양자의 얽힘을 구현할 수도 있다.

범용성과 고속성

기존의 디지털 컴퓨터가 프로그램 코딩을 통해 원하는 어떠한 연산도 수행할 수 있는 것처럼, 양자 컴퓨터 또한 임의의 연산을 수행할 수 있는 범용성을 갖는다. 다만, 이는 게이트형 범용 양자 컴퓨터의 경우에 한하여 적용되는 이야기이며, 최적화 문제에 특화된 양자 어닐링형 양자 컴퓨터에는 해당되지 않는다.

기존의 디지털 컴퓨터와 같이 양자 컴퓨터는 범용성을 갖지만, 기존의 디지털 컴퓨터와 동일한 연산을 수행할 경우에는 양자 컴퓨터가 더 빠른 연산을 수행할 수는 없다. 양자 컴퓨터가 기존의 디지털 컴퓨터에 비해 고속성을 보이기 위해서는 중첩의 상태를 활용할 수 있는 연산을 해야 한다. 따라서 양자 컴퓨터의 범용성과 고속성을 모두 활용할 수 있는 분야에서는 양자 컴퓨터를 활용하는 것이 유리하고, 그 이외의 분야에서는 기존의 디지털 컴퓨터를 사용하는 것이 유리하다. 양자 컴퓨터를 활용하여 문제의 답을 효율적으로 얻기 위해서는 최적의 양자 알고리즘 설계가 필요하다.

신뢰성 이슈

양자의 중첩의 원리에 의해 양자 컴퓨터의 고속성이 구현되지만, 실제로는 양자 컴퓨터를 만들어 중첩된 상태의 양자 시스템에 게이트 연산을 수행하는 과정에서 노이즈에 의한 오류가 발생하는 문제가 생긴다. 양자 컴퓨터에서 노이즈는 필연적으로 발생하기 때문에 노이즈에 의한 오류를 보정해야만 한다. 하지만 노이즈에 의한 오류 정정 기술이 부족한 상태에서는 양자 컴퓨터의 연산 과정에서 오류가 포함될 수밖에 없다. 캘리포니아 공대의 존 프레스킬 교수는 2018년 발표 논문에서 당분간은 오류 정정이 되지 않은 50~100 큐비트 수준의 양자 컴퓨터를 기반으로 하는 NISQ(Noisy Intermediate-Scale Quantum) 시대를 거치게 될 것이고, 궁극적으로는 결함에 내성이 있는(fault-tolerant) 오류 정정 기능을 갖는 양자 컴퓨터가 개발될 것이라고 제안했다.

오류 정정 기능을 갖는 양자 컴퓨터가 개발되기 전까지는 양자 컴퓨터로 난제를 풀더라도 해당 결과를 검증할 방법이 없기 때문에 신뢰할 수 있는 시스템을 먼저 구축하는 것이 중요하다. 신뢰성을 검증하기 위해서는 작은 문제에 대해서 양자 컴퓨터의 결과를 기존의 컴퓨터로 검증한 실사례를 먼저 확보하는 것이 중요하다.

양자 알고리즘도 오류 정정 기능을 갖는 양자 컴퓨터가 있다는 가정하에 이상적인 알고리즘으로 설계할 수 있지만, NISQ 시대에는 오류 정정 기능이 없는 양자 컴퓨터에서도 신뢰할 수 있는 수준의 결과를 얻을 수 있는 알고리즘으로 설계하는 접근이 필요하다.

양자 알고리즘

양자 알고리즘은 범용 양자 컴퓨터에서 원하는 문제를 풀기 위한 양자 연산 논리 알고리즘을 의미한다. 쉽게 설명하면, 양자 컴퓨터에서 실행할 수 있는 소프트웨어에 해당된다고 이해할 수 있다. 양자 알고리즘은 양자 시스템에 일련의 양자 게이트 연산을 적용하는 방식으로 구현된다. 즉, 양자의 상태에 일련의 양자 게이트 연산을 시간에 따라 순차적으로 적용하고, 모든 양자 게이트 연산이 끝난 후에는 양자의 상태를 관측하여 결과를 추출하는 형태로 연산을 수행한다.

다음 그림은 5큐비트 시스템 양자 컴퓨터에 하다마르 게이트(Hadamard gate), 위상 게이트(Phase gate), Controlled-NOT 게이트, 파울리 X 게이트(Pauli X gate) 등의 게이트 연산을 순차적으로 적용하고, 마지막으로 관측(Measurement operation)을 수행하여 결과를 얻는 그로버의 양자 알고리즘을 양자 회로 형태로 나타낸 예시다.

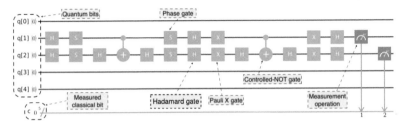

그로버(Grover)의 양자 알고리즘을 구현한 양자 회로 예시[27]

참고로, 양자 컴퓨터의 관심을 촉발시킨 쇼어의 소인수분해 알고리즘이나 그로버의 데이터 검색 알고리즘은 오류 정정 기능을 갖는 이상적인 양자 컴퓨터를 가정하고 개발한 알고리즘으로 NISQ형 양자 컴퓨터에서 활용하기에는 한계가 있을 수 있다. 최근에는 NISQ형 양자 컴퓨터에서 활용할 수 있는 알고리즘에 대한 연구가 활발히 진행되고 있다.

현실적으로 현재 양자 컴퓨터에서 중첩의 상태를 유지하는 결맞음 시간이 매우 짧기 때문에, 양자 알고리즘 회로를 길게 설계할 경우 결맞음 시간 내에 연산을 마치는 것이 불가능할 수 있다. 양자 알고리즘 회로의 길이를 길게 설계할수록 원하는 결과의 확률을 높일 가능성이 높지만, 실제로는 짧은 결맞음 시간 내에 모든 연산을 마치기 위해서 양자 알고리즘 회로의 길이를 짧게 만드는 것이 유리할 수 있다. 이를 고려하여 양자 알고리즘 회로와 기존 컴퓨터의 연산을 조합하여 반복적으로 수행하는 하이브리드 형태의 알고리즘 연구도 진행되고 있다.

---

27 출처: B. Sodhi and R. Kapur, "Quantum Computing Platforms: Assessing Impact on Quality Attributes and SDLC Activities," ICSA, 2021

4.5

양자 컴퓨터의 미래는?

기존의 디지털 컴퓨터는 집적도의 한계에 다다랐고, 모든 분야에서 디지털 전환이 가속화됨에 따라 디지털 데이터 정보량은 기하급수적으로 늘어나고 있다. 또한, 감염병이나 기후 위기, 에너지 문제 등의 난제 해결이 점차 시급한 상황으로 변해가고 있다. 이와 같은 상황에서 컴퓨팅 분야에서도 와해성 혁신 기술이 요구되는데, 양자 컴퓨터는 이러한 요구를 충족시켜줄 수 있는 차세대 컴퓨팅 기술이다.

하드웨어

양자 컴퓨터 하드웨어는 게이트형 범용 양자 컴퓨터와 최적화 문제에 특화된 양자 어닐링형 양자 컴퓨터 모두 지속적으로 발전할 것이다. 양자 컴퓨터의 큐비트 수는 지속해서 늘어날 것이고, 동시에 큐비트의 오류 정정 기술 수준을 높이기 위한 노력도 더욱 커질 것이다. 궁극적으로는 오류 정정 기능을 갖는 양자 컴퓨터를 완성하는 것이 목표가 될 것이다.

현재 초전도소자 기반의 양자 컴퓨터가 주를 이루고 있지만, 극저온 환경에서만 동작한다는 단점으로 인해 상온에서 동작 가능한 이온 트랩 방식 등의 양자 컴퓨터에 대한 연구도 지속적으로 이뤄질 것으로 예상된다. 다만, 양자 컴퓨터가 개인용이 아닌 클라우드 서비스 형태로 자리 잡아갈 경우에는 극저온 환경 조건이 큰 걸림돌이 되지 않을 수도 있기 때문에 초전도소자 기반의 양자 컴퓨터가 사실상 표준이 될 가능성도 배제할 수 없다.

양자 컴퓨터의 상용화 수준이 높아질수록 기존 디지털 컴퓨터와의 하이브리드형 컴퓨터에 대한 요구도 크게 증가할 것이다.

소프트웨어

양자 컴퓨터에서 난제나 최적화 문제를 효과적으로 풀기 위해서는 해당 문제에 최적화된 효율적인 양자 알고리즘의 개발이 중요하다. 특히, 오류 정정 기능을 갖는 양자 컴퓨터가 나오기 전까지는 NISQ형 양자 알고리즘 개발이 요구된다. 또한, 양자 알고리즘 개발 환경을 향상시킬 수 있는 고수준의 프로그래밍 언어 및 통합 개발 환경도 지속적인 발전이 필요하다. 동시에 양자 컴퓨터 하드웨어 구동을 위한 펌웨어나 운영 체제 소프트웨어도 지속적인 발전이 요구된다.

양자 컴퓨터의 빠른 발전 및 활용을 위해서 클라우드 서비스의 확대 적용과 오픈 커뮤니티 플랫폼 활성화가 더욱 가속화될 것이다. 특히, 다양한 분야에서 양자 컴퓨터를 활용한 킬러 애플리케이션이 다수 발굴되어 우수 사례를 확보하는 작업이 가속될 것이다.

양자 컴퓨팅 생태계

양자 컴퓨팅은 이제 차세대 컴퓨팅 분야를 선도하는 핵심 기술로 인정받기 시작했으며, 많은 국가가 집중 투자를 시작했고, 주요 기업들이 모두 적극적으로 참여하고 있다. 동시에 다양한 산업의 기업들이 각자의 문제를 해결하기 위해 양자 컴퓨팅 서비스를 이용하기 시작했다.

이제는 정부, 국가 기관, 대학, 투자기관, 양자 컴퓨터 하드웨어 업체, 소프트웨어 업체, 실 세계 응용을 위한 활용 업체 등 양자 컴퓨팅 분야의 지속가능한 생태계가 갖춰지고 있다. 반면 우리나라는 양자 컴퓨팅 기술 개발조차 매우 뒤처져 있는 상황으로, 글로벌 선도 기업과의 협력을 통한 캐치업 전략이 시급하다.

양자 컴퓨터가 우리 일상에 미치는 영향

우리는 코로나 팬데믹으로 인해 우리의 일상을 포함한 전 세계 경제가 위기에 직면하는 경험을 했고, 앞으로도 이와 같은 감염병에 의한 팬데믹 상황은 언제든지 발생할 수 있을 것이다. 앞으로 양자 컴퓨터의 상용화 수준이 높아져 이러한 감염병 상황에 활용된다면, 안전하면서도 효과적인 백신이나 치료제의 개발 기간을 대폭 단축하여 팬데믹 위기를 단기간에 극복할 수 있을 것이다.

팬데믹에 이어서 우리를 위협하고 있는 기후변화 위기 극복에도 양자 컴퓨팅 기술이 큰 도움을 줄 수 있다. 에너지 사용량이나 이산화탄소 배출량을 최소화하고, 기후 변화의 원인을 분석하여 제어할 수 있는 인자들을 최적화하는 등 기존의 컴퓨팅 기술로는 처리하기 어려웠던 연산을 수행하는 데도 큰 도움을 받을 수 있을 것이다.

자동차나 선박, 기차, 항공기 등의 에너지 소모량을 줄이기 위한 경량화 신소재 개발도 더욱 가속할 수 있으며, 물류 시스템 최적화에도 큰 기여를 할 수 있다. 갈수록 심각해지는 교통 체증 문제도 교통 시스템 최적화로 해결이 가능할 것이다. 의료 분야 및 헬스케어 분야에서도 양자 컴퓨터의 활용을 통해 우리의 건강을 지키는 데 도움을 받게 될 것이고, 각 기업도 엔지니어링 문제를 해결하는 데 큰 도움을 받게 될 것이다. 자연과학 분야에서도 자연 현상의 시뮬레이션을 통해 새로운 발견을 극대화할 수 있을 것이다. 다양한 분야의 인공지능 기술도 양자 컴퓨터를 활용하면서 날개를 달게 될 것이다.

Part 4 요약

✔ 현재의 디지털 컴퓨터가 한계에 다다르면서 컴퓨팅 분야에서도 와해성 혁신 기술의 요구가 커지고 있으며, 이론상 디지털 컴퓨터가 갖는 한계를 넘어설 수 있는 기술인 양자 컴퓨터에 대한 연구개발이 큰 주목을 받고 있다.

✔ 양자 컴퓨터는 중첩이나 얽힘과 같은 양자역학 현상을 활용하여 자료를 처리하는 계산 장치를 말한다. 특히, 중첩에 의한 동시 연산이 가능하다는 점에서 디지털 컴퓨터 대비 양자 컴퓨터의 우월성이 확보된다. 양자 컴퓨터는 하나의 양자연산처리 칩을 이용하여 많은 연산을 동시에 수행하는 효과를 얻을 수 있다.

✔ 1,024비트 RSA(공개 키 암호 방식)의 암호를 해독하는 데 기존의 디지털 컴퓨터로는 백만 년의 시간이 걸리는 데 반해, 양자 컴퓨터로는 10시간이면 해독할 수 있다. 이것이 현실화된다면 국방, 금융, 정부 등 국가의 모든 시스템이 붕괴될 수 있다. 이러한 이유로 많은 나라가 양자 컴퓨터 개발을 선점하기 위해 치열하게 경쟁하고 있다.

✔ 양자역학을 기반으로 하는 기술 분야에는 양자 컴퓨팅 이외에도 양자 센싱 및 계측, 양자 네트워킹, 양자 정보 과학, 양자 기술 등이 있다. 선진국들은 국가 차원에서 양자 분야에 많은 지원을 하고 있는 반면, 양자 컴퓨터는 주로 글로벌 기업이 연구개발과 상용화를 주도하고 있다.

✔ 양자 컴퓨터는 크게 최적화 문제에 특화된 양자 어닐링형 양자 컴퓨터와 게이트형 범용 양자 컴퓨터로 구분된다. 양자 어닐링형 양자 컴퓨터는 현재 5천 큐비트 수준을 넘어섰으며, 범용 양자 컴퓨터는 100큐비트 수준을 넘어선 상태다. 상용화된 양자 컴퓨터로는 초전도소자 방식이 주를 이르고, 일부는 이온 트랩 방식을 이용한다.

✔ 대부분 양자 컴퓨터 제조사는 현재 양자 컴퓨팅 클라우드 서비스 형태로 사용자들에게 상용화 서비스를 제공하고 있으며, 하드웨어뿐만 아니라 프로그래밍 언어, 소프트웨어 및 양자 알고리즘 등을 개발 및 제공한다. 또한, 양자 컴퓨팅 생태계 구축에도 많은 노력을 기울이고 있다.

✔ 양자 컴퓨터가 활용될 분야는 기존의 디지털 컴퓨터나 슈퍼컴퓨터로는 풀지 못했던 영역이 될 예정이다. 가장 적합한 분야로는 자연과학 분야, 최적화 분야, 헬스케어 분야, 금융 분야, 머신러닝 분야, 사회의 난제 분야 등을 생각할 수 있다.

**세상을 바꿀
미래기술
12가지**